Isabelle Wrase

Mitarbeitermotivation im Outsourcing unter besonderer Berücksichtigung des Facility Managements

GABLER RESEARCH

Isabelle Wrase

Mitarbeitermotivation im Outsourcing unter besonderer Berücksichtigung des Facility Managements

GABLER

RESEARCH

Bibliografische Information der Deutschen Nationalbibliothek
Die Deutsche Nationalbibliothek verzeichnet diese Publikation in der Deutschen Nationalbibliografie; detaillierte bibliografische Daten sind im Internet über <http://dnb.d-nb.de> abrufbar.

Dissertation Universität Zürich, 2009

1. Auflage 2010

Lektorat: Ute Wrasmann | Viktoria Steiner

Gabler Verlag ist eine Marke von Springer Fachmedien.
Springer Fachmedien ist Teil der Fachverlagsgruppe Springer Science+Business Media.
www.gabler.de

Umschlaggestaltung: KünkelLopka Medienentwicklung, Heidelberg
Gedruckt auf säurefreiem und chlorfrei gebleichtem Papier

ISBN 978-3-8349-2172-7

Geleitwort

Outsourcing im Bereich des Facility Managements sieht sich einem ungebrochenen Boom gegenüber, vor allem in Grossunternehmen. Gleichwohl werden die versprochenen Kosteneinsparungen von 30-40 Prozent für das auslagernde Unternehmem fast nie erzielt. Eine Durchsicht der Argumente für das Outsourcing zeigt denn auch, dass die in der Praktikerliteratur angegebenen Gründe für die Kosteneinsparung – z.B. economies of scale and scope, Erfahrungskurveneffekte, Branchen- und Lohnarbitragen - nicht stichhaltig sind. Die Arbeit von Isabelle Wrase geht der Frage nach, wie der Outsourcing-Boom dennoch erklärt werden kann. Sie formuliert die Hypothese, dass Kosteneinsparungen gegenüber dem status quo eine geringere Rolle spielen als leistungs- und strategieoriente Gründe, die zu zusätzlichen Erträgen führen. Es ist dies beim *auslagernden Unternehmen* vor allem die Konzentration auf das Kerngeschäft und die dadurch erzielte sinnvollere Verwendung von Managementkapazität. Für das *aufnehmende Unternehmen* formuliert Isabelle Wrase die Hypothese, dass Ertragssteigerungen vor allem durch eine bessere Motivierung der übernommenen Mitarbeitenden eintritt. Diese Hypothese steht in Übereinstimmung mit Aussagen von Experten auf der Outsorcing-Anbieter-Seite, welche betonen, dass Facility-Management in erster Linie ein „people´s business“ sei.

Die Arbeit begründet diese Hypothese auf dem Hintergrund der Theorie psychologischer Verträge und der Selbstbestimmungstheorie. Vermutet wird, dass höhere Autonomie und höheres Kompetenzerleben in der aufnehmenden Firma zu einer besseren Motivation führt. Empirisch getestet wird die Hypothese mittels Fragebögen an Mitarbeitende eines grossen Facility-Unternehmens, welche von zwei auslagernden Unternehmen im Wege des Outsourcings übernommen wurden. Die Auswertung der Fragebögen bestätigt jedoch die Hypothese nicht. Deshalb zieht Isabelle Wrase weitere Ansätze heran, die Theorie der sozialen Identität und den Beziehungsansatz, welche die empirischen Ergebnisse besser erklären können. Auf deren Grundlage und der Auswertung von narrativen Interviews ergibt sich eine überraschende und überzeugende Deutung für die empirischen Daten: Die Mitarbeitenden sind in der aufnehmenden Firma stärker zur Kooperation motiviert als in ihrer Herkunftsfirma. Aber der Grund liegt nicht in einer höheren Autonomie und einem höheren Kompetenzerleben, sondern in ihrer Unzufriedenheit mit der Behandlung durch den neuen Arbeitgeber, welche sie als unfair empfinden. Dies bewirkt einen engeren Zusammenschluss der Teams in einer als feindlich empfundenen Umwelt und zugleich zu einer Intensivierung der Kooperation, welche die Produktivität erhöht.

Isabelle Wrase ist es gelungen, ein lebendiges und theoriegestützes Bild der Situation von Mitarbeitenden im Outsourcing zu zeichnen und plausibel zu deuten. Sie zeigt, wie aufwendig, aber auch wie fruchtbar eine Forschung ist, die von einem aktuellen praktischen Problem ausgeht („Ist der Erfolg von Outsourcing im Facility Management durch gesteigerte Motivation der Mitarbeitenden zu erklären?“), dieses anhand der Literatur mit verschiedenen, Ansätzen ausleuchtet, um aus dem empirischen Material zu lernen und zu neuartigen und überraschenden Deutungen zu kommen. Die Lektüre dieses Buches liefert deshalb für wissenschaftlich und praxisorientierte Leserinnen und Leser gleichermassen höchst innovative Denkanstösse.

Prof. Dr. Dr. h.c. Margit Osterloh

Vorwort

An dieser Stelle möchte ich all denjenigen danken, die zum Gelingen meiner Doktorarbeit beigetragen haben. Besondere Dankbarkeit empfinde ich für meine Familie und engsten Freunde. Sie haben mich in diesem Vorhaben vertrauensvoll und ausdauernd unterstützt. Ich danke Euch aus tiefstem Herzen.

Inhaltsverzeichnis

Abbildungsverzeichnis

Tabellenverzeichnis

Abkürzungsverzeichnis

Abb.	Abbildung
AN	Analytic Narrative(s)
BGB	Bürgerliches Gesetzbuch
bspw.	beispielsweise
bzw.	beziehungsweise
ca.	circa
Corp.	Corporation
CREM	Corporate Real Estate Management
d. h.	das heißt
et al.	und andere
ed(s).	editor(s)
EWG	Europäisches Wirtschaftsgesetz
F	Frage
f.	folgende
FB	Fragebogen
ff.	folgende Seiten
FM	Facility Management
Hrsg.	Herausgeber
IBM	Intelligence Business Machine
Inc.	Incorporation
IT	Informationstechnologie
ltd.	limited
Nr.	Nummer
NZA	Neue Zeitschrift für Arbeitsrecht
o. V.	ohne Verfasserangabe
OCB	Organizational Citizenship Behaviour
OCB-I	Organizational Citizenship Behaviour-Individual
OCB-O	Organizational Citizenship Behaviour-Organization
plc.	public

s.	siehe
Tab.	Tabelle
u. a.	unter anderem
USA	United States of America
VDMA	Verband Deutscher Maschinen- und Anlagenbau
z. B.	zum Beispiel

Symbolverzeichnis

&	und
§	Paragraph
%	Prozent

Zusammenfassung

Unternehmen lagern jährlich Betriebseinheiten in Milliardenhöhe an unternehmensexterne Dritte aus. Dieser Boom ist vor allem in der Facility-Management-Branche ungebrochen. Diesem Boom steht jedoch eine hohe Anzahl von Misserfolgen im Outsourcing gegenüber.

Mit dem Outsourcing geht in der Regel eine Mitarbeiterübernahme vom auslagernden Unternehmen zum aufnehmenden Unternehmen einher. Dabei kann ein Motivationsproblem entstehen: die vom Outsourcing betroffenen Mitarbeitenden sind oft stark verunsichert und nicht ausreichend motiviert, ihr individuelles und für den Leistungserstellungsprozess notwendiges Wissen dem aufnehmenden Unternehmen zur Verfügung zu stellen. Um seinen kundenspezifischen Leistungsprozess ohne Einbrüche fortsetzen zu können, ist das aufnehmende Unternehmen jedoch auf eben dieses Wissen angewiesen.

Wie kann man dennoch den Erfolg vieler Outsourcing-Anbieter der Facility-Management-Branche erklären? Eine neuere Hypothese, die hier zunächst zugrunde gelegt wird, besagt, dass diese Unternehmen die Fähigkeit haben, die übernommenen Mitarbeitenden besser motivieren zu können als dies zuvor die auslagernden Unternehmen konnten. Diese Hypothese stützt sich auf folgende Überlegungen: die vom Outsourcing betroffenen Mitarbeitenden arbeiten im aufnehmenden Unternehmen nicht mehr in einem Support-, sondern in einem Kernprozess. Dadurch steigt ihr Ansehen im aufnehmenden Unternehmen und die betroffenen Mitarbeitenden erleben eine erhöhte Aufmerksamkeit für ihre nun wettbewerbsrelevante Arbeit. Das aufnehmende Unternehmen kann aufgrund seiner Kompetenzen ihre Arbeit besser nachvollziehen, beurteilen und gegebenenfalls belohnen.

Um diese Hypothese – Outsourcing-Anbieter können die betroffenen Mitarbeitenden besser motivieren als zuvor die auslagernden Unternehmen – theoretisch zu begründen, wird zunächst der ressourcenorientierte Ansatz untersucht. Im ressourcenorientierten Ansatz gilt das gemeinsame unternehmensspezifische Wissen als die entscheidende Quelle nachhaltigen Wettbewerbs. Um unternehmensspezifisches Wissen generieren zu können, sind Unternehmen von den Wissensbeiträgen ihrer Mitarbeitenden abhängig. Weitgehend offen bleibt aber in diesem Ansatz, wie die vom Outsourcing betroffenen Mitarbeitenden motiviert werden können, zum unternehmensspezifischen Wissen beizutragen.

Um diese Lücke zu schließen, werden in der Folge motivationspsychologische Ansätze wie die Selbstbestimmungstheorie und die Theorie der psychologischen Verträge in die Arbeit miteinbezogen. Diese individual- und sozialpsychologischen Theorien können Erklärungsansätze liefern, *warum* das aufnehmende Unternehmen die vom Outsourcing betroffenen Mitarbeitenden besser motivieren könnte als das auslagernde Unternehmen.

Zur empirischen Überprüfung der theoretischen Erkenntnisse wurden die von Betriebsübergängen betroffenen Mitarbeitenden eines sehr erfolgreichen mittelständischen deutschen Outsourcing-Anbieters im Facility Management mit einem Fragebogen befragt. Außerdem wurden mit diesen Mitarbeitenden narrative Interviews durchgeführt.

Rahmengebend für die Analyse der mit den narrativen Interviews erhobenen Erzählungen ist der „Analytic Narrative"-Ansatz. Mithilfe dieses Ansatzes sollen die in Erzählungen enthaltenen Gründe der übernommenen Mitarbeitenden auf ihren Erklärungsgehalt für das Phänomen Outsourcing offengelegt werden. Dabei können die der Arbeit zugrunde gelegten Theorien Bestätigung im Datenmaterial finden. Ist dem nicht so, kann das Datenmaterial erneut untersucht werden bis es Hinweise auf neue oder noch nicht bedachte Erklärungsansätze liefert.

Durch die Analyse der Fragebögen kann die Hypothese nicht bestätigt werden: das untersuchte Facility-Management-Unternehmen kann die vom Outsourcing betroffenen Mitarbeitenden nicht besser motivieren als zuvor die auslagernden Unternehmen. Vielmehr fühlen sich die übernommenen Mitarbeitenden dem Outsourcing-Anbieter immer noch nicht zugehörig, obwohl ihr Arbeitgeberwechsel fünf bzw. sieben Jahre zurückliegt.

Jedoch ergibt die Analyse der narrativen Interviews, dass die im gleichen Team belassenen Mitarbeitenden zusammenhalten und im Sinne eines „Fighting for My Buddies"-Effektes füreinander einstehen. Diejenigen Mitarbeitenden, die weiterhin in ihren Teams arbeiten, fühlen sich für ihre Kollegen verantwortlich, da sie nun mehr als je zuvor für den Erfolg oder Misserfolg ihres Teams bzw. für die Sicherheit ihrer Arbeitsplätze und Wirkungsbereiche zuständig sind. Sie sind nur dann bereit, ihr Wissen dem aufnehmenden Unternehmen zur Verfügung zu stellen, wenn dies ihren Teams zugute kommt. Dieser „Fighting for My Buddies"-Effekt wird mithilfe der nachträglich eingeführten Theorie der sozialen Identität und dem Beziehungsansatz erklärt.

Als Konsequenz für die Praxis folgt daraus u. a., dass das aufnehmende Unternehmen eine Mitarbeiterübernahme vor allem in gesamten Teams durchführen sollte, um sich langfristig vor einem Wissensverlust zu schützen. Da aufgrund dieser Erkenntnis Mitarbeitende nur in Ausnahmefällen einzeln übernommen werden sollten, spricht dies vor allem gegen die in der Praxis verwendete Methode der schrittweisen Verlagerung von Teilen der Arbeitsplätze eines Teams.

Teil I: Einleitende Überlegungen

1. Ausgangslage und Forschungsfrage

Die Unternehmenslandschaft ist weltweit durch permanente und tiefgreifende Umstrukturierungsaktivitäten gekennzeichnet; u. a. lagern Unternehmen Jahr für Jahr Bereiche, Prozesse und Leistungen im Wert von Milliarden an unternehmensexterne Dritte aus (z. B. NelsonHall ltd. 2005).[1] Die Attraktivität des Outsourcings wird meistens mit den in der Literatur erklärten und in der Wirtschaftspraxis versprochenen Kosteneinsparungen von 30 Prozent und mehr begründet (Heinzl 1991: 359; Esser 1994: 38; Nagengast 1997: 153; Bruch 1998: 12; Osterloh, J. 2004: 20; Hess 2007: 5 ff.).

Vor allem in der Facility-Management-Branche ist der Outsourcing-Boom ungebrochen (Engelhardt 2006; Lünendonk 2008). Die Erklärungen für den Outsourcing-Boom im Facility Management sind rar. Eine neuerdings diskutierte Hypothese knüpft an die Tatsache an, dass es sich beim Facility Management um ein „people's business" handelt:[2] „Facility-Management-Anbieter haben [...] einen wesentlichen Vorteil: die Integration von Geschäftseinheiten gehört zum Basis-Know-how der Facility-Management-Anbieter, da im Zuge von Outsourcing-Lösungen für Kunden wiederholt vergleichbare Integrationsprozesse angestoßen werden. Für eine erfolgreiche [...] Integration spielen neben Struktur- und Ablaufthemen auch rechtliche Fragestellungen wie bspw. Betriebsübergänge nach § 613a BGB und weiche Faktoren wie Unternehmenskultur und Kommunikation eine wesentliche Rolle. Planung, Steuerung und Umsetzung der [Outsourcingprozesse] müssen [...] unter enger Mitarbeitereinbindung erfolgen." (Engelhardt 2005: 11).

Jedoch liegt die Erfolgsquote von Outsourcingprojekten vielfach unter den gesetzten Zielen und Erwartungen (Gerpott 1993; Güttel 2006: 400; Knop 2007; Sommer 2007; Seidensticker 2008: 20). Als Ursache des Scheiterns von Outsourcing-Aktivitäten wird auffällig oft die unzureichende Integration der betroffenen Mitarbeitenden in das aufnehmende Unternehmen genannt (Gerpott 1993; Mohr 1997; Köhler-Frost 2000: 29; Engels/Lehmann 2000: 341; Grube/Töpfer 2002;

---

[1] Während das externe Outsourcing gleichbedeutend ist mit der Auslagerung, steht die Ausgliederung für das interne Outsourcing. Zur Begriffsbestimmung des Outsourcings s. auch Kapitel II, Abschnitt 1.

[2] Nicht die Mitarbeitenden, sondern Maschinen und andere Investitionsgüter spielen im „people's business" eine untergeordnete Rolle. Während der Erfolg in einem kapitalintensiven Unternehmen hauptsächlich von richtigen Investitionsentscheidungen abhängt, lässt sich in einem mitarbeiterintensiven Unternehmen die Performance vor allem dadurch steigern, dass die Mitarbeitenden motiviert und unternehmenszielkonform geführt werden (Häfele 2005b).

PriceWaterHouseCoopers and Economist Intelligence Unit 2005; Jansen 2002, 2007; Seidensticker 2008; Deloitte 2008).[3]

In der Theorie stehen bei der Integration von Organisation und Individuum Überlegungen im Mittelpunkt, wie organisatorische Erfordernisse und individuelle Bedürfnisse in Einklang gebracht werden können. Unternehmensziel ist, dass die über die Regelerfüllung hinausgehende Motivation der Mitarbeitenden verfügbar wird (Schreyögg 2008: 18).

Allerdings kann im Outsourcing ein Motivationsproblem entstehen (Schreyögg 2008: 185-186). Oft sind die vom Outsourcing betroffenen Mitarbeitenden verunsichert, haben Angst, fühlen sich „abgeschoben“ und „versklavt“ (Büssing 1999; Raeder/Grote 2000). Die betroffenen Mitarbeitenden fühlen sich weder dem auslagernden Unternehmen noch dem aufnehmenden Unternehmen sozial zugehörig.

Ihre Reaktionen reichen vom passiven Widerstand, wie z. B. „Aussitzen“, über aktiven Widerstand, wie z. B. Proteste, bis hin zum Boykott des Projektes. Sie sind nicht ausreichend motiviert, ihr Wissen dem aufnehmenden Unternehmen zur Verfügung zu stellen, obwohl sie sich ihres Arbeitsplatzes für einen gewissen Zeitraum sicher sein können und ihre Gehälter rechtlich geschützt sind.[4] Empirisch nachweisbar können ihre Reaktionen eine sinkende Motivation und Arbeitsqualität, Unzufriedenheit und innere Kündigung sowie eine erhöhte Fluktuations- und Abwesenheitsrate zur Folge haben (Reader/Grote 2002; Hess 2007: 54).

Das aufnehmende Unternehmen ist aber auf das Wissen und Können der vom Outsourcing betroffenen Mitarbeitenden angewiesen, um den gleichen, ehemals vom auslagernden Unternehmen erbrachten Leistungserstellungsprozess fortsetzen zu können. Vor allem das über Jahre angesammelte Erfahrungswissen der Beschäftigten ist für das Funktionieren einer Leistungsorganisation von hoher Bedeutung (Schreyögg 2008: 185).

Kann das aufnehmende Unternehmen die vom Outsourcing betroffenen Mitarbeitenden nicht erfolgreich in seinen Betrieb integrieren, vermindern diese ihre Leistungsbereitschaft (Szulanski 1996: 33 ff.; Nagengast 1997: 118; Bruch 1998: 27; Viering 2000a: 437). Ihre negativen Reaktionen können die durch das Outsourcing erwarteten Kosteneinsparungen nivellieren (Becker 2002: 468) und sogar eine niedrigere Leistungsproduktivität im Unternehmen begründen (Harter/Schmidt/Hayes 2002; Mercer 2007; Terpitz 2008).

---

3 Während der Outsourcing-Anbieter sowohl das integrierende als auch das aufnehmende Unternehmen sein kann, ist mit dem auslagernden Unternehmen das Outsourcing in Anspruch nehmende Unternehmen gemeint.

4 Die arbeitsrechtlichen Besonderheiten einer Mitarbeiterübergnahme im Outsourcing werden im Kapitel II, Abschnitt 3 näher ausgeführt.

Dennoch boomt Outsourcing am Facility-Management-Markt. So erreichten ausgelagerte Facility-Management-Leistungen z. B. in Deutschland im Jahr 2006 ein Volumen von 37,86 Milliarden Euro. Für das Jahr 2009 wird mit einem Volumen von 45,57 Milliarden Euro gerechnet. Das durchschnittliche Wachstum der externen Leistungen am Facility-Management-Markt liegt bei 6,4 Prozent (Interconnection Consulting GmbH 2007).

Der Erfolg vieler Facility-Management-Unternehmen lässt die Hypothese begründet erscheinen, dass erfolgreiche Outsourcing-Anbieter im Facility Management die zu integrierenden Mitarbeitenden entsprechend ihrer Unternehmensziele besser motivieren können als zuvor die auslagernden Unternehmen. So vermutet neben Häfele (2005b) auch Bröchner (2001: 2), dass Facility-Management-Unternehmen besondere Fähigkeiten erlangt haben, die vom Outsourcing betroffenen Mitarbeitenden motivieren zu können: „the competitive strength of a supplier of FM services lies in [integrating] technology, systems and procedures together with human skills."

Im nächsten Abschnitt wird zur Erörterung dieser Forschungsfrage – Können Outsourcing-Anbieter die betroffenen Mitarbeitenden besser motivieren als zuvor die auslagernden Unternehmen – das Vorgehen und die Methode dieser Arbeit vorgestellt.

2. Vorgehen und Methode

Aus der Suche nach Antworten auf die Forschungsfrage, ob Outsourcing-Anbieter im Facility Management die übernommenen Mitarbeitenden besser motivieren können als zuvor die auslagernden Unternehmen, ergibt sich das folgende Vorgehen:

Plausibilitätsprüfung der für das Outsourcing angegebenen Gründe: Welche Erklärungen werden in der Outsourcing-Literatur und von Praktikern bisher dafür gegeben, dass Unternehmen auslagern bzw. warum es Outsourcing-Anbieter gibt? Die Erörterung dieser Gründe für die Vorteilhaftigkeit des Outsourcings ist Gegenstand des zweiten Teils dieser Arbeit *(Kapitel II: Stand der Literatur zur Vorteilhaftigkeit des Outsourcings).*

Zunächst werden die Begriffe „Outsourcing" und „Facility Management" abgegrenzt. Außerdem wird auch darauf eingegangen, warum Outsourcing speziell im Facility Management von Bedeutung ist. Anschließend werden die arbeitsrechtlichen Besonderheiten im Outsourcing dargelegt. Die Mitarbeiterübernahme im Outsourcing ist in Deutschland im Paragraphen 613a des Bürgerlichen Gesetzbuches geregelt. Dieser Paragraph findet in der Europäischen Union seine juristische Entsprechung in der Richtlinie 77/187 des Wirtschaftsgesetzes. Das aufnehmende Unternehmen muss für die Dauer eines Jahres dasselbe operative Personal zu den gleichen Konditionen beschäftigen wie zuvor das auslagernde Unternehmen. Auch in der Schweizerischen Eidgenossenschaft werden in der Regel Mitarbeitende vom aufnehmenden Unternehmen übernommen, obwohl ihre Übernahme hier keine zwingende Bedingung im Outsourcing ist. Durch diese juristischen Regelungen bzw. Praktiken wird der Suchbereich nach Gründen für die Vorteilhaftigkeit des Outsourcings eingeschränkt: Effizienzunterschiede in der Leistungserstellung zwischen dem auslagernden und aufnehmenden Unternehmen können nicht dadurch erklärt werden, dass die vom Outsourcing betroffenen Arbeitsplätze an zu deutlich günstigeren Konditionen eingestellte, fachlich versiertere oder grundsätzlich motiviertere Mitarbeitende vergeben werden. Eine mögliche Erklärung für Effizienzunterschiede in der Leistungserstellung ist, dass die vom Outsourcing betroffenen Mitarbeitenden motivierter beim auslagernden Unternehmen arbeiten als zuvor beim auslagernden Unternehmen.

Schließlich werden die für das Outsourcing angegebenen Gründe auf ihre Plausibilität untersucht, d. h. es wird hinterfragt, wie nachvollziehbar und überzeugend diese Gründe die Entscheidung zum Outsourcing erscheinen lassen. Die bisherigen Ausführungen in der Literatur zeigen, dass zwar beim Outsourcing Kosteneinsparungen realisiert werden können. Doch ein Ergebnis der Diskussion der Gründe für die Vorteilhaftigkeit des Outsourcings ist, dass große Unternehmen diese Kosteneinsparungen unter bestimmten Bedingungen auch unternehmensintern, z. B. durch Ausgliederung des Facility Managements in ein Profit Center, erreichen können.

In der Literatur wird noch eine weitere Erklärung für die Vorteilhaftigkeit des Outsourcings genannt: Outsourcing-Anbieter können die betroffenen Mitarbeitenden besser motivieren als zuvor die auslagernden Unternehmen. Damit geht in der Arbeit ein Analysewechsel vom auslagernden Unternehmen zum aufnehmenden Unternehmen einher.

Theoretische Begründung des Outsourcings: Der motivationsorientierten Erklärung für das Outsourcing – Outsourcing-Anbieter können die betroffenen Mitarbeitenden besser motivieren als auslagernde Unternehmen – fehlt eine ausreichende theoretische Begründung. Die theoretische Begründung des Outsourcings ist Gegenstand des dritten Teils dieser Arbeit *(Kapitel III: Zur theoretischen Begründung des Outsourcings)*.

Die Analyse des Phänomens Outsourcing erfolgt zunächst auf der Ebene der Unternehmen. Der zur Untersuchung des Phänomens dominierende Transaktionskostenansatz wird in die Arbeit nicht näher einbezogen, da mithilfe dieses Outsourcing nur mit den monetär orientierten Gründen erklärt werden kann. Dagegen liefert der ressourcenorientierte Ansatz als eine neuere Theorie der Unternehmung vor allem für ein strategisches Outsourcing Erklärungsbeiträge. Diesem Ansatz nach gilt das gemeinsame unternehmensspezifische Wissen als die entscheidende Quelle nachhaltigen Wettbewerbs.

Allerdings bezieht der ressourcenorientierte Ansatz Motivation unzureichend als endogene Variable mit ein. Dieser Ansatz geht nur bedingt auf die Motivation der Individuen ein, ihr Wissen dem aufnehmenden Unternehmen zur Verfügung zu stellen. Deswegen werden sozial- und individualpsychologische Erklärungsansätze wie die Theorie der psychologischen Verträge und die Selbstbestimmungstheorie herangezogen und auf ihren Erklärungsgehalt für das Phänomen Outsourcing untersucht. Dies bedingt einen Wechsel der Analyse von der Ebene der Unternehmen zu der Ebene der Individuen bzw. der Gruppen. Diese motivationspsychologischen Theorien liefern Erkenntnisse zu den Bedingungen, unter denen die vom Outsourcing betroffenen Mitarbeitenden freiwillig zu den Zielen des aufnehmenden Unternehmens beitragen.

Gemäß der Theorie der psychologischen Verträge kann eine gestiegene Motivation der übernommenen Mitarbeitenden im aufnehmenden Unternehmen u. a. damit erklärt werden, dass dieses Unternehmen sich ihnen gegenüber ehrlicher, offener und vertrauenswürdiger verhält als zuvor das auslagernde Unternehmen. Die Selbstbestimmungstheorie stellt vor allem die Bedeutung einer gestiegenen Autonomie und eines erhöhten Kompetenzerleben der übernommenen Mitarbeitenden im aufnehmenden Unternehmen heraus. Gemäß der Theorie der sozialen Identität und dem Beziehungsansatz sind die soziale Zugehörigkeit zum aufnehmenden Unternehmen und das daraus gewonnene positive Selbstwertgefühl ausschlaggebend für die Mitarbeitermotivation.

Empirische Überprüfung der theoretischen Erkenntnisse: Die dieser Arbeit zugrunde gelegte Hypothese ist, dass Facility-Management-Anbieter die Fähigkeit haben, die vom Outsourcing betroffenen Mitarbeitenden besser motivieren zu können als zuvor die auslagernden Unternehmen. Facility-Management-Anbieter scheinen fähig zu sein, eine Demotivation der vom Outsourcing betroffenen Mitarbeitenden und deren damit verbundene Leistungseinbrüche verhindern zu können. Im vierten Teil dieser Arbeit wird diese Hypothese durch Betrachtung eines sehr erfolgreichen mittelständischen deutschen Outsourcing-Anbieters im Facility Management mithilfe eines Multi-Methodenansatzes empirisch überprüft (*Kapitel IV: Mitarbeitermotivation im Outsourcing am Beispiel eines Outsourcing-Anbieters im Facility Management*). Neben Experteninterviews mit den für das Outsourcing Verantwortlichen wurden die vom Outsourcing-Anbieter übernommenen Mitarbeitenden mit Fragebögen und in narrativen Interviews befragt.

Beim Aufbau des Fragebogens finden die Theorie der psychologischen Verträge und die Selbstbestimmungstheorie ihre besondere Berücksichtigung. Aus diesen Theorien leiten sich die theoretischen Annahmen ab, mit denen der Fragebogen konstruiert wurde.

Die narrativen Interviews werden mithilfe „Analytic Narratives" untersucht. „Analytic Narratives" ist eine empirisch-sozialwissenschaftliche Analysemethode, welche Erzählungen mit gewählten Theorien z. B. dem ressourcenorientierten Ansatz verbindet (Bates et al. 1998: 3 ff.). „Narrative" bedeutet dabei, dass Details und Nuancen der Erzählungen große Aufmerksamkeit gewidmet wird; „Analytic", dass die Erzählungen anhand gewählter Theorien untersucht werden. Finden diese Theorien keine Bestätigung im Datenmaterial, wird nach dem rekursiven Verfahren des „Analytic Narratives"-Ansatzes das Datenmaterial auf Hinweise für neue oder noch nicht bedachte Erklärungsansätze untersucht bis eine geeignete Theorie gefunden ist.

Die Analyse der Fragebögen zeigt eine große Unzufriedenheit der vom Betriebsübergang betroffenen Mitarbeitenden mit dem Outsourcing-Anbieter. Die für diese Arbeit zentrale Hypothese, dass der Outsourcing-Anbieter die vom Betriebsübergang betroffenen Mitarbeitenden besser motivieren könne als zuvor die auslagernden Unternehmen, kann nicht bestätigt werden.

Dagegen liefert die Analyse der narrativen Interviews ein in diesem Zusammenhang überraschendes Ergebnis: Einige der übernommenen Mitarbeitenden arbeiten im aufnehmenden Unternehmen trotzdem motivierter als zuvor im auslagernden Unternehmen. Allerdings weicht die Begründung dafür von den ursprünglich zugrunde gelegten Theorien ab: diejenigen Mitarbeitenden, die weiterhin in ihren Teams arbeiten, fühlen sich für ihre Kollegen verantwortlich, da sie nun mehr als je zuvor für den Erfolg oder Misserfolg ihres Teams bzw. für die Sicherheit ihrer Arbeitsplätze zuständig sind. Dieser Effekt wurde als „fighting for my buddies" gekennzeichnet.

Der „Fighting for My Buddies"-Effekt kann mit der im dritten Teil dieser Arbeit nachträglich eingeführten Theorie der sozialen Identität und dem Beziehungsansatz begründet werden. Diese nachträgliche Einführung ist möglich aufgrund des oben beschriebenen rekursiven Verfahrens des „Analytic Narratives"-Ansatzes.

Die gesamten Ergebnisse dieser Arbeit werden im fünften Teil zusammengefasst (*Kapitel V: Schlussbetrachtungen*). Ein Ergebnis ist, dass das Facility-Management-Unternehmen die vom Outsourcing betroffenen Mitarbeitenden nicht besser motivieren kann als das auslagernde Unternehmen. Im Gegenteil, obwohl ihre Betriebsübergänge fünf bzw. sieben Jahre zurückliegen, fühlen sich die übernommenen Mitarbeitenden dem Outsourcing-Anbieter immer noch nicht sozial zugehörig. Diese Mitarbeitenden sind nur dann bereit, ihr Wissen dem aufnehmenden Unternehmen zur Verfügung zu stellen, wenn dies ihren Teams zugutekommt.

Als Implikation für die Praxis ergibt sich u. a., dass die vom Outsourcing betroffenen Mitarbeitenden nicht aus ihren Teams heraus auf einzelne Positionen „verlagert" werden sollten. Damit das aufnehmende Unternehmen sich langfristig vor dem Wissensverlust schützen kann, sollten ihre Arbeitsplätze im Team belassen werden. Dies spricht vor allem gegen die in der Praxis verwendete Methode der schrittweisen Verlagerung nur von Teilen der Arbeitsplätze eines Teams.

Zukünftiger Forschungsbedarf besteht u. a. darin, das Phänomen des Gruppenzusammenhaltes im Outsourcing zu untersuchen, um die Motivation der übernommenen Mitarbeitenden für das aufnehmende Unternehmen nutzbar zu machen.

Kapitel II: Stand der Literatur zur Vorteilhaftigkeit des Outsourcings

In hoch entwickelten Volkswirtschaften wie z. B. der Schweizerischen Eidgenossenschaft oder der Bundesrepublik Deutschland findet ein permanenter intersektoraler Wandel der Beschäftigungs- und Produktionsstrukturen statt (Albrow 1998: 106 ff.; Beck 2003: 7 ff.; Eikelmann 2007). Seit dem Beginn der Industrialisierung im 19. Jahrhundert hat der primäre Sektor, die Land- und Forstwirtschaft, Arbeitsplätze an die verarbeitende Industrie und Versorgungsunternehmen, den sekundären Sektor, verloren. Ende der 1960er-Jahre arbeiteten ca. 48 % aller Erwerbstätigen im sekundären Sektor.

Ab den 1970er-Jahren hatte aber auch die Beschäftigung im sekundären Sektor ihren Höhepunkt überschritten (Rasmussen 1977: 54). Seitdem schrumpfen der primäre und sekundäre Sektor zugunsten des ungebrochenen Wachstums des tertiären Sektors bzw. des Dienstleistungssektors. In der Bundesrepublik macht der Dienstleistungssektor heute fast drei Viertel des Bruttoinlandsproduktes aus (Eikelmann 2007; Statistisches Bundesamt 2007; Bund der Dienstleistungswirtschaft 2008).

Dienstleistungen können von Gütern des Sachleistungsbereiches nicht immer eindeutig abgegrenzt werden (Giger 1994: 22; Woratschek 1998: 14; Ramme 2003: 7; Osterloh, J. 2004: 24 ff.; Graf 2005: 51). Als *kleinster* gemeinsamer Nenner in der Literatur werden Dienstleistungen mit Hilfe der Merkmale „Immaterialität", „externer Faktor" und „nicht-lagerungsfähig" beschrieben (Ramme 2003: 5). Immaterialität bedeutet, dass ein Gut nicht anhand seiner physischen Wahrnehmbarkeit beurteilt werden kann. Der externe Faktor ist der Kunde. Ist ein Kunde als externer Faktor in den Erstellungsprozess eingebunden, ist das Gut nicht lagerungsfähig. Produktion, Absatz und Konsum vollziehen sich gleichzeitig.

Bezeichnenderweise wird der Begriff „Immaterialität" nicht weiter erläutert, sondern als selbsterklärend angenommen. Genau darin liegt aber ein Nachteil bei der Diskussion um den Dienstleistungsbegriff. Die Immaterialität eines Gutes konstituiert sich durch das für seine Erstellung verwendete Wissen (s. Kapitel III, Abschnitt 2.2). Neben organisatorischem Wissen fließt dabei auch das individuelle Wissen der vom Unternehmen Beschäftigten in den Erstellungsprozess mit ein. Das Unternehmen ist umso abhängiger von diesen Wissensmitarbeitenden, je kreativer, innovativer und wissensintensiver die Dienstleistung ist (Osterloh/Frey 2006).

Wissensmitarbeitende verfügen, anders als die Mitarbeitenden in der industriellen Produktion, über Teile der Produktionsmittel selbst (Drucker 1999; Bullinger et al. 2001: 6). Heutzutage arbeiten in der Bundesrepublik Deutschland ungefähr zwei Drittel der Erwerbstätigen als Wissensmitarbeitende in Dienstleistungsunternehmen (Drucker 1999: 83; 2002: 74; Statistisches Bundesamt 2007).

Zwei Ansätze sind für die Erklärung der zunehmenden Tertiarisierung der Wirtschaft von besonderer Relevanz (Reichwald/Möslein 1995: 331):

Erstens wird in der Drei-Sektoren-Theorie der intersektorale Wandel vom primären über den sekundären zum tertiären Sektor begründet durch den zunehmenden materiellen Wohlstand, der zu Sättigungseffekten an Gütern führt. Entsprechend wächst die *Nachfrage nach Dienstleistungen* (Fisher 1933, 1939; Clark 1940; Fourastié 1954; Wolfe 1955).

Zweitens nennt Albach (1989) nicht die wachsende Nachfrage nach Dienstleistungen, sondern den *zunehmenden Wettbewerb* als Grund für die Entwicklung des tertiären Sektors. Durch die Dynamik der Märkte wächst der Anpassungsdruck der Unternehmen an die veränderten Marktbedingungen. Unternehmen versuchen, durch das erweiterte *Angebot von Dienstleistungen* ihren Kunden einen höheren Nutzen zu stiften und sich dadurch dem ruinösen Preiswettbewerb zu entziehen.

Auch Picot (1982) nimmt den *zunehmenden Wettbewerb* als Treiber für die Entwicklung des tertiären Sektors an. Allerdings begründet er, anders als Albach, diesen nicht durch das erweiterte Angebot von Dienstleistungen, sondern *auf Basis transaktionskostentheoretischer Überlegungen* (s. Kapitel III, Abschnitt 1.2). Die Unternehmen optimieren ihre Leistungstiefe und Betriebsgröße. Damit stellt sich auch die Frage nach Eigenerstellung oder Fremdbezug. Unternehmen lagern Bereiche, wie z. B. das Facility Management, an ein oder mehrere Unternehmen aus, um diese als Dienstleistungen günstiger beziehen zu können (Picot 1982; Picot/Franck 1993). Dies führt zu einer neuen Form des arbeitsteiligen Wirtschaftens, welche mit dem englischen Begriff *„Outsourcing"* belegt wurde.

Neben den klassischen Begründungen für das Outsourcing wie z. B. Kosteneinsparungen lässt sich noch eine weitere Erklärung vermuten: Outsourcing-Anbieter im Facility Management existieren, da sie die übernommenen Mitarbeitenden besser motivieren könnten als die auslagernden Unternehmen (Engelhardt 2005). Dazu werden in diesem Kapitel der Arbeit die zentralen Begriffe und Probleme abgegrenzt und bestimmt.

Im *ersten* Abschnitt wird der Begriff „Outsourcing" anhand seiner Wortbestandteile erläutert und definiert.

Der *zweite* Abschnitt dient dazu, den Begriff „Facility Management" abzugrenzen. Zudem soll erklärt werden, warum Outsourcing im Facility Management von Bedeutung ist.

Im *dritten* Abschnitt werden die arbeitsrechtlichen Besonderheiten bei der Mitarbeiterübernahme im Outsourcing dargelegt.

Der *vierte* Abschnitt beinhaltet die Diskussion der von Praktikern und in der Literatur genannten Gründe, warum Unternehmen auslagern bzw. warum es Outsourcing-Anbieter am Markt gibt (Bogaschwesky 1996: 124). Die Gründe für die Vorteilhaftigkeit des Outsourcings werden einer Plausibilitätsprüfung unterzogen, d. h., es wird überprüft, inwiefern die Gründe nachvollziehbar und überzeugend sind.

Schließlich resümiert der *fünfte* Abschnitt die Ergebnisse kritisch und leitet zum nächsten Kapitel der Arbeit über.

1. Begriffsbestimmung „Outsourcing“

Der äußerst allgemeine Begriff „Outsourcing“ ist mittlerweile in Lexika enthalten und Bestandteil des alltäglichen Sprachgebrauchs. Doch weder in der Theorie noch in der Praxis ist der Begriff eindeutig definiert (Bliesener 1994: 278; Müller/ Prangenberg 1997: 29; Franze 1998: 10; Barth 2003: 6; Osterloh, J. 2004: 45; Hess 2007: 19). So stellt Jouanne-Diedrich (2004) in seiner Untersuchung fest, dass in der Literatur mehr als vierzig Outsourcing-Definitionen bestehen.

Das englische Kunstwort ist eine Kreation aus den Worten „*Out*side Re*sourcing*“ oder „*Out*side Re*source* Us*ing*“ (Lacity/Hirschheim 1993: 198 ff.; Osterloh, J. 2004: 45). Übersetzen lässt sich der Begriff mit „Mittel von außen gebrauchen“. Die Abgrenzung in seine *drei* Wortbestandteile „Outside“, „Ressource“ und „Using“ stellt eine Möglichkeit dar, den Begriff näher zu erläutern. Diese Abgrenzungsmerkmale des Begriffes Outsourcing werden in den Abschnitten 1.1-1.3 behandelt.

1.1 Merkmal „Outside“: die rechtliche und wirtschaftliche Selbstständigkeit der Unternehmen

Outsourcing kann in *zwei* Formen unterschieden werden: internes Outsourcing und externes Outsourcing.

Das *interne Outsourcing* ist eine Möglichkeit, Leistungen aus dem Unternehmen in ein Tochterunternehmen auszugliedern (Knolmayer/Heinzl/Hirschheim 2003). Das interne Outsourcing, auch Ausgliederung genannt, ist durch eine Ressourcenzusammenlegung gekennzeichnet. Dabei bleiben wirtschaftliche Verflechtungen und Einflussmöglichkeiten des ausgliedernden Unternehmens auf das oder die aufnehmenden Unternehmen bestehen (Behme 1993: 292). Beispiele hierfür sind die In-house-Partnerschaft und die Kooperations-Partnerschaft.

Um eine In-house-Partnerschaft handelt es sich, wenn ein Tochterunternehmen aus einem Mutterunternehmen (aus-)gegründet oder durch dieses erworben wird. Das Tochterunternehmen bietet seine Leistungen dem Mutterunternehmen an. Das Mutterunternehmen kann den Grad seiner Abhängigkeit vom Tochterunternehmen bzw. Outsourcing-Anbieter reduzieren, indem es die Beziehung beider zueinander maßgeblich zu steuern und zu kontrollieren imstande ist (Tröndle 1987: 16, 50; Viering 2000b: 430; Picot/Reichwald/Wigand 2003: 281). Das Tochterunternehmen bzw. der Outsourcing-Anbieter ist hingegen wirtschaftlich und rechtlich vom Mutterunternehmen abhängig.

Bei einer Kooperations-Partnerschaft teilen die Unternehmen den durch die Zusammenlegung und Nutzung von gemeinsamen Ressourcen entstandenen Erlös untereinander auf. Bildet sich daraus ein Unternehmen, entsteht entweder ein Gemeinschafts- oder ein Beteiligungsunternehmen. Beim Gemeinschaftsunternehmen besitzen, anders als beim Beteiligungsunternehmen, alle Kapitalgeber gleich viele Anteile (Tröndle 1987: 17, 50 ff.; Viering 2000b: 430; Picot/Reichwald/ Wigand 2003: 281 f.). Die aus einer Kooperations-Partnerschaft entstandenen Unternehmen sind gegenüber dem ausgliedernden Unternehmen zwar nicht wirtschaftlich, aber rechtlich selbstständig.

Das *externe Outsourcing* wird synonym mit dem Begriff Auslagerung verwendet (Bongard 1994). Beim externen Outsourcing findet eine Tauschbeziehung zwischen Unternehmen statt, aber keine Ressourcenzusammenlegung (Tröndle 1987: 19). Die durch externes Outsourcing verbundenen Unternehmen sind wirtschaftlich und rechtlich voneinander unabhängig. Die Koordination wird auf Grundlage von Verträgen durchgeführt. Dabei kann zwischen kurzfristigem und einmaligem Bezug von Leistungen auf dem sogenannten anonymen Markt und einer Dienstleistungspartnerschaft unterschieden werden, bei der langfristige Verträge eine Rolle spielen (Viering 2000b: 430; Picot/Reichwald/Wigand 2003: 281 f.). Im Facility Management sind die Outsourcingverträge mit einer Laufzeit von drei bis fünf Jahren langfristig. Der kurzfristige und einmalige Bezug von Facility-Management-Leistungen hat nur eine untergeordnete Bedeutung in der Unternehmenspraxis (Häfele 2005b).

Im Ergebnis steht das *Abgrenzungsmerkmal „Outside"* für die rechtliche und/oder wirtschaftliche Selbstständigkeit der am Outsourcingprozess beteiligten Unternehmen. Dabei spielt die Weisungsbefugnis eine entscheidende Rolle (Osterloh, J. 2004: 46-47). Weder in der Theorie noch in der Praxis besteht ein bedeutender Unterschied zwischen internem Outsourcing und interner Leistungserstellung, z. B. in Form eines Profit-Centers. Beim externen Outsourcing treten marktliche Vereinbarungen zwischen den Unternehmen an die Stelle von hierarchischer Koordination.

Im weiteren Sinne wird unter Outsourcing die Vergabe von Leistungen an ein rechtlich selbstständiges Unternehmen, z. B. ein Tochterunternehmen, verstanden. Bei dieser Sichtweise wird vom internen Outsourcing ausgegangen. Im engeren Sinne wird Outsourcing als die Vergabe von Leistungen an ein rechtlich *und* wirtschaftlich selbstständiges Unternehmen verstanden (z. B. Heinzl 1991). Dabei wird das externe Outsourcing den Überlegungen zugrunde gelegt.

Für diese Untersuchung ist das externe Outsourcing von Bedeutung, dem eine Dienstleistungspartnerschaft zugrunde liegt. Das unternehmensinterne Facility Management wird üblicherweise an ein rechtlich und wirtschaftlich unabhängiges Unternehmen ausgelagert. Das auslagernde Unternehmen bezieht Facility-Management-Leistungen in der Regel auf Basis von Drei- bis Fünf-Jahres-Verträgen vom Outsourcing-Anbieter.[5]

Folgende Abbildung stellt die Outsourcing-Formen noch einmal im Zusammenhang dar.

Outsourcing-Formen		
Internes Outsourcing (Ausgliederung)	*Externes Outsourcing (Auslagerung)*	
Kooperation	langfristige Vertragsbeziehung	anonymer Markt
• Ressourcen-zusammenlegung ➢ In-house-Partnerschaft (rechtlich und wirtschaftlich nicht selbstständig) ➢ Kooperations-partnerschaft (rechtlich selbstständig, wirtschaftlich nicht selbstständig)	• Tauschbeziehung (rechtlich und wirtschaftlich selbstständig) ➢ Dienstleistungs-partnerschaft	• kurzfristiger und einmaliger Kauf von Leistungen

Abb. II-1: Outsourcing-Formen
(In Anlehnung an Lamers 1998: 79; Hodel/Berger/Risi 2004: 27)

Im nächsten Abschnitt wird das zweite Abgrenzungsmerkmal des Begriffes „Outsourcing" besprochen.

---

[5] Branchenüblich wird ein Outsourcing-Vertrag nach dem Ablauf des dritten Vertragsjahres zur Disposition getellt. Es wird geprüft, ob der Vertrag der Situation im Outsourcing neu angepasst werden muss. Können sich die im Outsourcing verbundenen Unternehmen erfolgreich einigen, hat der (neue) Vertrag in der Regel für zwei weitere Jahre Bestand.

1.2 Merkmal „Ressource“: der Auslagerungsgegenstand

Grundsätzlich ist Outsourcing für jede Leistung, jeden Prozess und jeden Bereich im Unternehmen denkbar (Späth 1993; Hess 2007: 11). Folgende Überlegungen zeigen, welche Prozesse als Gegenstand einer Auslagerung am besten geeignet sind.

Unternehmen unterscheiden ihre Prozesse in Kern- und Supportprozesse.[6] Die Kernprozesse lassen sich anhand von *fünf* Kriterien identifizieren (Osterloh/ Wübker 1999: 97; Viering 2000a: 433; Prahalad/Hamel 2001; Osterloh/Frost 2006; s. auch Kapitel III, Abschnitt 1.2):

1. *Unternehmensspezifität*: Durch die unternehmensspezifische Nutzung von Ressourcen sind Kernprozesse einmalig.
2. *Nicht-Imitierbarkeit:* Kernprozesse sind nur sehr schwer durch ein anderes Unternehmen kopierbar.
3. *Nicht-Substituierbarkeit*: Kernprozesse sind kaum substituierbar, da sie aus einer unternehmensspezifischen Kombination von Fähigkeiten und Fertigkeiten bestehen und nicht durch andere Problemlösungen ersetzbar sind.
4. *Wahrnehmbarer Kundennutzen*: Kernprozesse bilden den kaufentscheidenden Faktor, da sie zu dem vom zahlenden Kunden wahrgenommenen Nutzen des Endproduktes beitragen. Kernprozesse eröffnen den Zugang zu (neuen) Märkten.
5. *Transferierbarkeit*: Kernprozesse müssen immer wieder auf innovative Märkte und Produkte angewendet werden können.

Die auf den Kernkompetenzen aufbauenden Kernprozesse bilden die wesentlichen Wettbewerbsvorteile eines Unternehmens (Osterloh/Frost 2006). Kernprozesse sollten nicht ausgelagert werden (Zahn et al. 1998: 337).

Supportprozesse stiften den zahlenden Kunden keinen unmittelbaren Nutzen. Sie sind nicht unternehmensspezifisch, da sie imitierbar und substituierbar sind (Osterloh/Wübker 1999: 98; Porter 1999, 2000). Supportprozesse tragen nicht zu einem nachhaltigen Wettbewerbsvorteil eines Unternehmens bei. Sie sind daher Gegenstand eines möglichen Outsourcings.[7]

---

[6] Kernprozesse bauen auf Kernkompetenzen auf. Kernprozesse werden zur Erstellung von Dienstleistungen und Produkten benötigt (s. auch Kapitel III, Abschnitt 1.2).

[7] Supportprozesse können in sekundäre und tertiäre Prozesse unterschieden werden. Sekundäre Prozesse unterstützen die Kernprozesse eines Unternehmens unmittelbar, wie z. B. die Sicherung eines Geldtransportes für eine Bank. Tertiäre Prozesse sind durch die mittelbare Unterstützung des Wertschöpfungsprozesses gekennzeichnet, wie z. B. die Gebäudereinigung einer Bank.

Für Nichtimmobilienunternehmen ist in der Regel das Facility Management ein Supportprozess. Es entwickelte sich in diesen Unternehmen meist von einer klassischen Unterstützungsfunktion zu einem eigenständigen Managementbereich (s. Abschnitt 2.3 dieses Kapitels). In dieser Arbeit steht der Wortbestandteil „Ressource" für den Auslagerungsgegenstand Facility Management.

Im nächsten Abschnitt wird neben der Erörterung des dritten Abgrenzungsmerkmals „Outsourcing" begrifflich definiert.

1.3 Merkmal „Using": die zeitliche Dimension

Der Wortbestandteil „Using" nimmt Bezug auf die zeitliche Dimension im Outsourcing. Die klassische „Make or Buy"-Literatur sieht Outsourcing als eine kurzfristige Entscheidung über den einmaligen Bezug von Leistungen an (z. B. Selchert 1971; Männel 1981). Aufgrund der zunehmenden Komplexität des Austauschs von auszulagernden Leistungen und Gegenleistungen versteht man unter Outsourcing heutzutage eine langfristig wirkende Entscheidung (Osterloh, J. 2004: 50). Besonders bei einer langfristig wirkenden Partnerschaft im Outsourcing bezieht sich der Begriff oft nicht auf die Verwendung externer Ressourcen („Using"), sondern auf die Substitution interner durch externe Ressourcen („Resourcing"; Barth 2003: 8).

In dieser Arbeit wird der Begriff „Outsourcing" wie folgt verstanden:

> Outsourcing ist die zeitlich begrenzte, gezielte Externalisierung eines Auslagerungsgegenstands an ein oder mehrere wirtschaftlich und rechtlich selbstständige Unternehmen. Während der gesamten Vertragsdauer übernimmt ein oder übernehmen mehrere externe Unternehmen die unternehmerische Verantwortung (Picot/Maier 1992: 16; Beer 1998: 20; Kang 2003: 2; Barth 2003: 9).

Damit ist das interne Outsourcing aus den weiteren Überlegungen dieser Arbeit ausgeschlossen (s. Abschnitt 1.1 dieses Kapitels). Zudem wird den Überlegungen dieser Arbeit eine langfristige Outsourcing-Beziehung zugrunde gelegt, d. h. die Vertragslaufzeit besteht für mindestens drei Jahre. Aufgrund der Langfristigkeit des Outsourcings und der Möglichkeit der Veränderung der Organisation des auslagernden Unternehmens hat sich die Beziehung der Unternehmen von einer Lieferanten-Abnehmer-Konstellation zu einer strategischen Partnerschaft entwickelt (Cunningham/Fröschl 1995: 40 f.; Köhler-Frost 2000: 98; Deloitte 2008). Der Outsourcing-Anbieter kann in diesem Fall als ein „Agent of Change" charakterisiert werden (Hess 2007: 21; s. Abschnitt 4 dieses Kapitels).

Im nächsten Abschnitt wird der Begriff „Facility Management" abgegrenzt. Zudem wird erläutert, warum für das Facility Management Outsourcing bedeutend geworden ist.

2. Outsourcing im Facility Management

Zunächst wird im Abschnitt 2.1 der Begriff „Facility Management“ (FM) bestimmt. Die Bewirtschaftung von Anlagen und Gebäuden hat sich in den letzten Jahrzehnten nachhaltig gewandelt (Henzelmann 2000: 170). Aus dem Dienstleistungsbereich „Immobilienbewirtschaftung“ hat sich der Managementbereich „Facility Management“ entwickelt (Häfele 2005b; Pierschke 2000a: 277).

Mit FM ist die Wirtschaftlichkeitsbetrachtung aller immobilienbezogenen Leistungen im Immobilienlebenszyklus möglich. Im Abschnitt 2.2 werden die FM-Leistungen den verschiedenen Phasen im Immobilienlebenszyklus zugeschrieben. Dadurch kann der betriebliche Leistungserstellungsprozess nachhaltig unterstützt werden.

Die Entwicklung des FM widerspiegelt sich in seinem innerbetrieblichen Konzentrationsprozess. Die unternehmensinterne Organisation des FM wird im Abschnitt 2.3 beschrieben. Diese Entwicklung findet ihren organisatorischen Niederschlag oft in der Wandlung einer Stabstelle zu einem Zentralbereich und weiter zu einem Unternehmensbereich.

Dieser innerbetriebliche Konzentrationsprozess resultiert dann häufig in dessen Ausgliederung bzw. Auslagerung am FM-Markt. Der FM-Markt ist Gegenstand des Abschnitts 2.4. Die durch Ausgründung bzw. Auslagerung entstandenen Unternehmen bilden einen wesentlichen Anteil der FM anbietenden Unternehmen. Erfolgreiche FM-Unternehmen weisen zahlreiche Erfahrungen und Kenntnisse im Outsourcing auf, da der sich vollziehende Wandel von der Immobilienbewirtschaftung zum betrieblichen Facility Management seinen Ausdruck im massiven Auslagern findet (Leykam 2005).

2.1 Begriffsbestimmung „Facility Management“

Der Begriff „Facility Management“ kommt aus dem angloamerikanischen Sprachraum. Das Wort „Facility“ bedeutet „Betriebsanlage“ oder „Einrichtung“. Im Gegensatz zu den US-amerikanischen Autoren, die den Begriff „Facility Management“ verwenden (z. B. Cotts/Lee 1992; Rondeau/Brown/Lapides 1995), lautet dieser in England „Facilities Management“ (z. B. Barett 1995; Alexander 1997). Damit soll die Tatsache unterstrichen werden, dass sich das Management nicht nur auf die Immobilie, sondern auch auf das Zusammenwirken von deren Bewirtschaftung mit anderen Betriebsmitteln bezieht (Pierschke 2000a: 278). In Deutschland hat sich gleichwohl „Facility Management“ durchgesetzt.

Wenn man nach verwandten Begriffen wie Gebäudebewirtschaftung, Gebäudemanagement oder Corporate Real Estate Management (CREM) sucht, dann ergibt sich eine nahezu unüberschaubare Literaturlage zum FM (Teichmann 2007: 10). Die zahlreichen Definitionen unterscheiden sich im Umfang der Beschreibung, in der Breite des betrachteten Spektrums und in der Zeitperspektive (Reiblich 2005: 2-3). Diese können in *zwei* Kategorien unterschieden werden: die leistungsspezifischen und die nutzerspezifischen Definitionen.

Einerseits werden als *leistungsspezifische Definitionen* diejenigen bezeichnet, die die im FM zu erbringenden Leistungen in den Vordergrund ihrer Beschreibung stellen. Diese Definitionen betonen vor allem die Relevanz der FM-Leistungen für das Kerngeschäft (Schwarze 1991: 209; Seifert 1998: 25; German Facility Management 2005; VDMA 2006).

Andererseits betonen *nutzerspezifische Definitionen* nicht nur die FM-Leistungen, sondern darüber hinaus die Steigerung der Arbeitsproduktivität in der Arbeitsumgebung. Nach diesen Definitionen koordiniert FM die physischen Arbeitsplätze der im Unternehmen Beschäftigten im Einklang mit ihren Bedürfnissen (Schulte/ Pierschke 2000: 34; van den Ende 2000; Häfele 2001). Diese Definitionen beziehen die Erkenntnis mit ein, dass mit der verbesserten Arbeitsplatzqualität die Motivation und Arbeitsproduktivität der Mitarbeitenden steigen kann (Schäfers 1997: 18 ff.; Kahlen 2001: 30 f.; Neumann 2002; Reiblich 2005: 1).

Die Beutung von FM wirkt sich nachhaltig auf den Unternehmenserfolg aus. Die Immobilie wird nicht mehr isoliert als Betriebsmittel oder Produktionsort betrachtet wie es in den leistungsspezifischen Definitionen zum Ausdruck kommt. Vor dem Hintergrund eines vielschichtigen betrieblichen Wirkungszusammenhanges wird der Immobilie eine strategische Relevanz beigemessen (Kurzmann 2002: 415). Laut den nutzerspezifischen Definitionen ist FM nicht nur das operative Management aller immobilienbezogenen Leistungen, sondern als ein „people's business" auch das strategische Management der Bedürfnisse des Nutzers im Einklang mit den physischen Gegebenheiten einer Immobilie. Dazu ist es notwendig, ständig den „way of work" in einer Organisation zu analysieren. Dadurch beinhaltet FM die Möglichkeit, Organisationen an Veränderungen nachhaltig anzupassen (Schneider 1996:44; Robertson 2000: 376-378; Reiblich 2005: 27).

Im Rahmen dieser Arbeit wird unter dem Begriff „Facility Management" folgendes verstanden:

FM ist ein unternehmerischer Prozess, der durch die Integration von Planung, Kontrolle und Bewirtschaftung von Gebäuden, Anlagen und Einrichtungen eine verbesserte Nutzungsflexibilität, Arbeitsproduktivität und Kapitalrentabilität zum Ziel hat.

Im folgenden Abschnitt ist der Immobilienlebenszyklus Gegenstand der Diskussion. Diesem können unterschiedliche FM-Leistungen zugeordnet werden.

2.2 Facility-Management-Leistungen im Immobilienlebenszyklus

Unter FM subsumieren sich nicht nur „Hausmeisterdienste“. Die spezifische Innovation von FM besteht in seiner strategischen Ausrichtung (Kurzmann 2002: 415; Diederichs/Schöne 2000: 9; Engelhardt 2006). Dahinter steht die Erkenntnis, dass Sachanlagen wie Immobilien in ihrem Lebenszyklus als strategische Ressourcen zur Erhaltung und Steigerung der Wettbewerbsfähigkeit eines Unternehmens beitragen können (Lochmann 1998: 14; Friedemann 2005: 41).

Der Immobilienlebenszyklus kann in *vier* Phasen unterschieden werden. Dieser beginnt erstens mit der Beschaffung eines (unbebauten) Grundstücks und der Planung einer Immobilie (*Planungsphase*). Zweitens wird die Immobilie gebaut und an seine Nachfrager vermarktet (*Erstellungsphase*). Darauf folgt drittens die Nutzung der Immobilie (*Nutzungsphase*). Die Nutzungsphase endet, wenn die Erträge aus der Immobilie nicht mehr deren Gesamtkosten decken und ein Umbau keine Renditesteigerung erwarten lässt. In der Konsequenz wird die Immobilie viertens abgerissen (*Abrissphase*). Der Gesamtzyklus wird in der Regel von der Nutzungsphase aufgrund deren Langfristigkeit dominiert.

Die Immobilie ist eines der langlebigsten Wirtschaftsgüter überhaupt. Bei einer Gebäudenutzungsdauer von 40 bis 60 Jahren rechnet man, dass die direkten Investitionskosten nur zwischen 10 bis 25 % der gesamten Kosten im Immobilienlebenszyklus ausmachen (Schneider 1994: 33; Braschel/Hetzer 1995: 16; Staudt/Kriegesmann/Thomzik 1999: 72). In früheren Wirtschaftlichkeitsbetrachtungen stand daher vor allem die aufgrund ihrer Langfristigkeit kostenintensive Nutzungsphase einer Immobilie im Vordergrund (Helbing Management Consulting GmbH 2000).

Mit FM gerät die Wirtschaftlichkeitsbetrachtung aller immobilienbezogenen Kosten und Leistungen im Immobilienlebenszyklus in den Fokus, um den betrieblichen Lei-stungserstellungsprozess nachhaltig zu unterstützten. Aus den durch das FM geprägten Optimierungsmaßnahmen resultiert die Erkenntnis, dass die *Beeinflussbarkeit der Kosten* in der Planungsphase am größten ist und gegebenenfalls eine Reduzierung der immobilienbezogenen Kosten um 30 % möglich erscheint (Isenhöfer/Väth 2000: 143-146; Schulte 2000: 20-21).

Folgende Abbildung zeigt den Verlauf der Kosten und deren Beeinflussbarkeit im Immobilienlebenszyklus.

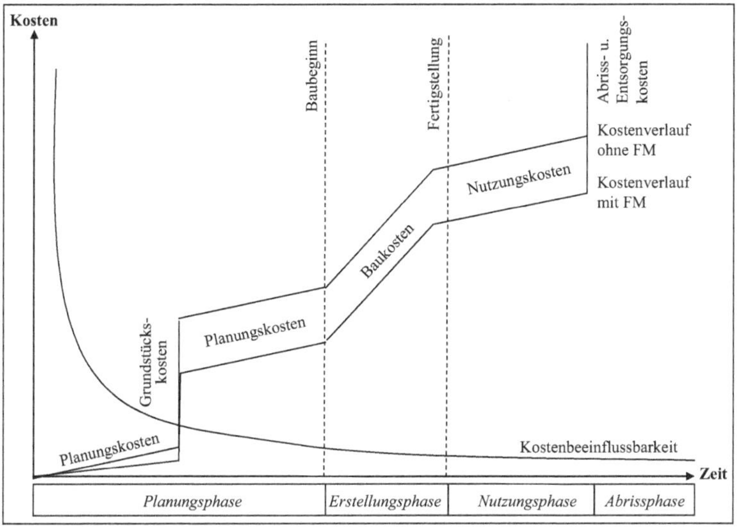

Abb. II-2: Beeinflussbarkeit und Verlauf der Kosten im Immobilienlebenszyklus
mit und ohne FM
(In Anlehnung an Isenhöfer/Väth 2000: 175; Pierschke 2000a: 303)

Den Phasen des Immobilienlebenszyklus sind verschiedene FM-Leistungen zugeordnet. Die Art und Gewichtung der einzelnen Leistung hängt von der zu bewirtschaftenden Immobilie ab (Osterloh, J. 1996: 8-9). Die Leistungen sind entweder solche des strategischen oder solche des operativen FM (Pierschke 2000a: 279; Preuß/Schöne 2003: 23):

Leistungen des *strategischen FM* setzen im Immobilienlebenszyklus bereits bei der Planung und Erstellung an, wenn z. B. die zukünftige Funktionalität der technischen Systeme bezüglich ihres Energieverbrauchs festgelegt wird. Im weiteren Verlauf des Lebenszyklus von Immobilien kommt strategisches FM z. B. bei umfangreichen Umbau- bzw. Sanierungsvorhaben erneut zum Tragen.

Das *operative FM* bzw. das Gebäudemanagement bezieht sich auf die Phasen der Nutzung einer Immobilie. Es umfasst die operative Planung, Organisation und Arbeitsvorbereitung aller Maßnahmen, die für die Bewirtschaftung einer Immobilie erforderlich sind. Es wird zwischen den Leistungsbereichen technisches, infrastrukturelles und kaufmännisches FM unterschieden.

Das technische FM umfasst sämtliche Leistungen, die der Bereitstellung und Nutzung der technischen Systeme der Immobilie dienen, wie z. B. das Energiemanagement (Daniels 2000: 81-125; Gross 2003: 10; VDMA 2006).

Das infrastrukturelle FM beschäftigt sich mit den Leistungen, die von der Fläche direkt abhängig sind. Dies sind z. B. Umzugsdienste (Henzelmann 2000: 167-190; Bauer 2000: 213-237; Breuer 2000: 213-237). Unter gebäudeunabhängigen Leistungen werden z. B. das Catering und Sicherheitsdienste verstanden (VDMA 1996).

Im Rahmen des kaufmännischen FM werden Objektbuchhaltung, Controlling (Hellerforth 2004: 288-331) und das Flächen- und Vertragsmanagement aufgeführt (Flecker 2000: 193-213). Das kaufmännische FM bildet die Maßnahmen des technischen und infrastrukturellen Gebäudemanagements ab (Pierschke 2000a: 305).

Die folgende Tabelle zeigt die FM-Leistungen im Immobilienzyklus. Die aufgeführten Leistungen entsprechen keinesfalls einer vollständigen Auflistung. Das Leistungsspektrum des FM ist „selbst für Fachleute der Branche kaum noch zu überblicken“ (Stahl 1996: 4).

<table>
<tr><th>1. Planungsphase</th><th>2. Erstellungsphase</th><th colspan="3">3. Nutzungsphase</th><th>4. Abrissphase</th></tr>
<tr><td colspan="2" rowspan="2">Strategisches Facility Management</td><td colspan="3">Operatives Facility Management
(Gebäudemanagement)</td><td rowspan="2">Strategisches Facility Management</td></tr>
<tr><td>Kaufmännisches Facility Management</td><td>Technisches Facility Management</td><td>Infrastrukturelles Facility Management</td></tr>
<tr><td>• Planungsleistungen z. B. Entwürfe
• Energieplanung
• Planung von Brandschutz</td><td>• Bauausführung
• Bauüberwachung und Steuerung
• Bauabnahme</td><td>• Flächenmanagement
• Kostenplanung und -kontrolle
• Objektbuchhaltung
• Vertragsmanagement</td><td>• Technische Betriebsführung (Inbetriebnahme, Betätigen, Instandhalten)
• Umbau, Sanierung, Modernisierung</td><td>• Catering
• Informatik-Dienstleistungen
• Gärtnerdienste
• Reinigungsdienste
• Umzugsdienste</td><td>• Materialverwertung
• Altlastensanierung
• Verwertung von Anlagen</td></tr>
</table>

Tab. II-1: Facility-Management-Leistungen im Immobilienlebenszyklus
(In Anlehnung an Pierschke 2000a: 286; Gross 2003: 9)

Im folgenden Abschnitt wird die Entwicklung der unternehmensinternen Organisation des FM dargelegt.

2.3 Unternehmensinterne Organisation des Facility Managements

Während das Gros der Immobilienunternehmen schon immer ein professionelles Immobilienmanagement betrieben hat, betrachten viele Nicht-Immobilienunternehmen die unbeweglichen Güter nur als „bilanzpolitische Manövriermasse“ (Schulte/Pierschke 2000: 38). Unterschätzen Unternehmen die Bedeutung des FM für ihren unternehmerischen Erfolg, entstehen häufig informatorische und organisatorische Defizite. Sie bestehen u. a. in einem Mangel an immobilienbezogenen Daten und deren Integration in das Unternehmensgeschehen, in zersplitterten Zuständigkeiten und Verantwortlichkeiten und in einer ineffektiven Organisation der Prozesse (Schäfers 1997; Viering 2000a: 436).

Organisatorische Fragestellungen des FM wurden in der Literatur bislang nur am Rande behandelt (Pierschke 2000b: 404). Es gibt keine Untersuchungen über den Zusammenhang von Unternehmensgröße und Institutionalisierung von FM (Pierschke 2000b: 404; Gräber 2006a: 43). Bedenkt man jedoch die Komplexität der mit dem FM verbundenen Aufgaben, so erscheint eine Auseinandersetzung mit diesem Problem dringend notwendig (Gräber 2006a: 43). Ob diese Aufgaben dann unter der Bezeichnung „Facility Management“, „CREM“ oder „Immobilienmanagement“ laufen, ist unter organisatorischen Aspekten zweitrangig.

Traditionell sind die einzelnen FM-Leistungen verschiedenen Organisationseinheiten zugeordnet. Mit zunehmender Bedeutung wird FM in eine der Unternehmensführung direkt unterstellte Struktureinheit überführt, z. B. in eine Stabsstelle, einen Zentralbereich oder einen Unternehmensbereich. Diese haben eine eigenständige Funktion für die Steuerung und Entwicklung des Unternehmens (Reiblich 2005: 31).

Bei kleineren Unternehmen, die FM-Aufgaben nur in geringem Umfang wahrnehmen, ist für deren effektive Organisation eine *Stabsstelle* ausreichend. Da FM eine Schnittstellenfunktion mit fast allen Managementbereichen eines Unternehmens aufweist, insbesondere mit dem Personal- und Finanzmanagement (Breuer 2000: 216), sollte es als Stabsstelle den oberen Ebenen der Unternehmenshierarchie zugeordnet sein, also direkt der Führungs- oder der zweiten Hierarchieebene, um so die Führungsrelevanz der Thematik FM zu betonen (Pierschke 2000b: 408).

Eine weitere Möglichkeit der Organisation des FM ist die Bildung eines *Zentralbereichs*. Zentralbereiche entstehen durch die Zusammenfassung von gleichartigen Aufgaben in bereichsübergreifenden Einheiten. Hierarchisch kann ein FM-Zentralbereich auf einer höheren Führungsebene oder gleichrangig zu anderen Bereichen im Unternehmen entstehen (Pierschke 2000b: 409). Durch die Zusammenfassung gleichartiger Aufgaben können intern Größen- und Verbundvorteile nutzbar gemacht werden. Da jede Bildung eines Zentralbereichs mit einer Aufgabenspezialisierung verbunden ist, kommt es gleichzeitig zu einer Konzentration von Know-how. Dies geht mit einer Professionalisierung einher, wodurch bessere Leistungsergebnisse erzielt werden können. Die anderen Bereiche im Unternehmen werden entlastet, sie können sich voll auf ihre eigentlichen Aufgaben konzentrieren (Kreikebaum 1996: 2603).

Die Bewältigung von FM ist mit zunehmender Komplexität nur in einem entsprechend spezialisierten Bereich möglich. Für Unternehmen mit einem großen Immobilienbestand ist also eine entsprechende Organisation des FM notwendig (Pierschke 2000b: 405). Organisatorisch findet dies in der Bildung eines entsprechenden *Unternehmensbereichs* seinen Niederschlag.

Ist unternehmensintern die Bedeutung des FM erkannt, entwickelt sich FM von einer reinen Unterstützungsfunktion zu einem eigenständigen Aufgabenfeld. Oft ist eine Auslagerung des FM an einen unternehmensexternen FM-Anbieter oder eine Ausgründung in eine Unternehmung mit eigenständiger Rechtsform Folge des innerbetrieblichen Konzentrationsprozesses (Pierschke 2000b: 411-413).

Im folgenden Abschnitt wird der deutschsprachige FM-Markt u. a. anhand der FM anbietenden und nachfragenden Unternehmen segmentiert.

2.4 Der deutschsprachige Facility-Management-Markt

Der deutschsprachige FM-Markt ist stark segmentiert.[8] Die *Herkunft der FM-Unternehmen* lässt sich dabei vor allem in *drei* Gruppen einteilen:

Erstens entsteht ein wesentlicher Anteil der Anbieter am FM-Markt durch *Ausgründungen des unternehmensinternen FM*, wie z. B. die Deutsche-Telekom-Immobilien GmbH (Staudt/Kriegesmann/Thomzik 1999: 53).

Zweitens kommen Unternehmen, die FM betreiben, aus dem technischen Gebäudemanagement wie dem Anlagenbau, der Instandhaltung oder der Gebäudetechnik, die FM als sinnvolle *Ergänzung ihrer Dienstleistungen* entdecken (Gross 2003: 17). Inzwischen gibt es hier eine Reihe etablierter Anbieter, wie z. B. das Schweizer Unternehmen Edelweiss Facility Management AG. Dazu kommen FM-Unternehmen aus dem infrastrukturellen Gebäudemanagement wie der Gebäudereinigung oder der Sicherheitstechnik (Gräber 2006b: 41).

Drittens haben *Unternehmen aus Branchen rund um die Immobilie* wie Baukonzerne z. B. Bilfinger und Berger, Reinigungsunternehmen, wie z. B. Piepenbrock und Dussmann, Projektentwickler, Softwareanbieter und Versorgungsunternehmen, z. B. Aramark, FM als neues Geschäftsfeld entdeckt (Staudt/Kriegesmann/Thomzik 1999: 195-196).

---

[8] Die FM-Märkte Deutschlands, Österreichs und der Schweiz werden in dieser Arbeit als deutschsprachiger FM-Markt zusammengefasst. Dies ist möglich, da die folgenden Ausführungen auf die FM-Märkte aller drei Länder zutreffen.

Die *FM nachfragenden Unternehmen* kommen vor allem aus den Marktsektoren Industrie, Finanzdienstleistung, Handel und Pharma. Diese Unternehmen können nach ihren Beweggründen zur Nachfrage segmentiert werden (Staudt/ Kriegesmann/Thomzik 1999):

1. *Global Player*, die sich auf ihre Kerngeschäfte konzentrieren wollen. Häufig stammen diese aus der Automobil-, Chemie- oder Computerindustrie sowie aus der sogenannten „New Economy".
2. *Unternehmen im massiven Wettbewerbsdruck*. Oft wird hier der FM-Gedanke über externe Berater hereingetragen. Umstrukturierungen, Fusionen und Kostendruck sind in erster Linie die Treiber.
3. *Projektentwickler* bieten – häufig in Form eines Konsortiums – ein Gesamtpaket rund um eine Immobilie an, welches auch die externe Vergabe von FM-Leistungen beinhaltet.
4. *(Immobilien-)fonds* sind ähnlich wie Projektentwickler zu sehen, mit dem Unterschied, dass der Fond die Immobilien selbst betreibt, während der Projektentwickler sich auf die Konzeptentwicklung beschränkt.

Der deutschsprachige FM-Markt wird besonders durch *drei Trends* geprägt.

Erstens besteht ein Trend zur *Internationalisierung*. Die Anwendung des Begriffes der Globalisierung wäre überzogen, da sich die Tendenz nur auf die als „Wirtschaftslokomotiven" fungierenden Regionen bezieht; der Begriff der Internationalisierung ist aber durchaus angebracht. Jedoch steckt die Internationalisierung z. B. des deutschen FM-Marktes noch „in den Kinderschuhen" (Gräber 2006a: 48). So sind *in Deutschland kaum internationale Branchengrößen*, wie z. B. der Weltmarktführer Johnson Controls, Inc., Servicemaster oder Honeywell Facility Management Corp., *aktiv* (Gräber 2006a: 49). Als Gründe für die geringe Marktdurchdringung des deutschen FM-Marktes durch ausländische FM-Unternehmen werden u. a. kulturelle Hürden, die starke Präsenz von Gewerkschaften und die regionale Struktur Deutschlands genannt (Jürgens 2006: 4). Hingegen erfolgt der *Eintritt deutscher FM-Anbieter in internationale Märkte operativ*, also durch die Begleitung einheimischer Kunden bei deren internationalen Aktivitäten. Auch werden die deutschen FM-Unternehmen im europäischen Ausland mehr und mehr durch Zukäufe international tätiger Unternehmen präsent (Gräber 2006a: 49).

Zweitens besteht ein Trend zur *Modularisierung der Leistungen*, also zur Zusammenstellung von Leistungspaketen aus frei kombinierbaren gebäudebezogenen Dienstleistungen und Produkten. Goldstein und Köllgen (1998) weisen darauf hin, dass die das FM nachfragenden Unternehmen verstärkt individuell angepasste Dienstleistungen und Produkte suchen. Ein wesentlicher Grund ist die zunehmende Spezialisierung in den Branchen rund um die Immobilie (Harden 1993: 3; Bruhn 1997: 345; Barth 2003: 15).

Drittens setzt sich laut Expertenmeinung der in den USA begonnene Trend zur *Zusammenarbeit mit einem einzigen FM-Unternehmen* trotz der möglichen Abhängigkeit von bloß noch einem Anbieter durch (Schneider 1996; Pierschke 2000b: 403). Goldstein und Köllgen (1998) betonen die mögliche quantitative und qualitative Komplexitätsreduktion der unternehmerischen Außenbeziehungen durch die Einschaltung eines einzigen FM-Anbieters. Zu einer positiven Beurteilung des externen Outsourcings des FM an einen einzigen Anbieter gelangen auch Staudt, Kriegesmann und Thomzik (1999: 98 ff.).

Da es sich beim FM-Markt um einen Markt für immobilienbezogene Leistungen und damit um einen sekundären Markt handelt, lassen sich Veränderungen stets mit Entwicklungen auf den primären Märkten, wie z. B. dem Kapitalmarkt, erklären (Baumunk 2004: 50). Im Allgemeinen geht man davon aus, dass der FM-Markt mit einer Zeitverzögerung von mindestens zwei Jahren auf Veränderungen an den primären Märkten reagiert (Rottke/Wernecke 2002).

Nach Einschätzung des Instituts für angewandte Innovationsforschung wird der FM-Markt zu einem Drittel durch neue Wettbewerber und zu einem Drittel durch traditionelle Anbieter besetzt, während ein Drittel durch Automation und Rationalisierung reduziert wird (Bernau 2006: 2). Auch Goldstein und Köllgen (1998) weisen darauf hin, dass infolge effizienterer Organisation der Leistungserstellung durch FM-Unternehmen und infolge technischen Fortschritts, der zu längeren Wartungsintervallen und zur stärkeren Modularisierung bei Betriebsanlagen – Austausch statt Reparatur von Einzelteilen – führt, ein Wachstum der Gesamtnachfrage nach FM-Leistungen langfristig nicht zu erwarten ist.

Dennoch ist der Outsourcing-Boom in der FM-Branche momentan ungebrochen (Engelhardt 2006; Lünendonk 2008). Das Volumen ausgelagerter FM-Leistungen wuchs 2006 am deutschen Markt im Vergleich zum Vorjahr um 7,5 % auf 37,86 Milliarden Euro (Interconnection Consulting GmbH 2007). Für das Jahr 2009 wird ein Volumen von 45,57 Mrd. Euro erwartet (Interconnection Consulting GmbH 2007; Lünendonk 2008). Welche Bedeutung allein der deutsche FM-Markt hat, zeigt sein Anteil am Bruttoinlandsprodukt. Zwar ist der Anteil des deutschen FM-Marktes am Bruttoinlandprodukt (BIP) statistisch nicht klar ermittelt. Es wird aber davon ausgegangen, dass die *immobilienbezogenen Leistungen ca. 13 % des deutschen Bruttoinlandproduktes* ausmachen (Leykam 2005; Friedemann 2005: 41).

Mit der Auslagerung des FM an einen Outsourcing-Anbieter findet oft die Übernahme von Mitarbeitenden statt. Im nächsten Abschnitt werden die rechtlichen Besonderheiten bei der Mitarbeiterübernahme im Outsourcing erläutert.

3. Arbeitsrechtliche Besonderheiten bei der Mitarbeiterübernahme im Outsourcing

Die Mitarbeiterübernahme im Outsourcing ist in Deutschland durch § 613a des Bürgerlichen Gesetzbuches (BGB) geregelt. Dieser Paragraph findet seine juristische Entsprechung in der Richtlinie 77/187 des europäischen Wirtschaftsgesetzes (EWG). In der schweizerischen Eidgenossenschaft sind gesetzliche Grundlage der Mitarbeiterübernahme die Artikel 333 und 333a des Obligationenrechts.

Nach dem Europäischen Gerichtshof ist ein „Unternehmen, Betrieb oder Betriebsteil" die „wirtschaftliche Einheit, die sich als eine organisierte Gesamtheit von Personen und Sachen zur Ausübung einer wirtschaftlichen Tätigkeit mit eigener Zielsetzung darstellt" (Europäischer Gerichtshof vom 22.05.1997, NZA 1997: 1050; Bundesarbeitsgericht vom 11.12.1997, NZA 1997: 1052). Geht ein „Unternehmen, Betrieb oder Betriebsteil" auf ein anderes Unternehmen durch ein Rechtsgeschäft über, „so tritt dieses" nach § 613a Absatz 1 Satz 1 BGB „in die Rechte und Pflichten aus den im Zeitpunkt des Übergangs bestehenden Arbeitsverhältnissen ein." (Wörle 2000: 588). Die Rechtsfolge ist, dass das aufnehmende Unternehmen die betroffenen Arbeitsplätze zu identischen Konditionen übernehmen muss.

Gemäß § 613a Absatz 1 Satz 2 BGB ist das aufnehmende Unternehmen verpflichtet, für die Dauer von einem Jahr die Betriebs- oder Tarifvereinbarungen des auslagernden Unternehmens zu beachten. Nach § 613a Absatz 1 Satz 4 BGB gilt dies, sofern keine andere Regelung durch einen gültigen Betriebs- oder Tarifvertrag in Kraft tritt oder die alten Bestimmungen während der zwölfmonatigen Frist ablaufen (Diemer 2000: 65-66).

Der Geltungsbereich des § 613a BGB gilt auch bei einer Neuvergabe der Aufträge oder sogar bei der Übernahme eines einzigen Arbeitsplatzes wie der Extremfall „Christel Schmidt" zeigt. Einer gekündigten Putzfrau wurde ihre Weiterbeschäftigung durch ein externes Unternehmen angeboten, allerdings zu verschlechterten Bedingungen. Da ein Betriebsübergang vorlag, konnte die Arbeitnehmende erfolgreich ihr ehemaliges arbeitgebendes Unternehmen verklagen (Staudacher 2000: 312-313).

Zudem hat das Bundesarbeitsgericht ab 2005 Unternehmen die Loslösung von tariflichen Pflichten in Deutschland weiter erschwert. Für Arbeitsverträge, die seit dem 01.01.2002 geschlossen wurden, gilt demnach der darin häufig enthaltende Verweis auf den jeweils gültigen Tarifvertrag auch dann weiter, wenn das Unternehmen selbst diesem nicht mehr unterliegt (Jahn 2005: 13).

Nach dem Gesetzeswortlaut kann der Eindruck entstehen, dass der Bestandsschutz nur für ein Jahr gilt. Doch nach dem Ablauf der Jahresfrist kollektivrechtlicher Vereinbarungen kommt ein individualrechtlicher Bestandsschutz zum Tragen. Auf juristischer Ebene stehen einer Lohnreduzierung durch Outsourcing erhebliche Hürden entgegen. Die rechtliche Verhandlungsposition der Mitarbeitenden ist in Deutschland, wie auch in anderen Ländern Europas, gut (Sommerlad 2000: 291).

Die vom Outsourcing betroffenen Mitarbeitenden können entweder nach § 613a BGB übergehen, oder ihnen wird ein neuer Vertrag vom aufnehmenden Unternehmen angeboten. Dieser Vertrag kann über die im § 613a BGB vereinbarten Mindestkonditionen hinausgehen. So beinhaltet dieser häufig Ausgleichsentschädigungen für Lohneinbußen oder für nicht mehr vorhandene Zusatzleistungen, welche nach Ablauf eines Jahres eintreten könnten. Zudem ist die Laufzeit der Verträge der vom Outsourcing betroffenen Mitarbeitenden meistens identisch mit der Dauer des zwischen den Unternehmen geschlossenen Outsourcing-Vertrages (Häfele 2005b). In der Regel beträgt diese zwischen drei bis fünf Jahren (s. Abschnitt 1.1 dieses Kapitels). Ein über die im § 613a BGB festgelegten Mindestkonditionen hinausgehender Vertrag, der Ausgleichszahlungen vorsieht und dazu einen mehr als ein Jahr andauernden Vertragszeitraum, wird vor allem im FM oft eingesetzt, da es sich hierbei um ein „people's business" handelt.

Die folgende Abbildung stellt die arbeitsrechtlichen Möglichkeiten der Mitarbeiterübernahme im Outsourcing dar.

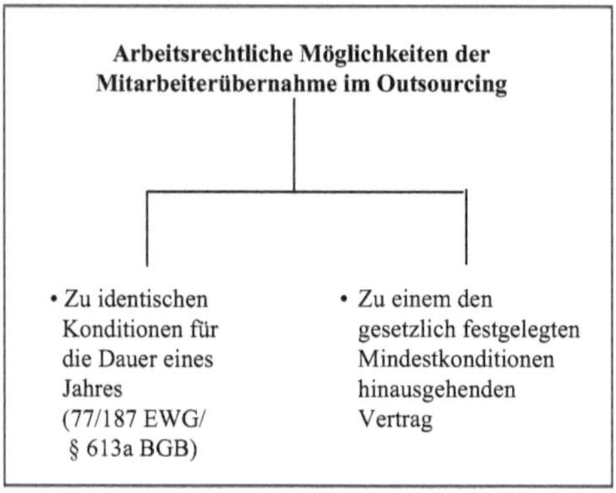

Abb. II-3: Arbeitsrechtliche Möglichkeiten der Mitarbeiterübernahme im Outsourcing in der Europäischen Union (In Anlehnung an Häfele 2001: 3)

Daneben steht es dem vom Outsourcing betroffenen Mitarbeitenden frei, Widerspruch beim Betriebsrat einzulegen, zu klagen oder zu kündigen. Da die Mitarbeitenden nur unter erschwerten Umständen, wie z. B. durch eine entsprechende Klage vor dem Arbeitsgericht, die Übernahme ihres Arbeitsplatzes verhindern können, erhält Outsourcing für sie oft einen Zwangscharakter (s. Kapitel III, Abschnitt 2.1).

Anders als in der Europäischen Union können die vom Outsourcing betroffenen Mitarbeitenden in der schweizerischen Eidgenossenschaft ihre Übernahme ablehnen ohne Widerspruch beim Betriebsrat einlegen oder eine gerichtliche Klage einreichen zu müssen. Das aufnehmende Unternehmen muss nicht dasselbe Personal beschäftigen wie zuvor das auslagernde Unternehmen. In diesem Fall könnte das aufnehmende Unternehmen Mitarbeitende zu günstigeren Konditionen einstellen. Dennoch haben die aufnehmenden Unternehmen großes Interesse die vom Outsourcing betroffenen Mitarbeitenden zu übernehmen. Ein Grund dafür ist, dass diese Mitarbeitenden über die „im Unternehmen eingesetzten Speziallösungen" und „über genaue Kenntnisse der internen Abläufe sowie über entsprechendes Branchenwissen" verfügen (Hodel/Berger/Risi 2004: 113 f.). Die übernommenen Mitarbeitenden bilden die Schnittstelle zwischen den im Outsourcing verbundenen Unternehmen (s. Kapitel III, Abschnitt 2.2).

Im Ergebnis kann festgehalten werden, dass ein Outsourcing-Anbieter weitgehend dasselbe Personal beschäftigt, das zuvor beim auslagernden Unternehmen arbeitete (Lacity/Willcocks 1996, 1998). Dies schränkt den Suchbereich nach Gründen für das Outsourcing ein: Effizienzunterschiede in der Leistungserstellung zwischen dem auslagernden und aufnehmenden Unternehmen können nicht dadurch erklärt werden, dass nach dem Outsourcing die Arbeitsplätze an zu deutlich günstigeren Konditionen eingestellte, fachlich versiertere oder grundsätzlich motiviertere Mitarbeitende vergeben werden. Daraus folgt als mögliche Erklärung für ein Outsourcing, vorausgesetzt es ergeben sich Effizienzunterschiede in der Leistungserstellung, dass die gleichen Mitarbeitenden motivierter beim auslagernden Unternehmen arbeiten als zuvor beim auslagernden Unternehmen.

In die weiteren Ausführungen dieser Arbeit wird nur ein *externes Outsourcing mit Übernahme der Mitarbeitenden* einbezogen. Im nächsten Abschnitt wird diskutiert, ob die Gründe die Vorteilhaftigkeit eines externen Outsourcings mit Mitarbeiterübernahme plausibel erklären können.

4. Plausibilitätsprüfung der für das Outsourcing angegebenen Gründe

Die folgende Diskussion der für das Outsourcing angegebenen Gründe dient dazu, die Frage zu beantworten, warum Unternehmen auslagern bzw. warum es Outsourcing-Anbieter gibt. Die Zielsetzung im Outsourcing ist immer eine Frage der „Verbesserung des wirtschaftlichen und/oder des qualitativen Ergebnisses" (Neumann/Henning 1999: 11). Die Outsourcing-Entscheidung ist im Kontext von übergeordneten Unternehmenszielen zu begreifen. Daraus lassen sich aber nicht zwingend die Gründe des Outsourcings ableiten.

In die Diskussion werden die Gründe miteinbezogen, die sich aus Praktikerbefragungen von für das Outsourcing Verantwortlichen ergeben (Heinzl 1991: 359; Knüppel/Heuer 1994; Horchler 1996: 46; Nagengast 1997: 153; Schott 2000: 131; Viering 2000a: 432; Linder/Cole/Jacobson 2002: 23; Barth 2003: 23; Accenture 2007). Die Ergebnisse der Praktikerbefragungen liefern trotz der heterogenen Untersuchungsmethoden wie z. B. Fragebogenumfragen oder Interviews ein relativ homogenes Bild. Z. B. werden von den Praktikern einvernehmlich als die das Outsourcing dominierende Gründe die Kosteneinsparungen und die Konzentration auf die Kernkompetenzen genannt.

Da aber Outsourcing eine „sozial und politisch heikle Entscheidung" für Unternehmen darstellt (Osterloh, J. 2004: 70), ergibt sich die Frage, ob Praktikerbefragungen die ganze Bandbreite der Beweggründe aufdecken können. Daher werden zusätzlich zu den „öffentlichen Outsourcing-Begründungen" die in der Literatur genannten Gründe, wie z. B. das Brechen von (zu starken) Mitbestimmungskulturen, mit in die Diskussion aufgenommen (Lacity/Willcocks: 383 ff.; Hess 2007: 26; Deloitte 2008). Die gesammelten Gründe werden einer Plausibilitätsprüfung unterzogen, d. h., es wird hinterfragt, wie nachvollziehbar und überzeugend diese Gründe die Entscheidung zum Outsourcing erscheinen lassen.

Die Beweggründe können mit Hilfe der historischen Entwicklungsgeschichte des Outsourcings systematisiert werden. Für diese sind *drei* Wellen von zentraler Bedeutung (Hess 2007: 27 f.). Das Verständnis des Outsourcings hat sich, wie in den nachfolgenden Erläuterungen zur historischen Entwicklungsgeschichte gezeigt wird, nachhaltig gewandelt. Während für die erste Welle das *taktische Outsourcing* bezeichnend ist, ist es für die zweite Welle vor allem das *strategische Outsourcing*. Heutzutage scheint mit der dritten Welle das *transformationale Outsourcing* vorherrschend zu sein.

Das taktische Outsourcing wird vor allem von monetär orientierten Gründen dominiert, während im strategischen und transformationalen Outsourcing leistungs- und strategieorientierten Gründe eine bedeutende Rolle spielen. Für das transformationale Outsourcing kann außerdem eine weitere Gruppe von Gründen in Betracht gezogen werden: die der motivationsorientierten Gründe.

Es gilt zu beachten, dass die einzelnen Gründe situationsabhängig zu beurteilen sind und vor allem mit der Größe der Unternehmen zusammenhängen. Sie haben keine bestimmte Priorität oder Reihenfolge und können nicht eindeutig voneinander getrennt interpretiert werden, da sie oft in Kombination wirksam sind (Osterloh, J. 2004: 69 ff.; Hess 2007: 27).

In den folgenden *drei* Abschnitten werden die monetär orientierten, die leistungs- und strategieorientierten sowie die motivationsorientierten Gründe für die Vorteilhaftigkeit des Outsourcings nach ihrer Plausibilität *aus Sicht des auslagernden Unternehmens* hinterfragt. Diese Abschnitte sind in Struktur und Inhalt weitgehend von Osterloh, J. (2004: 69 ff.) übernommen ohne die zu den Gründen genannten empirischen Befunde.

4.1 Monetär orientierte Gründe

Ab den 1950er-Jahren begannen Unternehmen in der ersten Outsourcing-Welle, einzelne Unternehmensfunktionen, besonders in den Bereichen Fertigung, Informationstechnologie und Produktion, auszulagern (Gross 2003). Der Begriff Outsourcing wurde oft gleichbedeutend mit der Auslagerung von Informationstechnologie bzw. Informatik an externe Unternehmen verwendet (Alisch/Winter/Arentzen 2005: 2526). Die auslagernden Unternehmen verfolgten vor allem eine Entlastungsstrategie, d. h. die Auslagerung hatte vorzugsweise taktische, monetär orientierte Gründe, wie z. B. Kosteneinsparungen.

Kosteneinsparungen gelten, neben der Konzentration auf die Kernkompetenzen, als einer der wichtigsten Gründe für ein Outsourcing (Heinzl 1991: 124; Knüppel/Heuer 1994: 349; Horchler 1996: 46; Nagengast 1997: 238; Schott 2000: 131; Viering 2000a: 432; Accenture 2007). Dahinter steht die folgende Argumentation: Ausreichend spezialisierte Unternehmen können die gleichen Leistungen kostengünstiger erwirtschaften als auslagernde Unternehmen. Die klassischen ökonomischen Erläuterungen unterscheiden zur Erklärung der Kosteneinsparungen im Wesentlichen zwischen *Größen- und Verbundvorteile bzw. Economies of Scale & Scope, Erfahrungskurveneffekten, Umwandlung fixer in variabler Kosten* und *Branchen- bzw. Lohnarbitrage.* Zusätzlich entfallen *Personalbeschaffungs- und Weiterbildungskosten.*

In Verbindung mit den Kosteneinsparungen werden oft auch *Liquiditätsaspekte* genannt. Der Zufluss liquider Mittel durch den Verkauf von Unternehmensteilen ist ein weiterer wichtiger Aspekt für ein Outsourcing (Müller/Prangenberg 1997: 114 ff.). Anders als Kosteneinsparungen lassen sich Liquiditätsaspekte nicht durch realwirtschaftliche Effizienzvorteile begründen. Sie basieren auf Überlegungen, die in die Zukunft gerichtet sind, und ergeben sich als finanzielle Vorteile für das auslagernde Unternehmen. Unter den Liquiditätsaspekten subsumieren sich finanzielle Vorteile wie die *Verminderung des gebundenen Kapitals* und die *Realisierung von Steuervorteilen.*

In den folgenden Abschnitten werden die Gründe in ihrer oben genannten Reihenfolge auf ihre Plausibilität untersucht.

4.1.1 Größen- und Verbundvorteile: Economies of Scale and Scope

Größenvorteile bzw. Economies of Scale bezeichnen die fallenden Stückkosten bei steigender Ausbringungsmenge pro Zeiteinheit. Mit anderen Worten: Mit zunehmender Stückzahl pro Zeiteinheit reduzieren sich die durchschnittlichen Kosten pro Mengeneinheit (Linganu/Stauber 2005: 104). Auslagernde Unternehmen können Kosten einsparen, weil der Outsourcing-Anbieter die gleichen Leistungen kostengünstiger erstellen kann.

Economies of Scale sind daher vor allem für kleinere und mittelständische Unternehmen ein sinnvoller Grund für das Outsourcing, da diese, anders als größere Unternehmen, alleine keine Größenvorteile generieren können. Größere Unternehmen wie z. B. IBM können diese Vorteile selber generieren (Osterloh, J. 2004: 75 f.).

Verbundvorteile bzw. Economies of Scope ergeben sich aus der Nutzung der gleichen Ressource wie z. B. bei ähnlichen Produkten. Die Leistungen werden in einer Umgebung erstellt, die auch bei der Erstellung von anderen Leistungen von Vorteil sein kann. Z. B. können auf der gleichen Plattform sowohl Motorräder als auch Autos erstellt werden.

Im Outsourcing bedeutet dies, dass die Ressourcen nicht länger nur einem Kunden zur Verfügung stehen, sondern diese flexibel für verschiedene nachfragende Unternehmen eingesetzt werden können. Dies wiederum erhöht die Auslastung der betreffenden Ressourcen und damit die Produktivität (Lingnau/Stauber 2005: 104 f.).

Auch für Economies of Scope kann gelten, dass diese innerhalb einer Organisation nur ab einer bestimmten Unternehmensgröße realisiert werden können, die von kleineren und mittelständischen Unternehmen oft nicht erreicht wird.

Zudem spielt für die Realisierung von Größen- und Verbundvorteilen die Art der Leistungserbringung eine wichtige Rolle. Bei maschinenintensiven Leistungen sind Größen- und Verbundvorteile leicht realisierbar; bei personalintensiven Leistungen hingegen nur in einem geringeren Umfang zu erwarten (Osterloh, J. 2004: 78).

Im Ergebnis sind Economies of Scale and Scope nur dann plausible Gründe für ein Outsourcing, wenn kleinere und mittelständische Unternehmen maschinenintensive Leistungen auslagern und fremd beziehen. Dies gilt gerade nicht im FM, da es sich hier um ein „people's business“ handelt (s. Abschnitt 2.1 dieses Kapitels).

4.1.2 Erfahrungskurveneffekte

Erfahrungskurveneffekte bezeichnen das bei sich wiederholender Erbringung von Leistungen akkumulierte Wissen. Die Stückkosten einer Leistung pro Zeiteinheit verlaufen abhängig zur kumulierten Ausbringungsmenge (Lingnau/Stauber 2005: 105). Relevant ist nicht nur wie hoch die Ausbringungsmenge pro Zeiteinheit ist, sondern auch wieviele Zeiteinheiten eine Leistung bereits erbracht wird.

Es ist anzunehmen, dass gerade Unternehmen mit einer langen Tradition selber Erfahrungskurveneffekte realisieren können (Osterloh 2004: 80 f.). Solche ergeben sich auch, wenn Unternehmen längere Zeit an verschiedenen Märkten tätig sind bzw. unterschiedliche Produkte anbieten.

Erfahrungskurveneffekte sind vor allem für diejenigen Unternehmen ein Grund für ein Outsourcing, die sich aufgrund ihrer jungen Unternehmensgeschichte noch kein akkumuliertes Wissen aneignen konnten. Dies ist vor allem dann der Fall, wenn die ausreichende Erfahrung des Outsourcing-Anbieters vom Vorteil ist bei der Erstellung der Leistungen. Erfahrungskurveneffekte sind auch dann ein Grund für das Outsourcing, wenn Unternehmen keinen synergetischen Nutzen aus ihrer Tätigkeit an verschiedenen Märkten bzw. aus ihrem Angebot unterschiedlicher Produkte ziehen können (Osterloh, J. 2004: 80-81).

Erfahrungskurveneffekte sind im Outsourcing denkbar, wenn das aufnehmende Unternehmen einheitliche Leistungen für Kunden aus unterschiedlichen Branchen erbringt (Staudt/Kriegesmann/Thomzik 1999: 80 ff.). Aber die auslagernden Unternehmen können auch von dem kumulierten Know-how eines Outsourcing-Anbieters mit Kunden aus der gleichen Branche profitieren. Ein Beispiel sind die Unternehmen Cisco, IBM, Nortel, Palm und Compaq, die alle Verträge mit dem Outsourcing-Anbieter Celestica schlossen (Pelz 2003).

Die meisten Unternehmen haben seit ihrer Gründung Erfahrung mit FM. Große Unternehmen wie z. B. die Deutsche Bank schauen auf eine lange Tradition im FM zurück. Es ist zweifelhaft, ob diese Unternehmen durch eine Auslagerung noch größere Effizienzvorteile durch Erfahrungskurveneffekte erzielen können. Für kleine und mittelständische Unternehmen können Erfahrungskurveneffekte dagegen durchaus ein Grund für Outsourcing sein.

4.1.3 Umwandlung fixer in variable Kosten

Unternehmen können mithilfe von Outsourcing fixe in variable Kosten umwandeln. Die ehemals im Unternehmen erbrachten Leistungen entsprechen den fixen Kosten. Die Kosten für die Inanspruchnahme der extern bezogenen Leistungen entsprechen den variablen Kosten (Barth 2003: 16-17). Durch die Reduzierung der Eigenerstellungstiefe können Unternehmen Leistungen nun nach Bedarf zukaufen, anstatt eigene Ressourcen dafür aufzuwenden (Bruch 1998: 6-7).

Für Unternehmen, die deutlich konjunkturellen oder saisonalen Schwankungen ausgesetzt sind, ist die Umwandlung fixer in variable Kosten und die damit einhergehende erhöhte Liquidität ein Grund, Outsourcing in Betracht zu ziehen. Verteilt das auslagernde Unternehmen zudem seine Verträge an mehrere Outsourcing-Anbieter, erhöht sich auch seine Flexibilität (Viering 2000a: 433). Mit der Vergabe von kleineren, standardisierten Leistungspaketen kann das auslagernde Unternehmen schneller den Outsourcing-Anbieter wechseln.

Allerdings kann auch die Fremdvergabe von standardisierten Leistungen zu zusätzlichen Verhandlungen mit dem Outsourcing-Anbieter führen. Im Outsourcing sind interdependente Aufgaben über die Grenzen des auslagernden und des aufnehmenden Unternehmens hinweg zu bewältigen. Die Lösung dieser Aufgaben übersteigen in der Regel die begrenzte Rezeptions- und Verarbeitungskapazität von Informationen Einzelner (Hendrix/Abendroth/Wachtler 2003: 27). Typische Aufgaben im FM sind Analyse-, Entwurfs-, Steuerungs- und Dokumentationsaktivitäten. Diese Aktivitäten werden nach dem Outsourcing insofern komplizierter, da nicht mehr eine Mitarbeitende oder ein Team die damit verbundenen Aufgaben bearbeitet, sondern diese über die Unternehmensgrenzen mit dem auslagernden Unternehmen koordiniert werden müssen. Die dadurch zusätzlich bzw. nachträglich anfallenden Kosten könnten die Differenz zwischen den fixen Kosten bei der Eigenerstellung und den variablen Kosten beim Fremdbezug ausgleichen (Osterloh, J. 2004: 90-92, 109).

4.1.4 Branchen- bzw. Lohnarbitrage

Branchen- bzw. Lohnarbitrage kann durch die Auslagerung von Arbeitsplätzen an Unternehmen mit preiswerteren oder sogar nicht vorhandenen Tarifstrukturen realisiert werden. Das aufnehmende Unternehmen kann die gleichen Leistungen durch Kosteneinsparungen bei den Personal- und Vergütungsstrukturen günstiger anbieten als das auslagernde Unternehmen. So gelten z. B. für Dienstleistungsunternehmen preiswertere Tarifstrukturen als für Industrieunternehmen. Angestellte in einer FM-Abteilung eines Chemie-Unternehmens verdienen daher für die gleiche Arbeit mehr Lohn als ihre Kollegen in einem „reinen" FM-Unternehmen (Barth 2003: 16; Osterloh, J. 2004: 81-82).

Doch können diese Kosteneinsparungen in der Europäischen Union durch die Richtlinie 77/187 EWG und in Deutschland durch den Paragraphen 613a BGB frühestens erst nach dem Ablauf der Einjahresfrist realisiert werden (s. Abschnitt 3 dieses Kapitels).

Überdies treten oft nach Ablauf der kollektivrechtlichen Abkommen noch individualrechtliche Regelungen in Kraft, welche mögliche Kosteneinsparungen durch Branchen- bzw. Lohnarbitrage verhindern können.

4.1.5 Entfallende Personalbeschaffungs- und Weiterbildungskosten

Als weitere personalbezogene Gründe werden die entfallenden Personalbeschaffungs- und Weiterbildungskosten durch den mit Outsourcing einhergehenden Stellenabbau im auslagernden Unternehmen genannt (Osterloh, J. 2004: 81 f.). Außerdem entfallen oft kostspielige Zusatzleistungen für das Personal, wie z. B. subventioniertes Kantinenessen oder Weihnachtsfeiern.

Ob diese Kosten aber real entfallen, bleibt fraglich, vor allem wenn man bedenkt, dass die vom Outsourcing betroffenen Mitarbeitenden zum Teil auch nach ihrer Übernahme Anrecht auf diese Zusatzleistungen haben.

Zudem könnten sich die Einsparungen bei der Streichung von Zusatzleistungen durch die Widerstände der Mitarbeitenden, wie z. B. durch innere Kündigung, relativieren (Raeder/Grote 2000).

Es kann aber auch z. B. „Wildwuchs" im auslagernden Unternehmen entstehen. Die im auslagernden Unternehmen verbleibenden Mitarbeitenden, die Survivors, könnten versucht sein sich ihren ehemaligen Einflussbereich neu anzueignen, indem sie sich wieder in dem ausgelagerten Bereich betätigen (Gillespie/Mann/Winefield/Stough 2001). Dies ist vor allem für Großunternehmen ein Problem, da aufgrund der Größe der Organisation solche unerlaubten Kompetenzerweiterungen von Mitarbeitenden nicht immer sofort auffallen. Für das auslagernde Unternehmen können unter Umständen wirtschaftliche Schäden Folge sein.

Insgesamt ist bei den möglichen Kosteneinsparungen durch Outsourcing die Höhe von 30 % und mehr kritisch zu beurteilen (Heinzl 1991: 359; Esser 1994: 38; Nagengast 1997: 153; Bruch 1998: 70 ff.; Osterloh, J. 2004: 109). Folgende *zwei* Gründe können für die kritische Sicht angeführt werden:

Erstens ist es möglich, dass Outsourcing-Anbieter *Angebote unter Selbstkosten* unterbreiten, um (Erst-)Verträge abzuschließen. So bieten Unternehmen Outsourcing zu nicht kostendeckenden Preisen an, um sich eventuelle Folgeaufträge vom auslagernden Unternehmen zu sichern. So besagt eine Faustregel, dass eine Auslagerung erst dann wirtschaftlich ist, wenn das externe Unternehmen mindestens 20 % unter den unternehmensinternen Kosten arbeitet (Lenssen/Eisbach/Rothkegel 1998).

Zweitens sind die *Kosteneinsparungen oft nicht vergleichbar*. Dies ist dann der Fall, wenn die Kosten der ehemals intern erbrachten Leistungen vor dem Outsourcing unterschiedlichen Bereichen zugeordnet wurden (Osterloh, J. 2004: 87).

Im Folgenden werden die sich unter den Liquiditätsaspekten subsumierenden Gründe in Hinsicht auf ihre Plausibilität für eine Outsourcing-Entscheidung diskutiert.

4.1.6 Verminderung des im Unternehmen gebundenen Kapitals

Ein finanzieller Vorteil im Outsourcing kann sich für das auslagernde Unternehmen durch die Verminderung des im Unternehmen gebundenen Kapitals ergeben. Für das auslagernde Unternehmen besteht keine Notwendigkeit, neue Beschaffungen oder Ersatzbeschaffungen für die ehemals unternehmensintern erbrachten Leistungen zu tätigen. Geht mit der Auslagerung auch der Verkauf von Anlagevermögen einher, können Verbindlichkeiten reduziert und die Zahlungsfähigkeit verbessert werden (Nagengast 1997: 95 f.; Staudacher 2000: 303 ff.; Viering 2000a: 433; Barth 2003: 17).

Vor allem mit der Auslagerung von maschinenintensiven Leistungen, wie z. B. technischen FM-Leistungen, kann die Beschaffung von teuren Geräten entfallen. Allerdings ist dies kaum bei personalintensiven Leistungen, wie z. B. dem kaufmännischen FM, denkbar.

Kurzfristige Liquiditätsengpässe können auch eine Rolle für ein Outsourcing spielen. Die Gefahr dabei ist dann, dass die Fremdvergabe aufgrund des Zeitdrucks zu einem zu hohen Preis erfolgt (Schott 2000: 121).

Zudem kann die Verminderung des im Unternehmen gebundenen Kapitals ausbleiben, wenn die Fixkosten nicht ausreichend reduziert werden können (Osterloh, J. 2004: 91-92). So ist fraglich, ob die Höhe der Verminderung des gebundenen Kapitals ausreichend ist, um die gesamten Kosten in einer eher langfristig wirkenden Outsourcing-Beziehung zu rechtfertigen.

4.1.7 Realisierung von Steuervorteilen

Ein weiterer Grund, der für ein Outsourcing angeführt wird, ist die Realisierung von Steuervorteilen. Beispiele sind die Ausnutzung unterschiedlicher Steuervorschriften auf internationaler Ebene oder die Umgründung in Personengesellschaften, da hier zu versteuernde Gewinne mit bestehenden Verlusten des Gesellschafters gegengerechnet werden können (Sommerlad 2000: 292).

Jedoch führen Auslagerungen in Form von Einbringungen oder Spaltungen sowie Verschmelzungen in der Regel nur zu geringen steuerlichen Auswirkungen. Nur geschickte gesellschafts- und steuerrechtliche Konstruktionen können zu steuerlichen Ersparnissen führen. Die damit einhergehende komplexe juristische Beratung kann aber die möglichen finanziellen Vorteile, die sich durch das Outsourcing ergeben, nivellieren (Wörle 2000: 588 ff.).

Die folgende Tabelle bildet die Plausibilitätsprüfung der unter den monetär orientierten Gründen subsumierten Kosteneinsparungen und Liquiditätsaspekte im Überblick ab.

Monetär orientierte Gründe	**Plausibilitätsprüfung**	
Kosteneinsparungen	*Pro*	*Contra*
Größenvorteile bzw. Economies of Scale	Plausibel für Unternehmen mit kleinerer und mittlerer Unternehmensgröße. Realisierbar beim Bezug maschinenintensiver Leistungen.	Nicht plausibel bei steigender Ausbringungsmenge, da so selbst Größenvorteile realisiert werden können. Beim Bezug personalintensiver Leistungen schwer zu realisieren.
Verbundvorteile bzw. Economies of Scope	Plausibel, wenn Verbundvorteile nicht durch synergetische Nutzung, z. B. bei Nutzung der gleichen Ressourcen für ähnliche Leistungen, realisiert werden können. Nur sinnvoll bei maschinenintensiven Leistungen.	Nicht plausibel bei Unternehmen, die Verbundvorteile durch synergetische Nutzung, z. B. bei der Nutzung der gleichen Ressourcenbasis von ähnlichen Produkten, selbst erzielen können. Nicht sinnvoll bei personalintensiven Leistungen.
Erfahrungskurven-effekte	Plausibel für Unternehmen mit einer jungen Unternehmensgeschichte oder wenn kein synergetischer Nutzen aus Tätigkeit an verschiedenen Märkten bzw. Angebot unterschiedlicher Produkte gezogen werden kann. Voraussetzung hierfür ist, dass der Outsourcing-Anbieter selbst über ausreichend Erfahrung besitzt.	Nicht plausibel für Unternehmen mit einer langen Tradition oder für Leistungen, welche seit Unternehmensgründung erbracht werden, wie es z. B. beim FM oft der Fall ist. Fraglich, wenn der Outsourcing-Anbieter selbst noch keine ausreichende Erfahrung generieren konnte.
Umwandlung fixer in variable Kosten	Plausibel, wenn durch die Inanspruchnahme externer Leistungen ein Liquiditätsgewinn erreicht wird. Sinnvoll, wenn durch die Inanspruchnahme mehrer Outsourcing-Anbieter Flexibilität erhöht werden kann.	Nur sinnvoll bei standardisierten Leistungen, die keiner großen (Nach-)Verhandlung bedürfen.
Branchen- bzw. Lohnarbitrage	Plausibel, wenn das aufnehmende Unternehmen tarifungebunden oder innerhalb einer Branche mit kostengünstigeren Tarifstrukturen tätig ist.	Nicht plausibel, wenn die Mitarbeiterübernahme von kollektivrechtlichen (§ 613a BGB) und individualrechtlichen Bestimmungen abhängig ist.
Personalbeschaffungs- und Weiterbildungs-kosten	Plausibel, wenn das auslagernde Unternehmen nach dem Outsourcing diese Kosten nicht mehr länger tragen muss.	Nicht plausibel, wenn diese Kosten vom Outsourcing-Anbieter in Rechnung gestellt werden können. Nicht sinnvoll, wenn z. B. Widerstände der Mitarbeitende oder „Wildwuchs" im Unternehmen diese Kosteneinsparungen ausgleichen können.
Liquiditätsaspekte	*Pro*	*Contra*
Verminderung des gebundenen Kapitals	Plausibel, wenn keine Neu- oder Ersatzbeschaffung notwendig ist. Sinnvoll, wenn durch Outsourcing Verkauf von Unternehmensaktiva und damit Erhöhung der Liquidität möglich ist. Sinnvoll bei der Externalisierung von maschinenintensiven Leistungen.	Nur sinnvoll bei maschinenintensiven Leistungen. Nicht sinnvoll, wenn ein zu hoher Preis für die Inanspruchnahme externer Leistungen aufgrund von Liquiditätsengpässen akzeptiert wird. Fraglich, ob Höhe der Verminderung des gebundenen Kapitals ausreichend ist für die Rechtfertigung der in einer eher längerfristigen Outsourcing-Beziehung anfallenden Kosten.
Realisierung von Steuervorteilen	Plausibel, wenn durch Ausnutzung von steuerrechtlichen und gesellschaftsrechtlichen Gestaltungsspielräumen finanzielle Vorteile entstehen können.	Nicht plausibel, wenn nur durch komplexe steuerrechtliche Konstruktionen finanzielle Vorteile realisiert werden und damit einhergehenden juristischen Beratungen diese Vorteile ausgleichen könnten.

Tab. II-2: Plausibilitätsprüfung monetär orientierter Gründe im Outsourcing: Kosteneinsparungen und Liquiditätsaspekte (Eigene Darstellung)

Im Ergebnis können die monetär orientierten Gründe die Vorteilhaftigkeit von Outsourcing nur erklären, wenn maschinenintensive, standardisierte Leistungen an einen ausreichend spezialisierten Outsourcing-Anbieter vergeben werden. Diese Gruppe von Gründen kann die Mitarbeiterübernahme im Outsourcing nicht erklären.

Im nächsten Abschnitt werden deshalb die leistungs- und strategieorientierten Gründe für die Vorteilhaftigkeit eines Outsourcings unter Berücksichtigung ihrer Plausibilität diskutiert.

4.2 Leistungs- und strategieorientierte Gründe

Mit Beginn der zweiten Outsourcing-Welle ab den 1980er-Jahren wurden neben einzelnen Unternehmensfunktionen bereits ganze Unternehmensprozesse und -bereiche ausgelagert. Zum einen wurde mit der Realisierung „schlanker" Unternehmensstrukturen versucht, den durch den globalen Wettbewerb erhöhten Kostendruck zu entschärfen (Beer 1998: 1; Bullinger 1997: 45; Nagengast 1997: 228 f.; Barth 2003: 33). Zum anderen stellte eine vom Massachusetts Institute of Technology (MIT) durchgeführte Untersuchung in der japanischen Automobilindustrie die Konzentration auf die Kernkompetenzen als den Erfolgsfaktor für Unternehmen heraus (Womack/Jones/Roos 1994; Bruch 1998: 6-7).

Das taktische Outsourcing wurde vermehrt durch *strategisches Outsourcing*, das die Verbesserung der eigenen Wettbewerbsfähigkeit zum Ziel hat, abgelöst (Bacher 2000). Dahinter steht auch die Erkenntnis der Unternehmen, dass die durch das Outsourcing realisierten Kostenersparnisse endlich sind. Um einem ruinösen Preiswettbewerb zu entgehen, setzen die Unternehmen vermehrt auf einen Qualitätswettbewerb (Häfele 2005a). Indem die auslagernden Unternehmen sich auf ihre Kernkompetenzen konzentrieren, gewinnt die Qualität der im Unternehmen verbliebenen Leistungen an Bedeutung.

Die dritte Welle ab den späten 1990er-Jahren steht für das *transformationale Outsourcing* (Mazzawi 2002; Deloitte 2008). Die auslagernden Unternehmen nutzen Outsourcing, um notwendige Veränderungen in der eigenen Organisation durchsetzen zu können. Die Transformation durch Outsourcing ist ein Weg, eingefahrene Routinen, Strukturen und Gewohnheiten zu brechen (Mazzawi 2002; Dibbern/Heinzl/Leibbrandt 2003). „Business Process Reengineering" oder „Business Transformation" sind in diesem Zusammenhang oft genannte Schlagwörter (Hess 2007). So ergab eine vom Unternehmen Accenture durchgeführte Studie im Jahr 2002, dass ungefähr ein Drittel aller untersuchten Unternehmen mit Outsourcing „Business Transformation" verfolgen (Linder/Cole/Jacobson 2002: 23). Die Befragung von 750 Personen des oberen Managements kam zu folgendem Ergebnis: 65 % aller befragten Personen gaben an, mittels Outsourcing einen signifikanten organisationalen Wandel durchführen zu wollen. Weitere 22 % sprachen sich für einen moderaten Wandel in der Organisation mittels Outsourcing aus. „While business transformation is not the only factor that accounts for [outsourcing], executives closest to these programs say that it is a major one." (Linder/Cole/Jacobsen 2002: 24).

Aus diesen beiden oben beschriebenen Wellen ergeben sich für ein Outsourcing die leistungsorientierten Gründe. Als *leistungsorientierter Grund* wird, neben der bei Praktikerbefragungen und in der Praxisliteratur dominierenden *Konzentration auf die Kernkompetenzen*, die *Planbarkeit, Steuerbarkeit und Kontrollierbarkeit der Leistungen* genannt (Viering 2000a: 434; Osterloh, J. 2004: 86). Diese Gründe sind eng mit den strategieorientierten Gründen verbunden, vor allem mit der *Realisierung von Wettbewerbsvorteilen* und dem gesteigerten *Kosten- und Leistungsbewusstsein*. Daher werden diese leistungs- und strategieorientierten Gründe zusammen besprochen.

Strategische Gründe kommen im Outsourcing dann zum Tragen, wenn „es sich nicht um eine kurzfristige oder zufällig andauernde, sondern um eine gezielt langfristige Externalisierung bestimmter Teilleistungen einer Unternehmung und deren Übernahme durch einen Externen handelt." (Picot/Maier 1992: 21). Weitere wesentliche strategische Gründe sind der *Zugang zu unternehmensexterne Kapazitäten und Ressourcen,* der *Zutritt zu neuen Märkten* und die *Übertragung von Ergebnisverantwortung und Haftungspflichten.*

Neben den durch den wettbewerbsbedingten Zwang zur Wirtschaftlichkeit leichter zu rechtfertigenden Gründen, wie z. B. der Konzentration auf die Kernkompetenzen, gibt es auch die *strategieorientierten unternehmenspolitischen Gründe* für eine Outsourcing-Entscheidung (Balzer 1995: 82; Hess 2007: 26, 29-30). Die *Wahrung des Unternehmensimages* und das *Brechen von Mitbestimmungskulturen und organisationalen Routinen* können auch als strategieorientierte Gründe aufgeführt werden, allerdings haben sie eher einen unternehmenspolitischen Hintergrund. Unternehmenspolitische Gründe haben keinen unmittelbaren ökonomischen Bezug und schlagen sich in der Regel nicht (sofort) in einer wirtschaftlich verbesserten Situation des auslagernden Unternehmens nieder.

Im Folgenden werden zuerst die leistungs- und strategieorientierten Gründe für die Vorteilhaftigkeit des Outsourcings nach ihrer Plausibilität hinterfragt, dann die strategieorientierten Gründe und schließlich die strategieorientierten unternehmenspolitischen Gründe.

4.2.1 Konzentration auf Kernkompetenzen und Realisierung von Wettbewerbsvorteilen

Die Konzentration auf die Kernkompetenzen reflektiert die Abkehr vom Trend „möglichst viel unter einem Dach mit hoher Integration zu fertigen" hin zur Philosophie des „Lean Management" (Viering 2000a: 433; Hess 2007: 18). „Do what you can do best, outsource the rest" ist die plakative Aufforderung, nur das Kerngeschäft im Unternehmen zu behalten (Szyperski/Schmitz/Kronen 1993: 228-240). Dadurch erhofft sich das auslagernde Unternehmen, Wettbewerbsvorteile zu realisieren. Die Auslagerung kann durch diese Ausrichtung des Unternehmensfokus auf die im Unternehmen verbliebenen Kompetenzen Signalwirkung haben, z. B. für die Shareholder oder die im Unternehmen verbleibenden Mitarbeitenden. Die unternehmensinterne Komplexität sinkt, der Ressourceneinsatz kann langfristig optimiert werden und es können innerbetriebliche Synergien entstehen. Allerdings ist dies auch bei einer Ausgliederung möglich (s. Abschnitt 1.1 dieses Kapitels).

Theoretisch sind zwar Kern- und Supportprozesse klar abgrenzbar, doch in der Unternehmenspraxis sind die von Kernprozessen erbrachten Leistungen oft synergetisch mit den Leistungen von Supportprozessen verbunden. Diese bestehenden Synergien und Verflechtungen können durch die Auslagerung empfindlich gestört werden (Osterloh, J. 2004: 101). So unterstützen einige der unter FM subsumierten Leistungen den eigentlichen Wertschöpfungsprozess direkt, wie z. B. die Sicherheit von Banken (Pierschke 2000a: 283; Reiblich 2005: 21). Im geringsten Fall führt dies zu finanziellen und strategischen Nachteilen, im Extremfall zu einem möglichen Verlust von Kernkompetenzen (Lamers 1998: 79-83, 108-110;

Osterloh, J. 2004: 98-99). Eine erforderliche Neuaneignung von Kernkompetenzen ist äußerst problematisch. Die Wettbewerbsfähigkeit des auslagernden Unternehmens könnte beeinträchtigt werden.

Überdies kann eine komplexe Beziehung zwischen den im Outsourcing verbundenen Parteien die Folge sein, da die Reduzierung der unternehmensinternen Komplexität auf Kosten der Kontrollabgabe über die Leistungen geregelt werden muss. Es besteht das Problem der Kontrollabgabe, auch wenn ein vertraglich zugesichertes Mitspracherecht bestehen sollte (Zundel 1992). So wird in Kontinentaleuropa beim Outsourcing meist eine Restkontrollkompetenz im Unternehmen behalten, während im angloamerikanischen Raum oft auch diese ausgelagert wird. Im Gegenzug sind die damit verbundenen Verträge im angloamerikanischen Raum tendenziell detaillierter (Häfele 2005a).

4.2.2 Planbarkeit, Steuerung und Kontrollierbarkeit der Leistungen und Kosten- und Leistungsbewusstsein

Die in der Outsourcing-Literatur besprochene erhöhte Planbarkeit, Steuerung und Kontrollierbarkeit von Leistungen ergibt sich hauptsächlich durch die mit der Auslagerung erreichte Transparenz. Diese Transparenz ergibt sich vor allem dann, wenn die im Unternehmen erstellten Leistungen nicht überschaubar sind oder nicht den ihnen zugerechneten Kosten entsprechen. Dies geht auch mit einem geminderten Kosten- bzw. Leistungsbewusstsein einher (Osterloh, J. 2004: 86 ff., 109).

Outsourcing führt dazu, dass die ehemals intern erbrachten Leistungen für Verträge spezifiziert werden. Durch das „Denken in Kontrakten" ergeben sich Vorteile: Das Unternehmen muss die Leistung exakt bestimmen. Es muss ein Preis gebildet werden. Die Leistung wird durch die Auslagerung transparent und direkt mess- und operationalisierbar. Die Transparenz begünstigt dies dadurch, dass jeder über die Wirkungszusammenhänge informiert ist und diese nachvollziehen kann. Durch das somit erhöhte Kostenbewusstsein kann auch das Leistungsbewusstsein gesteigert werden (Barth 2003: 17). Das auslagernde Unternehmen ist gezwungen, laufend die Qualität und Kostenstruktur der unternehmensextern bezogene Leistungen zu analysieren (Viering 2000a: 432).

Zudem wird ein externer Vertragspartner anders wahrgenommen als interne Mitarbeitende. Mitarbeitende verhandeln lieber mit Unternehmensexternen über Preise als mit Kollegen, da hier das Verhältnis oft emotional vorbelastet ist (Hess 2007: 11).

Allerdings ist eine erhöhte Planbarkeit, Steuerung und Kontrollierbarkeit der Leistungen nur dann nachhaltig, wenn das auslagernde Unternehmen entsprechende Rückschlüsse für seine eigene Organisation zieht. Dafür ist ein effizientes Schnittstellenmanagement notwendig (Osterloh, J. 2004: 110). Der Aufbau eines effizienten Schnittstellenmanagements ist oft nur bei einer langjährigen Outsourcing-Partnerschaft möglich. Kurzfristig könnten durch die Verbesserung der Planbarkeit, Steuerbarkeit und Kontrollierbarkeit die direkten und indirekten Kosten sogar zunehmen, z. B. verursacht durch den notwendigen Mehraufwand beim Dokumentieren der in den Verträgen vereinbarten Leistungen. Langfristige Verträge bergen aber die Gefahr, dass die Outsourcing-Entscheidung nur schwer reversibel ist (Viering 2000a: 436). Gehen mit dem Outsourcing Qualitätseinbußen der Leistungen einher, bleibt ein gesteigertes Leistungsbewusstsein aus.

Ferner ist eine erhöhte Planbarkeit, Steuerung und Kontrollierbarkeit der Leistungen von der Art der Leistung abhängig. So sind für maschinenintensive Leistungen leichter Preise zurechenbar als für wissensintensive Leistungen (Osterloh, J. 2004: 102 ff.).

Schließlich kann eine erhöhte Planbarkeit, Steuerung und Kontrollierbarkeit der Leistungen auch durch unternehmensinterne Maßnahmen erreicht werden. Dies ist eine Frage des Managements (Viering 2000a: 434; Osterloh, J. 2004: 110).

Im Folgenden werden die weiteren, oben aufgeführten strategieorientierten Gründe für die Vorteilhaftigkeit eines Outsourcings auf ihre Plausibilität untersucht.

4.2.3 Zugang zu unternehmensexternen Kapazitäten und Ressourcen

Durch die Zusammenarbeit mit dem integrierenden Unternehmen kann das auslagernde Unternehmen Zugang zu unternehmensexternen Kapazitäten und Ressourcen erlangen. Dies ist besonders positiv, wenn es im auslagernden Unternehmen an dem Know-how mangelt, welches für die Erstellung qualitativ hochwertiger und innovativer Leistungen unerlässlich ist (Viering 2000a: 434).

Outsourcing-Anbieter können durch die Bündelung des ihnen zur Verfügung stehenden Wissens eine höhere Spezialisierung erreichen und die im Umgang mit unterschiedlichen Kunden gewonnenen Erfahrungen besser einsetzen (Barth 2003: 15). Ein Outsourcing-Anbieter argumentierte, dass „ein oft übersehendes Sparpotenzial [...] in der Weitergabe unseres Know-hows [...]" liegt. „Gerade das Bewahren von Know-how im eigenen Haus ist [...] ein oft gehörtes Argument gegen das Outsourcing [...] Es macht kaum Sinn, Know-how bewahren zu wollen, das nicht zum Kerngeschäft eines Unternehmens gehört und das Spezialisten wie wir besser beherrschen. Und eigenes Personal mag Know-how bewahren, sammelt aber keine Erfahrungen – was hingegen unsere Leute bei dem einen Kunden an zusätzlichem Knowhow in Erfahrung bringen, kommt sofort allen Kunden zugute." (Batt 2004: 34-35).

Besonders kleinere Unternehmen, die über kein branchenspezifisches oder innovationsintensives Wissen verfügen, sind selten in der Lage, mit dem ständigen technologischen Wandel mitzuhalten (Schneider 1996: 46).

Allerdings besteht auch die Gefahr, dass eine zunehmende Zahl von Innovationen die Position der Stärke des integrierenden Unternehmens zementiert. In diesem Fall können veraltete Verträge dann die Flexibilität des auslagernden Unternehmens einschränken und der Preis des Auslagerns steigt (Esser 1994: 76; Schott 2000: 128; Osterloh, J. 2004: 86). Ein vollkommener vertraglicher Schutz vor eigennützigem Verhalten und Handeln des Vertragspartners ist bei wissensintensiven Leistungen nicht möglich (Viering 2000a: 436-437). Im Extremfall kann es zu einem negativen Wissensaustausch kommen. Das aufnehmende Unternehmen kann dann das vom auslagernden Unternehmen gewonnene Know-how für sich nutzen oder an interessierte Dritte verkaufen.

Eine weitere Gefahr besteht darin, dass die eigene Spezialisierung negativ mit der extern bezogenen Leistung korrelieren kann (Barth 2003: 20; Osterloh, J. 2004: 99). Dabei gilt, je spezifischer bzw. standardisierter die extern bezogene Leistung ist, umso geringer bzw. größer sind die Kontroll-, Steuerungs- und Kompensationsmöglichkeiten des auslagernden Unternehmens.

Vor allem etablierte große Unternehmen sehen im Outsourcing die Möglichkeit, innovativ und kreativ zu bleiben oder wieder zu werden (Applegate 2007; Deloitte 2008). Das Unternehmen 3M, das als Musterbeispiel für seine Innovationsfähigkeit gilt, praktiziert Outsourcing bereits seit Jahrzehnten mit großem Erfolg. Ein Beispiel für seine Innovationen sind Sichtschutzfolien für Computer. Ein weiteres Beispiel ist das Unternehmen J. Sainsbury plc., das eine Supermarktkette betreibt. Mit Outsourcing konnte das Unternehmen nicht nur Kosten reduzieren, sondern auch mehr Innovationen erbringen, z. B. bei der Frischhaltung seiner Ware (Pelz 2003).

4.2.4 Zutritt zu neuen Märkten

Mit Hilfe eines Outsourcing-Anbieters können auch strategische Ziele des auslagernden Unternehmens, wie der Zutritt zu neuen Märkten, schneller umgesetzt werden. Strategie ist wesentlich vom Faktor Zeit abhängig (Risi 1999: 3). Dies kann aus folgenden Gründen möglich sein: durch die Nutzung neuster Technologien des Outsourcing-Anbieters können im auslagernden Unternehmen positive Rückkoppelungseffekte wie z. B. Innovationen entstehen (Nagengast 1997: 100 ff.; Barth 2003: 15-16; Pelz 2003). Der Outsourcing-Anbieter kann mit seinem Know-how nicht nur mehr Innovationen im auslagernden Unternehmen ermöglichen, sondern auch dessen Produktionszyklen und damit die Reaktionszeiten auf veränderte Wettbewerbsbedingungen verkürzen (Oecking et al. 2000: 103; Barth 2003: 13). Im FM können Innovationen von spezialisierten Anbietern, z. B. im Bereich der Gebäudeinformationssysteme, die Situation im auslagernden Unternehmen verbessern, sodass neue Produkte z. B. effizientere Lüftungssysteme für Computeranlagen entstehen können. Allerdings ist dafür ein effizientes Schnittstellenmanagement zwischen den im Outsourcing verbundenen Unternehmen notwendig.

Wahrscheinlicher ist, dass sich das auslagernde Unternehmen durch das Outsourcing auf seine Kernkompetenzen konzentrieren kann. Produktinnovationen können so gezielter umgesetzt werden und das Management kann sich z. B. auf den Eintritt in neue Märkte besser fokussieren, da vorher bestehende Verantwortlichkeiten an den Outsourcing-Anbieter ausgelagert wurden. Allerdings ist gerade zu Beginn einer Outsourcing-Partnerschaft die Belastung für das Management höher, da der Outsourcing-Anbieter kontrolliert und ein Schnittstellenmanagement eingeführt werden muss (Häfele 2005b). Die Umsetzung einer solchen in die Zukunft gerichteten Handlung ist kurzfristig fraglich (Osterloh, J. 2004: 91).

4.2.5 Übertragung von Ergebnisverantwortung und Haftungspflichten

Das auslagernde Unternehmen überträgt seine Ergebnisverantwortung für den Auslagerungsgegenstand auf das aufnehmende Unternehmen (Viering 2000a: 434; Moldaschl/Sauer 2000: 207). Das aufnehmende Unternehmen ist nun für das Ergebnis der ausgelagerten Leistungen verantwortlich und haftet für seine operative Tätigkeit. Bei fehlerhaften bzw. nicht vertragserfüllenden Ergebnissen können die zuständigen Manager des aufnehmenden Unternehmens unmittelbar zur Verantwortung gezogen werden.

Im Fall eines kurzfristigen Outsourcings ist die Übertragung von Ergebnisverantwortung nur bei standardisierten, vertraglich regelbaren Leistungen sinnvoll (Viering 2000a: 434). Nur hier kann das auslagernde Unternehmen sicher sein, Haftungsansprüche gegen das aufnehmende Unternehmen juristisch einwandfrei geltend machen zu können.

In der FM-Unternehmenspraxis sind die im Outsourcing geschlossen Verträge oft langfristig (Häfele 2001). Die ausgelagerten Leistungen sind dann häufig nicht standardisiert und können vertraglich nicht exakt festgelegt werden. In diesem Fall können Haftungsansprüche gegen das aufnehmende Unternehmen oft nur schwer durchgesetzt werden.

Abgesehen davon erscheint es aber fraglich, zur alleinigen Begründung eines langfristigen Outsourcings die Übertragung von Haftungspflichten heranzuziehen. Eine vertrauensvolle Beziehung der im Outsourcing verbundenen Unternehmen könnte so gefährdet werden.

Neben den in Praktikerbefragungen genannten Gründen und hier bereits diskutierten Gründen werden in der Literatur noch die Wahrung des Unternehmensimages und das Brechen von Mitbestimmungskulturen und Routinen erläutert. Diese Gründe haben neben ihrem strategieorientierten Bezug auch einen unternehmenspolitischen Hintergrund (Hess 2007: 26).

4.2.6 Reputations- und Imageschonung

Um kurzfristig Kostensenkungen erreichen zu können, setzen Unternehmen in Krisenzeiten auf Entlassungen. Längst ist die Reduzierung von Arbeitsplätzen nicht nur in Krisenzeiten, sondern unabhängig vom Wirtschaftszyklus auch im Interesse erhöhter Wettbewerbsfähigkeit üblich.

Outsourcing ist eine Möglichkeit für Unternehmen, reputations- und imageschonend zahlreiche Arbeitsplätze „abzubauen" (Hess 2007: 29). Die Mitarbeitenden werden nicht in die Arbeitslosigkeit entlassen, sondern ihre Arbeitsplätze an die Outsourcing-Anbieter verlagert. Die vom Outsourcing betroffenen Mitarbeitenden sind nun beim Outsourcing-Anbieter angestellt. Tatsächlich wird die Tages- und Wochenpresse weniger von Schlagzeilen zum Outsourcing als von Artikeln zu „Massenentlassungen" beherrscht.

Allerdings stellt sich auch hier die Frage, ob die oben beschriebene Vorgehensweise in der Öffentlichkeit als sozial vertretbar akzeptiert wird. So wäre das Wort

„Outsourcing“ beinahe zum „Unwort des Jahres 1996“ gewählt worden (Osterloh, J. 2004: 70).

Zudem ist nicht auszuschließen, dass die vom Outsourcing betroffenen Mitarbeitenden die Meinung in die Öffentlichkeit transportieren, Opfer einer sozial nicht vertretbaren Unternehmensstrategie geworden zu sein. Dabei kann auch der Zwangscharakter des Outsourcings eine Rolle spielen (s. Abschnitt 3 dieses Kapitels). Die Mitarbeitenden fühlen sich „abgeschoben“.

4.2.7 Brechen von Mitbestimmungskulturen und organisationalen Routinen

Ein weiterer strategischer unternehmenspolitischer Grund für das Outsourcing ist das Brechen von Mitbestimmungskulturen und organisationalen Routinen, um notwendige Veränderungen im eigenen Unternehmen durchsetzen zu können.[9] Das Brechen von Mitbestimmungskulturen ist z. B. dann möglich, wenn sich die Besetzung des Betriebsrates durch ein Outsourcing ändert. Ein weiteres Beispiel ist die Auflösung von bestehenden Teams zugunsten der Bildung von neuen Teams. „Outsourcing can be transformation. Through outsourcing, the dynamics of the business are very likely going to change." (Deloitte 2008: 3). Outsourcing kann als eine Strategie der organisatorischen Gestaltung des auslagernden Unternehmens gesehen werden (Duschek/Ortmann/Sydow 2001; Mazzawi 2005).

Jedoch arbeiten die im Unternehmen verbleibenden Mitarbeitenden oft weiterhin in ihren alten Teamstrukturen und Räumen. Dies birgt die Gefahr in sich, dass das auslagernde Unternehmen seine organisationalen Routinen und Praktiken nun doch nicht ändern kann. Gleiches kann oft auch für die vom Outsourcing betroffenen Mitarbeitenden gelten. In diesem Sinne ergibt sich kein Unterschied zum Status quo. „From our experience, simply transferring dysfunctional functions to a service provider in the hopes of reducing costs through economies of scale or labour arbitrage can reduce or even eliminate opportunities to reap the significant benefits that outsourcing can provide." (Deloitte 2008: 3).

Die folgende Tabelle fasst die Plausibilitätsprüfung der im Zusammenhang besprochenen leistungs- und strategieorientierten Gründe, die danach diskutierten strategieorientierten Gründe und die strategieorientierten unternehmenspolitischen Gründe im Überblick ab.

---

[9] Anders als bei Regeln, die von einer zentralen Instanz formuliert und durchgesetzt werden, erfolgt mit Hilfe von organisationalen Routinen die Steuerung in einer automatisierten, nicht berechenbaren Art ohne direkte Interaktion und Einflussnahme der vorgesetzten Instanz. Organisationale Routinen funktionieren als allgemein akzeptierte, ohne eindeutige Kommunikation auskommende und dezentrale Problemlösungsregeln (Frost 2005: 343 ff.).

Leistungs- und strategieorientierte Gründe	Plausibilitätsprüfung	
	Pro	*Contra*
Konzentration auf Kernkompetenzen und Realisierung von Wettbewerbsvorteilen	Plausibel, wenn das Unternehmen dadurch Wettbewerbsvorteile realisieren kann. Plausibel bei Signalwirkung für Share- und Stakeholder. Plausibel, wenn dadurch die unternehmens-interne Komplexität reduziert werden kann. Sinnvoll bei langfristiger Optimierung des Ressourceneinsatzes.	Nicht plausibel, wenn Synergien und Verflechtungen zwischen Kernprozessen und Supportprozessen gestört werden. Nicht plausibel, wenn komplexe Beziehung im Outsourcing Folge der reduzierten, unternehmensinternen Komplexität und Regelung der Kontrollabgabe ist.
Planbarkeit, Steuerbarkeit und Kontrollierbarkeit der Leistungen und Kosten- und Leistungsbewusstsein	Plausibel, wenn die Leistungen zuvor nicht überschaubar waren oder ihren Kosten entsprachen -> erhöhte Transparenz. Sinnvoll, wenn durch ein „Denken in Kontrakten" ein gesteigertes Kosten- und Leistungsbewusstsein erreicht wird. Sinnvoll, da Mitarbeitende lieber mit externen Vertragspartnern als mit Kollegen verhandeln.	Nicht sinnvoll, wenn kein effizientes Schnittstellenmanagements aufgebaut werden kann, durch das das auslagernde Unternehmen Rückschlüsse für seine unternehmensinterne Organisation zieht. Dies ist nur bei langfristigen Beziehungen möglich – kurzfristig können die anfallenden Kosten die möglichen Vorteile ausgleichen – langfristiges Outsourcing kann aber irreversibel sein. Abhängig von der Art der ausgelagerten Leistungen. Nicht plausibel, wenn dies auch durch ein entsprechendes unternehmensinternes Management erreicht werden könnte.
Strategieorientierte Gründe	*Pro*	***Contra***
Zugang zu unternehmensexterne Kapazitäten und Ressourcen	Plausibel, wenn eine gesteigerte Qualität der Leistungen und mehr Innovationen durch das spezielle Wissen des Outsourcing-Anbieters möglich ist.	Nicht plausibel, wenn der Outsourcing-Anbieter seine Position der Stärke ausnutzen und den Preis des Auslagerns steigen lassen kann. Nicht plausibel, wenn die Gefahr eines negativen Wissensaustausches steigt.
Zutritt zu neuen Märkten	Plausibel, wenn das aufnehmende Unternehmen sein Angebot z. B. mit einer gesteigerten Innovationsrate differenzieren kann. Plausibel, wenn das auslagernde Unternehmen sich besser auf seine Kernkompetenzen konzentrieren kann. Produktinnovationen können so gezielter umgesetzt werden und das Management kann sich z. B. auf den Eintritt in neue Märkte besser fokussieren, da vorher bestehende Verantwortlichkeiten an den Outsourcing-Anbieter ausgelagert wurden.	Nicht plausibel, wenn kein effizientes Schnittstellenmanagement zwischen den im Outsourcing verbundenen Unternehmen aufgebaut werden kann. Fraglich, ob die Umsetzung einer solchen in die Zukunft gerichteten Handlung kurzfristig umgesetzt werden kann.
Übertragung von Ergebnisverantwortung und Haftungspflichten	Plausibel, wenn Risikoreduzierung der eigenen unternehmerischen Tätigkeit möglich ist, indem der Outsourcing-Anbieter für die Leistungserbringung rechtlich haftet.	Nicht plausibel bei der Auslagerung von nicht-standardisierter Leistungen, da Haftungsansprüche aufgrund der unzureichenden Vertragsspezifizierung nur schwer geltend gemacht werden können. Nicht plausibel bei langfristigem Outsourcing, wenn die Gefährdung einer vertrauensvollen Beziehung der Vertragsparteien möglich ist.

Strategieorientierte unternehmens-politische Gründe	*Pro*	*Contra*
Reputations- und Imageschonung	Plausibel, wenn anstelle von „Massenentlassungen" das auslagernde Unternehmen reputations- und imageschonend Arbeitsplätze verlagern kann.	Fraglich, ob diese Unternehmensstrategie von der Öffentlichkeit als sozial vertretbar wahrgenommen wird. Nicht plausibel, wenn die vom Outsourcing betroffenen Mitarbeitenden sich „abgeschoben" fühlen und ihre Meinung in die Öffentlichkeit transportieren.
Brechen von Mitbestimmungs-kulturen und organisationalen Routinen	Plausibel, wenn mittels Outsourcing Routinen und Mitbestimmungskulturen gebrochen werden können, um so notwendige organisatorische Änderungen im Unternehmen durchführen zu können.	Fraglich, wenn sowohl die im auslagernden Unternehmen verbleibenden Mitarbeitenden als auch die vom Outsourcing betroffenen Mitarbeitenden ihre Arbeitsabläufe nicht ändern.

Tab. II-3: Plausibilitätsprüfung leistungs- und strategieorientierter Gründe im Outsourcing
(Eigene Darstellung)

Die Diskussion der leistungs- und strategieorientierten Gründe lässt das Ergebnis zu, dass Outsourcing sich lohnen kann, wenn das auslagernde Unternehmen standardisierte Leistungen an einen ausreichend spezialisierten Outsourcing-Anbieter vergibt, der über ein effizientes Schnittstellenmanagement verfügt. Allerdings sind dafür ausreichend motivierte Mitarbeitende notwendig. Die bisherigen Ausführungen zeigen, dass vor allem ein transformationales Outsourcing nur sinnvoll begründet werden kann, wenn die Gruppe der motivationsorientierten Gründe in die Überlegungen mit einbezogen wird.

4.3 Motivationsorientierte Gründe

Die Erörterung des transformationalen Outsourcings deutet noch eine weitere Gruppe von Gründen an. Dies ist die Gruppe der motivationsorientierten Gründe. Ein motivationsorientierter Grund bezieht sich direkt auf die *Motivation der vom Outsourcing betroffenen Mitarbeitenden* und deren Arbeitsqualität. Motivation bezeichnet den Drang zur Aktivität und verleiht dem Handeln Richtung, Stärke und Ausdauer (Osterloh/Weibel 2007: 42). Ein weiterer, in der Literatur genannter Grund für das Outsourcing liegt in den *unterschiedlichen Managementmethoden*. In der Folge können die übernommenen Mitarbeitenden beim Outsourcing-Anbieter motivierter arbeiten als zuvor beim auslagernden Unternehmen. Die hier genannten motivationsorientierten Gründe ermöglichen *Ertragsvorteile durch Motivation beim aufnehmenden Unternehmen*. Damit geht ein Wechsel in Analyse vom auslagernden Unternehmen hin zum aufnehmenden Unternehmen einher (s. Kapitel III, Abschnitt 1.3).

4.3.1 Motivation der vom Outsourcing betroffenen Mitarbeitenden

Ein wesentlicher Grund für ein erfolgreiches Outsourcing ist die Motivation der vom Outsourcing betroffenen Mitarbeitenden. Eine (im jeweiligen Vergleichsrahmen) unterschiedliche Motivation der Mitarbeitenden in den im Outsourcing verbundenen Unternehmen ist aufgrund folgender Überlegungen denkbar:

Erstens arbeiten die vom Outsourcing betroffenen Mitarbeitenden nicht mehr länger in den Supportprozessen des auslagernden Unternehmens, sondern sind in den *Kernprozessen* des aufnehmenden Unternehmens tätig.

Zweitens erhalten die Mitarbeitende in Kernprozessen mehr *Aufmerksamkeit* für ihre wettbewerbsrelevante Arbeit als die in Supportprozessen tätigen Mitarbeitenden der gleichen Hierarchiestufe. Mitarbeitende von Supportprozessen stehen nicht im Unternehmensfokus. Die Wahrscheinlichkeit, dass das aufnehmende Unternehmen in aufwendige und teure Fortbildungsmaßnahmen für seine Mitarbeitenden investiert, ist höher als im auslagernden Unternehmen (Häfele 2001). Die übernommenen Mitarbeitenden erleben eine erhöhte Aufmerksamkeit, da ihre Tätigkeiten und Leistungen eine wettbewerbsrelevante Bedeutung für das Unternehmen haben.

Zudem ist das *Ansehen* der Mitarbeitenden von Kernprozessen oft höher als das Ansehen der Mitarbeitenden der gleichen Hierarchiestufe, die in Supportprozessen tätig sind. Die Tätigkeiten der Mitarbeitenden in Supportprozessen beschränken sich meist auf administrativ-operative Bereiche. Supportprozesse wie das FM haben selten wesentlichen Einfluss auf unternehmenspolitische Entscheidungen, den Informations- und Kommunikationsfluss oder das Image des Unternehmens. Dies führt dazu, dass diese Mitarbeitenden von den in Kernprozessen tätigen Kollegen als „Silo"-Kapazität wahrgenommen werden. Z. B. werden Mitarbeitende des FM als „Raumplatzsparer" oder „Kostenknauser" im Unternehmen wahrgenommen. In einigen Unternehmen werden diese Unternehmensbereiche überdies als „Auffangbecken" für „erfolglose" Mitarbeitende aus den Kernprozessen benutzt (Henzelmann/Schweiger 2003).

Beim aufnehmenden Unternehmen werden die vom Outsourcing betroffenen Mitarbeitenden „vom Kostenfaktor zum Profitträger“ (Osterloh, J. 1996: 11). Die Mitarbeitenden sind nun im Kernbereich eines Unternehmens tätig und üben eine für das aufnehmende Unternehmen wettbewerbsrelevante Tätigkeit aus. Die Mitarbeitenden haben die Möglichkeit zur fachlichen Diskussion und Rückmeldung mit Kolleginnen im ganzen Unternehmen, da überall die „gleiche Sprache“ gesprochen wird. Ihr Ansehen wertet sich auf.

Drittens werden Supportprozesse unternehmensintern oft als Gemeinkostenbereich angesehen. Die darin erbrachten Leistungen sind kaum nachvollziehbar, messbar und kontrollierbar. Der „interne Kunde“ kann den Beitrag der Mitarbeitenden zur Wertschöpfung nicht nachvollziehen. Da ihre Arbeit dementsprechend nicht als wichtig genug angesehen wird, erhalten die Mitarbeitenden in Supportprozessen keine ausreichende *Anerkennung* für ihre Tätigkeit.

Dagegen muss das aufnehmende Unternehmen die qualitative Arbeit quantitativ einschätzen. Im aufnehmenden Unternehmen unterliegen ihre Tätigkeiten meist einer genaueren Leistungs- und Kostenerfassung als das im auslagernden Unternehmen der Fall ist, da ihr Wert den Preis der Auslagerung bestimmt. Dadurch können konkrete Leistungsziele vorgegeben und gemessen werden. Die Möglichkeit der konkreten Anerkennung ihrer Arbeit erhöht sich. Ihre Entlohnung kann differenzierter an die individuelle Leistungserbringung gebunden sein als dies bei den ehemaligen Arbeitgebenden der Fall war.

Im Ergebnis erleben die vom Outsourcing betroffenen Mitarbeitenden nach diesen Ausführungen (langfristig) einen Motivationsschub. Sie erhöhen ihre Produktivität.

Doch auch hier stellt sich die Frage, ob nicht ein unternehmensinternes Motivationsmanagement die gleichen Ziele erreichen könnte wie der Outsourcing-Anbieter es anscheinend kann. Z. B. könnte auch das auslagernde Unternehmen den vom Outsourcing betroffenen Mitarbeitenden Karrieremöglichkeiten aufzeigen.

Zudem birgt eine Übernahme der Mitarbeitenden im Outsourcing die Gefahr, dass deren Motivation im Laufe des Prozesses beeinträchtigt wird. Gründe sind ihre Ängste vor z. B. finanziellen Einbußen, Statusverlust sowie unterschiedlichen Unternehmenskulturen und -philosophien (s. Kapitel III, Abschnitt 2.1).

Finanzielle Einbußen sind zwar nach § 613a BGB weitgehend ausgeschlossen, doch insbesondere bei den Sozialplanverhandlungen können für die vom Outsourcing betroffenen Mitarbeitenden als unangenehm empfundene Folgen auftreten. Beispiele sind der Wegfall eines Kündigungsschutzes, der Tarifbindung, von Rechten aus Tarifverträgen, von bisherige Betriebsvereinbarungen und Mitbestimmungsrechten (Balzer 1995: 83-89; Trittin 1997: 63; Boehme-Neßler 2000: 229-252).

Darüber hinaus erleiden die Mitarbeitenden oft einen *Statusverlust*, wenn ihre Arbeitsplätze von einem international anerkannten Großunternehmen an ein unbekanntes, mittelständisches Unternehmen ausgelagert werden. Dies ist insbesondere dann der Fall, wenn dem potentiellen Outsourcing-Anbieter ein gefürchteter Ruf vorauseilt (Hess 2007: 53).

Schließlich bestehen Ängste und Unsicherheiten auch vor *unterschiedlichen Unternehmenskulturen oder -philosophien*. So kann die Konfrontation mit der aufnehmenden Unternehmenskultur einen „Kulturschock" auslösen.

4.3.2 Unterschiedliche Managementmethoden

Lacity und Willcocks (1998: 384) nehmen an, dass unterschiedliche Managementmethoden die Erfolgsunterschiede zwischen dem auslagernden und integrierenden Unternehmen am ehesten befriedigend erklären können.[10] So bleibt zwar das operative Personal nach der Mitarbeiterübernahme im Outsourcing weitgehend dasselbe. Aber es ist durchaus üblich, die den Mitarbeitenden direkt vorgesetzten Angestellten auszutauschen. Die Managementmethode des integrierenden Unternehmens kann dann in der Theorie zu einer erhöhten Motivation und Produktivität des operativen Personals führen (Beer 1998: 155 ff.; Barth 2003: 35-36). Auch könnte es sein, dass die Manager des Outsourcing-Anbieters aufgrund ihres spezifischen Fachwissens besser die Arbeit der übernommenen Mitarbeitenden nachvollziehen, beurteilen und gegebenenfalls belohnen können als die Manager des auslagernden Unternehmens.

Doch auch hier stellt sich die Frage, ob das auslagernde Unternehmen nicht selber durch ein bestimmtes Management die gleichen Methoden anwenden und Vorteile realisieren könnte (Osterloh, J. 2004: 109-110). Zudem könnte das auslagernde Unternehmen selbst die Position der leitenden Angestellten neu besetzen und dadurch die gewünschte Motivationsänderung bei den Mitarbeitenden erzielen.

Die folgende Tabelle zeigt die Plausibilitätsprüfung der motivationsorientierten Gründe.

---

[10] Als unterschiedliche Managementmethoden im Outsourcing untersuchen Lacity und Willcocks (1998: 384) z. B. das Empowerment bzw. die größere Selbstbestimmung der Mitarbeitenden.

Motivationsorientierte Gründe	Plausibilitätsprüfung	
	Pro	*Contra*
Motivation der vom Outsourcing betroffenen Mitarbeitenden	Plausibel, wenn die ehemals in Supportprozessen tätigen Mitarbeitenden in Kernprozessen des aufnehmenden Unternehmens tätig sind. Plausibel, wenn durch Ausübung einer dem Kerngeschäft zugehörigen Tätigkeit ihr Ansehen in dem aufnehmenden Unternehmen steigt. Plausibel, wenn die Mitarbeitenden eine erhöhte Aufmerksamkeit im aufnehmenden Unternehmen erleben. Plausibel, wenn ihre Arbeit im aufnehmenden Unternehmen vermehrt anerkannt wird.	Nicht plausibel, wenn ihr Ansehen, die konkrete Anerkennung ihrer Arbeit und Karrieremöglichkeiten auch durch ein unternehmensinternes Motivationsmanagement gesteigert bzw. erreicht werden könnten. Nicht plausibel, wenn die Motivation der vom Outsourcing betroffenen Mitarbeitenden durch ihre Ängste und Unsicherheiten, wie z. B. vor finanziellen Einbußen, Statusverlust und unterschiedlichen Unternehmenskulturen, beeinträchtigt werden könnte.
Unterschiedliche Managementmethoden	Plausibel, wenn die direkten Vorgesetzten der übernommenen Mitarbeitenden nach ihrem Betriebsübergang ausgetauscht werden. Durch die unterschiedlichen Managementmethoden der direkten Vorgesetzten könnte es sein, dass die übernommenen Mitarbeitenden beim Outsourcing-Anbieter motivierter arbeiten. Der direkte Vorgesetzte beim Outsourcing-Anbieter verfügt über spezifisches Fachwissen, um die Arbeit der übernommenen Mitarbeitenden besser nachvollziehen, beurteilen und gegebenenfalls belohnen zu können als dies beim auslagernden Unternehmen der Fall war.	Nicht plausibel, wenn ein entsprechendes unternehmensinternes Management die gleichen Methoden anwenden könnte. Nicht plausibel, wenn durch den Austausch der direkten Vorgesetzten im auslagernden Unternehmen erwünschte Motivations-änderungen bei den Mitarbeitenden erzielt werden könnten.

Tab. II-4: Plausibilitätsprüfung motivationsorientierter Gründe im Outsourcing (Eigene Darstellung)

Der folgende Abschnitt fasst die Diskussion der Gründe zur Vorteilhaftigkeit des Outsourcings zusammen und zeigt deren Ergebnisse auf.

4.4 Ergebnisse der Plausibilitätsprüfung der für das Outsourcing angegebenen Gründe

Zunächst werden die Ergebnisse der jeweiligen Diskussionen zu den monetär orientierten, leistungs- und strategieorientierten sowie motivationsorientierten Gründen im Einzelnen vorgestellt. Hiernach wird ein Gesamtfazit gezogen.

4.4.1 Ergebnis der Plausibilitätsprüfung der monetär orientierten Gründe

Outsourcing ist vor allem dann attraktiv, wenn Kosteneinsparungen realisiert werden können. Allerdings können die dafür hier untersuchten Gründe sowohl für als auch gegen ein Outsourcing sprechen. Auch ist die in der Praxis genannte Höhe der möglichen Kosteneinsparungen von 30 % und mehr als kritisch zu beurteilen (z. B. Osterloh, J. 2004: 109), da Outsourcing-Anbieter (Erst-)Verträge mit Konditionen unter Selbstkosten abschließen und die Kosten vor bzw. nach dem Outsourcing oft nicht vergleichbar sind.

Die Diskussion zeigt zudem, dass die unter dem Liquiditätsaspekt genannten Gründe Outsourcing nicht ausreichend erklären können. Vor allem ist die Realisierung der auf die Zukunft gerichteten finanziellen Überlegungen fraglich.

Im Ergebnis kann eine monetär orientierte Outsourcing-Entscheidung im Bezug auf ihre Plausibilität dann erklärt werden, wenn ein nicht personalintensiver Supportprozess aus einem Unternehmen ausgelagert wird, das aufgrund seiner jungen Unternehmensgeschichte und kleinen bzw. mittleren Organisationsgröße weder Erfahrungskurveneffekte noch Größen- und Verbundvorteile realisieren kann. Tatsächlich lagern aber gerade diese Unternehmen tendenziell seltener aus als größere Unternehmen (Hess 2007: 43).

Die monetär orientierten Gründe können eine Mitarbeiterübernahme im Outsourcing demnach nicht ausreichend erklären.

4.4.2 Ergebnis der Plausibilitätsprüfung der leistungs- und strategieorientierten Gründe

Neben den in Praktikerbefragungen angegebenen Gründen wie der Konzentration auf die Kernkompetenzen und dem Zugang zum Know-how des Outsourcing-Anbieters werden in der Literatur auch strategische unternehmenspolitische Gründe genannt, wie z. B. das Brechen von Mitbestimmungskulturen und Routinen. Ein weiterer strategischer unternehmenspolitischer Grund kann sein, dass das auslagernde Unternehmen versucht sein Unternehmensimage zu schonen: Mitarbeitende werden nicht in die Arbeitslosigkeit entlassen, sondern die betroffenen Arbeitsplätze werden an einen Outsourcing-Anbieter ausgelagert. Um eine einseitige Darstellung der Outsourcing-Entscheidung zu verhindern, werden diese Gründe in die Diskussion mit einbezogen.

Auch die Plausibilitätsprüfung der für das strategische Outsourcing angegebenen Gründe hat zum Ergebnis, dass diese unter bestimmten Bedingungen sowohl für als auch gegen ein Outsourcing sprechen können. Allerdings kann die Auslagerung von standardisierten Leistungen gerechtfertigt sein, wenn das auslagernde Unternehmen diese an einen ausreichend spezialisierten Outsourcing-Anbieter vergibt, der über ein effizientes Schnittstellenmanagement verfügt. Allerdings sind dafür ausreichend motivierte Mitarbeitende notwendig.

4.4.3 Ergebnis der Plausibilitätsprüfung der motivationsorientierten Gründe

Die motivationsorientierten Gründe begründen einen Perspektivenwechsel in der Diskussion der für das Outsourcing genannten Gründe. Es geht nicht mehr um die Gründe für ein Outsourcing aus Sicht des auslagernden Unternehmens, sondern um Ertragsvorteile durch Motivationsänderungen beim aufnehmenden Unternehmen. Die Aufnahme der motivationsbasierten Gründe in die Diskussion eröffnet eine neue Sichtweise auf die Existenz von Outsourcing-Anbietern: Outsourcing-Anbieter könnten die ehemals in Supportprozessen tätigen Mitarbeitenden besser motivieren als zuvor die auslagernden Unternehmen (Diemer 2000: 66). In diesem Sinne argumentiert auch Häfele (2005b). Die ehemals in Sekundärprozessen tätigen Angestellten arbeiten nun in den Kernprozessen des aufnehmenden Unternehmens. Dadurch kann ihr Ansehen im Unternehmen steigen. Zudem erleben sie beim Outsourcing-Anbieter eine gesteigerte Aufmerksamkeit ihrer nun wettbewerbsrelevanten Tätigkeiten. Damit einhergehend können die von ihnen erbrachten Ergebnisse vermehrt ihren Leistungen zugeordnet werden, womit ihnen die konkrete Anerkennung ihrer Tätigkeiten durch ihre Vorgesetzten sicher ist. Die Folge ist ein Motivationsschub und eine erhöhte Mitarbeiterproduktivität.

Zundel (1992: 120) kommt bei seiner Diskussion über die Gründe des Outsourcings zu dem Schluss, dass es auf eine „Motivationsänderung bei der Inanspruchnahme externer Dienstleistungen“ hinweisen könne. Auch Koch (2005: 18) sieht die Existenz von Outsourcing-Anbietern dadurch begründet, dass ihr Schnittstellenmanagement und ihr Umgang mit den Mitarbeitenden professioneller sei: „Die [Vorteile] liegen eindeutig [...] im Management von Personal.“

Allerdings kann die zu erwartende Motivationswirkung ausbleiben, wenn die Übernahmen der Mitarbeitenden im Outsourcingprozess z. B. nicht fair und transparent gestaltet wird (s. Kapitel III, Abschnitt 2.1). Folgen und Auswirkungen sind dann eine empirisch nachweisbar sinkende Motivation und Arbeitsqualität der Mitarbeitenden, eine erhöhte Fluktuations- und Abwesenheitsrate sowie eine sinkende Produktivität (Hess 2007: 30, 54).

Im Ergebnis kann auch die Gruppe der motivationsorientierten Gründe sowohl gegen als auch für ein Outsourcing angeführt werden. Allerdings liefern die motivationsorientierten Gründe zusätzlichen Erklärungsgehalt für eine Mitarbeiterübernahme im Outsourcing.

Im folgenden Abschnitt werden die Ergebnisse dieses Kapitels im Überblick resümiert und ein Ausblick auf die weitere Arbeit gegeben.

5. Zwischenergebnis und Fazit: Stand der Literatur zur Vorteilhaftigkeit des Outsourcings

Unter *Outsourcing* wird in dieser Arbeit die *langfristige Externalisierung ehemals unternehmensintern betriebener Bereiche, Prozesse und Leistungen an einen oder mehrere wirtschaftlich und rechtlich selbstständige Outsourcing-Anbieter* verstanden. In der Regel geht damit die Übernahme der vom Outsourcing betroffenen Mitarbeitenden einher.

Die Mitarbeiterübernahme ist in Deutschland nach *§ 613a BGB* und in der Europäischen Union in der Richtlinie *77/187 EWG* geregelt. Demnach müssen Outsourcing-Anbieter dasselbe operative Personal zu den gleichen Konditionen für mindestens ein Jahr weiterbeschäftigen. Obwohl nicht gesetzlich verankert, erfolgt auch in der Schweizerischen Eidgenossenschaft im Outsourcing meist eine Mitarbeiterübernahme. Die sich daraus ergebenden (Rechts-)Folgen schränken den Suchbereich nach Gründen des Outsourcings ein: Effizienzunterschiede in der Leistungserstellung zwischen dem auslagernden und aufnehmenden Unternehmen können nicht dadurch erklärt werden, dass nach dem Outsourcing die Arbeitsplätze zu günstigeren Konditionen eingestellten, an fachlich versiertere oder motiviertere Mitarbeitende vergeben werden.

Das dominierende Outsourcing-Verständnis hat sich nachhaltig gewandelt. Während die *auslagernden Unternehmen* mit *taktischem Outsourcing* vor allem Kosten einsparen möchten, sind beim *strategischen* und *transformationalen Outsourcing* andere Beweggründe vorherrschend. Neben der Konzentration auf die Kernkompetenzen sehen die Unternehmen zum einen die Möglichkeit, durch Outsourcing notwendige Restrukturierungen der eigenen Unternehmensorganisation vornehmen und zum anderen vom Know-how des Outsourcing-Anbieters profitieren zu können.

Bei den Analysen und Systematisierungen des Outsourcings wurden bisher vor allem leicht zu quantifizierende Gründe z. B. Kostenersparnisse, kaum aber qualitative Gründe, wie z. B. die Motivation der vom Outsourcing betroffenen Mitarbeitenden, berücksichtigt (Osterloh, J. 2004: 42; Hollekamp 2005: 2). Grund dafür ist, dass „harte" Faktoren wie Kosten leichter erfasst und operationalisiert werden können als die sogenannte „weichen" Faktoren wie z. B. die Mitarbeitermotivation. Der Nutzen „weicher" Faktoren ist nur langfristig wirksam, schlecht messbar und kann nicht leicht in Kosten-Nutzen-Vergleichen präsentiert werden. Daher werden „weiche" Faktoren wie die Mitarbeitermotivation „in der Regel unterbewertet und in Entscheidungen nicht genügend berücksichtigt" (Osterloh/Habisch 2008: 9). Um eine einseitige Darstellung der Outsourcing-Entscheidung zu vermeiden, wurden auch diese Gründe in die Diskussion mit aufgenommen.

Bei den in die Diskussion aufgenommenen motivationsorientierten Gründen handelt es sich um *Ertragsvorteile durch Motivation seitens der aufnehmenden Unternehmen.* Damit geht ein Analysewechsel in der Diskussion der für das Outsourcing angegebenen Gründe von den auslagernden Unternehmen zu den Outsourcing-Anbietern einher.

Die für das Outsourcing angegebenen Gründe lassen sich in drei Gruppen zusammenfassen: in die *monetärorientierten Gründe*, in die *leistungs- und strategieorientierten Gründe* sowie in die *motivationsorientierten Gründe*. Keine dieser Gruppen kann Outsourcing ausreichend erklären.

Die Diskussion der gesammelten Gründe zeigt, dass die durch Outsourcing zu erreichenden Ziele oft auch unternehmensintern realisiert werden könnten. Viele der bislang vorliegenden Ergebnisse verschiedener Studien untermauern die Annahme, dass die Leistungserstellung unter bestimmten Bedingungen genauso gut unternehmensintern wie extern erbracht werden könnte (ein Überblick findet sich in Matiaske und Mellewigt 2002b; Engelhardt 2007c).

Die hier diskutierten Gründe sind Einzelbefunde, die der jeweiligen Situation im Outsourcing entsprechend, ein mehr oder weniger konsistentes, aber kein kohärentes Bild ergeben. Allerdings deuten die motivationsorientierten Gründe einen neuen Erklärungsbeitrag an: *Die Outsourcing-Anbieter könnten die übernommenen Mitarbeitenden besser motivieren als zuvor die auslagernden Unternehmen* (Zundel 1992; Diemer 2001; Koch 2005; Hess 2007). So scheint der Outsourcing-Boom im FM nicht nur Folge einer effizienteren Organisation und erhöhter Innovation der FM-Unternehmen zu sein, sondern auch auf die erhöhte Motivation der vom Outsourcing betroffenen Mitarbeitenden im aufnehmenden Unternehmen zurückzuführen zu sein (Bröchner 2001; Häfele 2001, 2005b).

Um diese neue Erklärungsmöglichkeit theoretisch stützen zu können, werden im dritten Kapitel der Arbeit die Grundlagen aufgezeigt, auf deren Basis Outsourcing erklärt werden kann. Zunächst wird der ressourcenorientierte Ansatz auf seinen Erklärungsbeitrag zum Phänomen Outsourcing untersucht.

Der ressourcenorientierte Ansatz sieht im gemeinsamen unternehmensspezifischen Wissen die entscheidende Quelle für nachhaltigen Wettbewerb. Dieser Ansatz lässt aber weitgehend offen, wie die vom Outsourcing betroffenen Mitarbeitenden motiviert werden können, zum unternehmensspezifischen Wissen beizutragen. Um diese Lücke zu schließen werden außerdem individual- und sozialpsychologische Ansätze in die Untersuchung mit einbezogen.

Kapitel III: Zur theoretischen Begründung des Outsourcings

Eine Vielzahl von Theorien befasst sich mit Leistungstiefenentscheidungen. Dennoch erklärt kein einziger theoretischer Ansatz Outsourcing vollständig. Vielmehr können verschiedene Theorien bestimmte Aspekte des Outsourcings beleuchten und unterschiedliche Erklärungsansätze bieten. Einander ergänzende, theoretische Erklärungsbeiträge zum Outsourcing liefern die *neueren Theorien der Unternehmung*. Diese Theorien besitzen in der Outsourcing-Literatur die weiteste Verbreitung (Osterloh, J. 2004: 113).

Die neueren Theorien der Unternehmung werden durch *zwei* unterschiedliche Perspektiven dominiert: die Governance-Perspektive und die Kompetenz-Perspektive (Williamson 1999; Garouste/Saussier 2005).

Unter der *Governance-Perspektive* werden organisationsökonomische Ansätze wie der Transaktionskostenansatz, Verfügungsrechtanalysen und die Vertragstheorien zusammengefasst. Unternehmenstheorien dieser Perspektive stellen die Fragen: „Warum existieren Unternehmen? Was bestimmt deren Größe und Ausdehnung?“ (Holmström/Tirole 1989: 65; Williamson 1991: 14, 16).

Fragen in Bezug auf die Leistungstiefe werden oft auf Grundlage oder zumindest in Erwähnung des theoretischen Gedankenmodells des *Transaktionskostenansatzes* gestellt (Langlois/Robertson 1989: 362; Picot/Franck 1993: 211; Lacity/Hirschheim 1993; Bongard 1994; Lamers 1997; Nagengast 1997; Bruch 1998; Beer 1998; Bacher 2000; Dibbern et al. 2004). Auch quantitativ ist der Transaktionskostenansatz die Theorie, deren Einflussgrößen auf das Outsourcing und dessen Operationalisierung bisher am häufigsten untersucht wurden (Poppo/Zenger 1998; Leiblein/Miller 2003; Carter/Hogson 2006). Ein Überblick über solche empirischen Studien findet sich in den Beiträgen von Picot und Franck (1993: 192-193, 202-208).

Allerdings wird hier der Transaktionskostenansatz nur in die Arbeit einbezogen, wenn dieser Überlegungen des ressourcenorientierten Ansatzes begründet (s. Abschnitt 1.2.2). Der Transaktionskostenansatz wird nicht zur Erklärung des Phänomens Outsourcing herangezogen. Grund ist – wie die Ausführungen des zweiten Kapitels dieser Arbeit zeigten –, dass nicht das taktische, sondern das strategische Outsourcing im Mittelpunkt des wissenschaftlichen Interesses steht. Mit dem Transaktionskostenansatz können nur die (als nicht relevant herausgestellten) monetär orientierten, nicht aber die strategie- und motivationsorientierten Gründe für ein Outsourcing erklärt werden.

Die *Kompetenz-Perspektive* setzt sich aus der evolutorischen Ökonomik und der verhaltenswissenschaftlichen Managementlehre zusammen. Dazu gehören u. a. der ressourcen- und der wissensbasierte Ansatz (Windsperger 1999: 146; Frost 2005: 55; Osterloh 2007). Die Unternehmenstheorien der Kompetenz-Perspektive erweitern die in der Governance-Perspektive zentralen Fragen um die Fragestellung, warum bei ähnlichen oder gleichen Rahmenbedingungen einige Unternehmen nachhaltig besser als ihre Wettbewerberinnen sind (z. B. Nelson 1991; Barney 1991).

In die Überlegungen dieser Arbeit wird der *ressourcenorientierte Ansatz* als eine der ursprünglichen und in der Literatur weit verbreiteten Theorien der Kompetenz-Perspektive einbezogen und im Abschnitt 1 dieses Kapitels vorgestellt. Dieser Ansatz bietet Raum zur Erklärung des Phänomens Outsourcing. Neben den strategieorientierten Gründen bezieht der ressourcenorientierte Ansatz auch die motivationsorientierten Gründe in seine Argumentation zur Erklärung von Outsourcing mit ein: Während auslagernde Unternehmen sich auf ihre Kernkompetenzen konzentrieren können, sind Wissensintegration und Motivation der übernommenen Mitarbeitenden Quelle von Kernkompetenzen der aufnehmenden Unternehmen. Dieser Ansatz leistet als eine Theorie der Unternehmung seinen Beitrag zur Erklärung des Phänomens Outsourcing hauptsächlich auf der Ebene der Unternehmen.

Allerdings geht der ressourcenorientierte Ansatz als eine neuere Theorie der Unternehmung nur unzureichend auf die Motivation der vom Outsourcing betroffenen Mitarbeitenden ein (vgl. Kogut/Zander 1995). Besonders bei Arbeitsabläufen, für die es (noch) keine organisationale Routinen im aufnehmenden Unternehmen gibt oder die nicht standardisierbar sind, haben die Mitarbeitenden beträchtliche Handlungsspielräume bei der Organisation und Ausführung ihrer Aufgaben (s. Abschnitt 2.2 dieses Kapitels). Wie sie diese Handlungsspielräume ausfüllen, hängt im Wesentlichen von ihrer Motivation ab (Grüner/Osterloh, J. 1998).

Daher wird zunächst im Abschnitt 2 dieses Kapitels der Motivationsprozess der Mitarbeitenden im Outsourcing dargestellt. Dabei zeigt sich, dass die Widerstände der Mitarbeitenden gegen Veränderungen und ihre mangelnde Motivation ein Problem im aufnehmenden Unternehmen begründen können: sie sind nicht ausreichend motiviert ihr individuelles Wissen freiwillig und bereitwillig zu teilen (Disterer 2000: 541).

Die Frage, wie man Mitarbeitende so motiviert, dass ihre Ziele im Einklang mit den Zielen des Unternehmens stehen, beschäftigt Wissenschaftler schon über ein halbes Jahrhundert (Maslow 1943; Herzberg et al. 1959, Porter 1961; Vroom 1964; McClelland 1971; Alderfer 1972). In theoretischer Hinsicht kann man sich der Motivation grundsätzlich aus *zwei* verschiedenen, dominierenden Forschungsrichtungen nähern: sozial- und individualpsychologischen Motivationstheorien. Unter der ersten Forschungsrichtung sind u. a. die *Theorie der psychologischen Verträge*, die *Theorie der sozialen Identität* und der *Beziehungsansatz* als sozialpsychologische Motivationstheorien zu subsumieren. Der zweiten Forschungsrichtung ist u. a. die *Selbstbestimmungstheorie* als individualpsychologische Motivationstheorie zuzuordnen. Diese motivationspsychologische Theorien werden in den Abschnitten 3-5 dieses Kapitel der Arbeit vorgestellt und auf ihren Erklärungsbeitrag daraufhin untersucht, warum die vom Outsourcing betroffenen Mitarbeitenden beim aufnehmenden Unternehmen motivierter arbeiten könnten als beim auslagernden Unternehmen. Die Analyse dieser Untersuchung erweitert sich von der Unternehmensebene zur Individual- und Gruppenebene.

Der Abschnitt 6 fasst die in diesem Kapitel der Arbeit die Überlegungen und gewonnenen Erkenntnisse zum Outsourcing zusammen. Ein Ergebnis ist, dass der ressourcenorientierte Ansatz als eine Theorie der Unternehmung zwar Erklärungsbeiträge zum Outsourcing liefert, allerdings kaum auf Motivation als endogene Variable eingeht. Dagegen können u. a. aus der Theorie der sozialen Identität und dem Beziehungsansatz mögliche Erklärungsbeiträge zur Mitarbeitermotivation im Outsourcing abgeleiteten werden.

1. Ressourcenorientierter Ansatz

Als zwei der ersten Wissenschaftler heben Selznick (1957) und Penrose (1955, 1959) die Bedeutung der unternehmensinternen Ressourcen für den Wettbewerb hervor. Selznick (1957) entwickelt unter der Annahme, dass durch die Formulierung der Kernkompetenzen eine einzigartige Unternehmensidentität entsteht, das Konzept der „Distinctive Competencies". Penrose (1959) nimmt an, dass die nachhaltigen Wettbewerbsvorteile eines Unternehmens von seinen unternehmensinternen, heterogenen Ressourcen und deren unternehmensspezifischer Kombination abhängen.

Rumelt (1984), Wernerfelt (1984) und Barney (1986a, 1991) entwickeln diesen Ansatz weiter. Wernerfelt entwirft 1984 in seinem Beitrag „A Resource-Based View of The Firm" im Strategic Management Journal einen Ansatz, in dem er die zentralen Argumente von Penrose (1959) in einen strategischen Kontext transferiert. Prahalad und Hamel verhelfen dann diesem Ansatz mit ihrem sehr beachteten Artikel „The Core Competence of The Corporation" 1990 im Harvard Business Review zum Durchbruch.

Als Erkenntnisobjekt stehen die Ressourcen der Unternehmen im Mittelpunkt der Betrachtungen. Nach dem ressourcenorientierten Ansatz sind Unternehmen Bündel schwer imitierbarer und substituierbarer Ressourcen (Frost 2005: 231). Mit dem ressourcenorientierte Ansatz kann erklärt werden, warum ein Unternehmen eine Leistung effizienter und besser erbringt als ein anderes Unternehmen.

Der ressourcenorientierte Ansatz umfasst alle Strömungen, die den wirtschaftlichen Erfolg eines Unternehmens auf seine unternehmensspezifischen Ressourcen zurückführen (Rasche/Wolfrum 1994: 502). Derivative Theorien des ressourcenorientierten Ansatzes sind der Kernkompetenzenansatz (Rasche 1994; Homp 2000), der Metafähigkeitenansatz (Teece/Pisano 1994; Teece/Pisano/Shuen 1997; Eisenhardt/Martin 2000) und der wissensbasierte Ansatz (Grant 1991). Im *Kernkompetenzenansatz* wird die Bedeutung der wettbewerbsentscheidenden strategischen Vermögenswerte hervorgehoben. Der *Metafähigkeitenansatz* fokussiert auf die dynamische Weiterentwicklung durch organisationales Lernen der wettbewerbsentscheidenden Ressourcen bzw. der Kernkompetenzen. Der *wissensorientierte Ansatz* baut auf den Erkenntnissen des ressourcenorientierten Ansatzes auf und thematisiert noch stärker die Bedeutung von Wissen als erfolgsentscheidende Unternehmensressource (Roehl 2000; Bea/Haas 2001: 27 ff.; Güttel 2002: 1; Osterloh 2006).[11]

[11] Problematisch ist dabei die dem ressourcenorientierten Ansatz zugrunde liegende Begriffsvielfalt wie u. a. „Ressourcen", „Fähigkeiten" und „Kernkompetenzen" (z. B. Barney 1991; Peteraf 1993; Rasche 1994; Teece/Pisano/Shuen 1997; Thiele 1997). Die Begriffsvielfalt ist zum einen durch die von verschiedenen Einzelbeiträgen geprägte Entwicklungsgeschichte und zum anderen durch die Tendenz der Ausdifferenzierung bei neuen Themen entstanden.

In den Abschnitten 1.1 und 1.2 werden die Grundannahmen des ressourcenorientierten Ansatzes dargelegt. Die unterschiedlichen Ressourcen- und Wissensbasen eines Unternehmens entscheiden über dessen Wettbewerbsfähigkeit. Für die Begründung von nachhaltigen Wettbewerbsvorteilen kann zwischen notwendigen und hinreichenden Bedingungen unterschieden werden.

Schließlich werden die Annahmen des ressourcenorientierten Ansatzes im Überblick aufgezeigt; der Abschnitt 1.3 dient dann dazu, dessen Erklärungsbeitrag zum Outsourcing aufzuzeigen.

1.1 Notwendige Bedingungen nachhaltiger Wettbewerbsvorteile

Die wettbewerbsentscheidende Rolle der Ressourcen begründet sich in der Annahme der *Ressourcenheterogenität* in den Unternehmen und damit in der Annahme der *ineffizienten bzw. nicht-existenten Faktormärkte* (Teece/Pisano/Shuen 1997: 51). Wären Faktormärkte effizient, wären Wettbewerbsvorteile nicht generierbar, da jedes Unternehmen sich alle Ressourcen beschaffen könnte. Der Wert der handelbaren Ressourcen entspräche dem zukünftig erwarteten Gewinn (Barney 1986b: 1231). Da aber in unvollkommenen Faktormärkten Informationsasymmetrien entstehen, haben die Akteure unterschiedliche Erwartungen an den Wert einer Ressource. In der Folge verfügen die Unternehmen über heterogene Ressourcenbasen (Barney 1986b: 1231 ff.; Grant 1991: 126; Peteraf 1993: 185).

Zudem begründet sich die Ressourcenheterogenität auch in der unternehmenseigenen Entwicklung. Hall (1992) unterscheidet zwischen tangiblen und intangiblen Ressourcen.

Tangible Ressourcen sind greifbare Ressourcen, die in der Regel handelbar sind (Frost 1998). Tangible Ressourcen sind zum Beispiel eigentumsbasierte Ressourcen (Wernerfelt 1984: 171 ff.). Zu den eigentumsbasierten Ressourcen zählen die physischen und die finanziellen Ressourcen. Physische Ressourcen sind u. a. die Anlagen, der Standort und Rohstoffe. Finanzielle Ressourcen werden nach ihrer Mittelherkunft in interne Mittel und externe Fonds unterschieden. Diese Ressourcengruppen sind flexibel vorhanden und kapitalmäßig begrenzt verfügbar. Auch wissensbasierte Ressourcen können tangible Ressourcen sein. Dazu zählt Wernerfelt (1984: 171 ff.) die organisatorischen Ressourcen. Organisatorische Ressourcen sind im Wesentlichen Managementsysteme wie z. B. Personalführungssysteme (Barney 1991: 105 ff.).

Wissensbasierte Ressourcen können auch *intangible Ressourcen* sein (Dibbern/Güttler/Heinzl 2001: 687). Intangible Ressourcen sind u. a. Vermögenswerte wie z. B. Erfindungen und Fähigkeiten wie z. B. Erfahrung, Know-how und Ausbildung (Dibbern/Güttler/Heinzl 2001: 686). Diese Ressourcen sind nicht-physisch und in der Regel kaum oder gar nicht handelbar (Teece 1998).

Für intangible wissensbasierte Ressourcen bestehen unvollständige Faktormärkte. Folgende *vier* Gründe können dafür angeführt werden (Weibel 2004: 56): Erstens ist nicht eindeutig, wer welches Wissen besitzt und anbietet. Zweitens wird der Ressourcenbesitzer sein Wissen aufgrund mangelhaft definierter Eigentumsrechte nur zögerlich freigeben. Drittens besteht eine Informationsasymmetrie zwischen dem Ressourcenbesitzer und einem möglichen Nachfrager. Viertens beeinträchtigen die Schwierigkeiten in der Definition und der Messung der Leistung die Preisbildung. Dies ist vor allem der Fall bei implizitem Wissen (s. Abschnitt 2.2 dieses Kapitels). Der Wissensbeitrag von implizitem Wissen ist nicht beobachtbar und dem Einzelnen nicht zurechenbar. Die Übertragung von implizitem Wissen kann durch Sanktionen nicht erzwungen werden. Ein möglicher Nachfrager kann die Übertragung von implizitem Wissen weder ex ante noch ex post kontrollieren bzw. beurteilen. Daher wird überwiegend angenommen, dass Individuen ihr Wissen freigeben müssen. Dies tun nur benevolente Akteure.

Zudem limitieren Erfahrungen, unternehmensinterne Vermögenswerte und die Unternehmensorganisation die Entwicklungsmöglichkeiten dieser Ressourcen (Leonard-Barton 1992). Sie sind somit unternehmensspezifisch und begründen die Ressourcenheterogenität zwischen den Unternehmen innerhalb einer Branche (s. Kapitel II, Abschnitt 1.1).

Unvollkommene bzw. nicht-existente Faktormärkte und die Ressourcenheterogenität der Unternehmen sind zwar notwendige, aber keine hinreichenden Bedingungen für die Generierung von nachhaltigen Wettbewerbsvorteilen. Im nächsten Abschnitt werden die hinreichenden Bedingungen dieser erläutert.

1.2 Hinreichende Bedingungen nachhaltiger Wettbewerbsvorteile

Unvollständige Faktormärkte sind Folge intangibler, wissensbasierter Ressourcen (s. oben). Dadurch entsteht Ressourcenheterogenität zwischen den Unternehmen. Ist diese Heterogenität dauerhaft, kann ein nachhaltiger Wettbewerbsvorteil entstehen. Dazu müssen folgende hinreichende Bedingungen erfüllt sein. Eine hinreichende Bedingung für die Erzielung eines nachhaltigen Wettbewerbsvorteils ist der *ex ante beschränkte Faktorwettbewerb*, d.h. die Kosten der Faktorgewinnung sollten nicht den Ertrag der eingebrachten Ressourcen übersteigen. Eine weitere hinreichende Bedingung ist, dass das Unternehmen die *Mobilität der Ressourcen begrenzen* sollte. Schließlich müssen die Ressourcen schwer imitier- und substituierbar sein bzw. der *Faktormarkt* sollte *ex post beschränkt* sein (Barney 1991; 1992; Peteraf 1993; Tucher von Simmelsdorf 2000: 48 ff.; Weibel 2004: 54; s. oben und Kapitel II, Abschnitt 1.2). Die Bezeichnungen ex ante und ex post beziehen sich auf einen möglichen Zeitpunkt vor und nach der Übertragung von Ressourcen am Markt.

1.2.1 Beschränkung des Faktorwettbewerbs ex ante

Ressourcen generieren nur dann einen nachhaltigen Wettbewerbsvorteil, wenn der Rentenertrag die Kosten der Faktorgewinnung übersteigt (Kriterium der Kostenbeschränkung).[12] Der Wert einer Ressource ergibt sich aus den mit ihrer Nutzung einhergehenden Kostenreduzierungen oder zusätzlichen Einkünften (Barney 2002: 162). Der Faktorwettbewerb muss ex-ante beschränkt sein. Eine Beschränkung des Faktorwettbewerbes ex-ante kann gegeben sein, wenn unterschiedliche Möglichkeiten bestehen, neue Fähigkeiten durch vorhandene Ressourcen aufzubauen (Teece/Pisano/Shuen 1997; Weibel 2004: 58). Der idosynkratischen Historie eines Unternehmens entsprechend baut dieses einen Ressourcenbestand auf, das Ergebnis seiner individuellen historischen Entwicklung ist. Diese Entwicklung ist einzigartig und somit nicht imitierbar (s. Abschnitt 1.2.2 und 1.2.3. dieses Kapitels). Z. B. kann eine spezifische Unternehmenskultur oder über Jahre akkumuliertes Wissen von Wettbewerbern nicht imitiert werden (Mellewigt 2003: 66).

1.2.2 Beschränkung der Mobilität

Die Ressourcenspezifität eines Unternehmens ist in seiner idiosynkratischen Geschichte begründet (s. auch Abschnitt 1.2.1 und 1.2.3 dieses Kapitels). Durch die historischen Entwicklungen des Wertschöpfungsprozesses entstehen organisatorisch vererbbare Routinen oder Pfade, in denen die Fähigkeiten des Unternehmens eingebunden sind (Barney 1991: 108). Das Unternehmen kann diesen Pfad nur mit langwierigen Lernprozessen und zeitinduzierten Effizienzverlusten verlassen, da mit steigender unternehmensspezifischer Organisation die Transaktionskosten einer Ressource zunehmen (Frost 2005: 139). Die Differenz eines Ertrages aus ihrer erstbesten Verwendung zum Ertrag in ihrer zweitbesten Verwendung, die sogenannten Quasi-Renten, entspricht der dafür notwendigen Investition. Diese Rentenform tritt immer dann auf, wenn bei einer Transaktion spezifische Investitionen geleistet werden müssen (Williamson 1985). Diese Argumentation bezieht sich auf Überlegungen des Transaktionskostenansatzes:

Gemäß dem *Transaktionskostenansatz* findet eine Transaktion statt, „wenn ein Gut oder eine Leistung über eine technisch trennbare Schnittstelle hinweg übertragen wird." (Williamson 1985: 57). Der Austausch von Gütern, Leistungen und Verfügungsrechten, also die Transaktion, muss angebahnt, vereinbart, kontrolliert und angepasst werden (Weibel 2004: 34). Dadurch entstehen Transaktionskosten. Die Koordination der Transaktionsbeziehung als die grundlegende Analyseeinheit des Transaktionskostenansatzes wird von unterschiedlichen Verhaltens- und Umweltannahmen beeinflusst (Williamson 1985). Diese Transaktionsbedingungen determinieren die Höhe der gesamten Kosten.

---

[12] Der Begriff Rente als ein mehrdeutiges Konzept ist weder in ökonomischen Handbüchern noch durch die Vertreter des ressourcenorientierten Ansatzes vollständig geklärt (Peteraf 1993). Unter dem Begriff Rente wird der nach Abzug möglicher Opportunitätskosten aus den verwendeten Ressourcen und Fähigkeiten gebildete Rückfluss, der im Vergleich zum Markt im Unternehmen verbleibt, verstanden (Thiele 1997).

Eine wichtige Umweltannahme ist die Spezifizität von Transaktionen. Spezifität bedeutet Einmaligkeit und Nicht-Austauschbarkeit einer Leistung. Als spezifisch können die Transaktionen bezeichnet werden, die außerhalb einer Transaktionsbeziehung nur eine zweitbeste Verwendung fänden. Außerhalb einer Transaktionsbeziehung ist die Gefahr eines „hold up", also die unfreiwillige Abhängigkeit eines Vertragspartners vom anderen, zu groß (Göbel 2002: 133).[13]

Dies bedeutet, dass ein Wechsel von der zweitbesten in die beste Verwendung zu teuer ist. Die Spezifizität führt, wie im Transaktionskostenansatz dargestellt, zu Abhängigkeiten zwischen Ressourcennutzer und Ressourcenbesitzer bis hin zu einer „hold up"-Situation (Klein/Crawford/Alchian 1978) und zur *Immobilität* der Ressource (Kriterium der Gebundenheit).

1.2.3 Beschränkung des Faktorwettbewerbs ex post

Da also die wettbewerbsrelevanten Ressourcen kaum oder nicht handelbar sind (s. Abschnitt 1.2.2 dieses Kapitels), bliebe den Wettbewerbern nur die Möglichkeit der Imitierbarkeit bzw. Substituierbarkeit. Doch diese sind oft auch ex post beschränkt (Weibel 2004: 57).

Die *Nicht-Imitierbarkeit* nimmt für die Erklärung von wettbewerbsentscheidenden Ressourcen die wichtigste Rolle ein. Je ausgeprägter die Imitationsbarrieren sind, umso schwieriger wird es, ein Ressourcenbündel zu imitieren (Frost 2005: 139). Barrieren sind erstens Historizität des Unternehmens, zweitens kausale Ambiguitäten, drittens soziale Komplexität und viertens Akkumulationseffizienzen (Reed/DeFilippo 1990; Barney 2002: 163 ff.).

Nicht-Imitierbarkeit ist mit der idiosynkratischen Tiefenstruktur eines Unternehmens verwoben. Die *idiosynkratische Historie* des Unternehmens schützt vor Imitationen durch die Wettbewerberinnen (Frost 2005: 139). Elemente können zwar kopiert werden, führen aber, aus dem Kontext gerissen, zu schwer vorhersehbaren Entwicklungen (Dosi 1984). Ressourcen sind auch durch rechtliche Vorschriften z. B. Patente oder durch natürliche Gegebenheiten z. B. den Standort geschützt (Barney 1991: 108; Peteraf 1993: 182). Der Wettbewerbsvorteil ist umso größer, je komplexer die Ressourcenkombination ist oder je undurchschaubarer die Kausalzusammenhänge zwischen den Ressourcen sind (Barney 1992; Knyphausen-Aufseß 1993).

Je weniger der Zusammenhang zwischen Ressourcen und den daraus entstehenden nachhaltigen Wettbewerbsvorteilen ersichtlich ist, umso höher ist die *kausale Ambiguität.* Oft ist das Unternehmen selbst nicht in der Lage, die Ursachen für bestimmte Wirkungen zu benennen (Güttel 2002: 56). Laut Reed und DeFilippi (1990) entzieht sich die Nachvollziehbarkeit des Wettbewerbsvorteils durch einen hohen Anteil von implizitem Wissen (s. Kapitel IV, Abschnitt 1.2).

---

[13] Zur näheren Erläuterung des Transaktionskostenansatzes s. Williamson (1975, 1981 und 1985).

Soziale Komplexität entsteht durch eine hohe Interdependenz der Ressourcen (Knyphausen-Aufseß 1993: 776). Da das zur Erstellung einer erfolgsrelevanten Ressource notwendige Wissen auf die Organisationsmitglieder verteilt ist, ist eine Imitation schwierig.

Zusätzlich erschweren Multiplikatoreffekte in Form der *Akkumulation von Ressourcen* die Imitation (Weibel 2004: 58).

Daneben muss auch das Kriterium der *Nicht-Substituierbarkeit* erfüllt sein. Gleichwertige Leistungen könnten durch ähnliche Ressourcen erstellt werden. Oft ist eine Substitution der Leistung durch organisatorische oder technologische Innovationen möglich. Jedoch kann das Unternehmen diese Gefahr kaum einschätzen (Barney 1991: 57).

Erfüllen die Ressourcen diese Kriterien, stellen sie einen *unternehmensspezifischen* Wert dar (Barney 199: 105 ff.; Osterloh/Frost 2002: 172) und begründen damit einen nachhaltigen unternehmerischen Wettbewerbsvorteil. Der *Transfer* dieser Ressourcen nach dem marktlichen Austauschprinzip ist schwer. Der unternehmensspezifische Wert resultiert aus der Verknüpfung und multipersonalen Verankerung der Ressourcen und ist nicht in Kennzahlen erfassbar.

Nach der Darstellung des ressourcenorientierten Ansatzes wird im nächsten Abschnitt dessen Erklärungsbeitrag zum Outsourcing vorgestellt und beschrieben.

1.3 Erklärungsbeitrag des ressourcenorientierten Ansatzes zum Outsourcing

Im ressourcenorientierten Ansatz stehen vor allem die organisatorischen Ressourcen und Kompetenzen eines Unternehmens sowie die Wissensbestände der Ressourcenbesitzer im Fokus der Betrachtungen (Osterloh/Frost/Frey 2002: 64). Unternehmen können Ressourcen generieren, die heterogen, immobil sowie schwer substituier- und imitierbar sind (Weibel 2004: 52). Die Existenz von Unternehmen wird mit ihren unternehmensspezifischen Ressourcen und den damit verbundenen nachhaltigen Wettbewerbsvorteilen begründet (Madhok 1996: 578). Diese Ressourcen beruhen u. a. auf einem hohen Ausmaß am impliziten Wissen (s. Abschnitt 2.2.1 dieses Kapitels). Das gemeinsame unternehmensspezifische Wissen ist Quelle nachhaltiger Wettbewerbsvorteile (s. Abschnitt 2.2.2 dieses Kapitels).

Im ressourcenorientierten Ansatz wird den Akteuren begrenzte Rationalität und Benevolenz unterstellt. Es wird angenommen, dass Handlungsspielräume, die aufgrund asymmetrisch verteilter Informationen entstehen können, von den Akteuren nicht in ihrem Eigeninteresse ausgenutzt werden.

Die folgende Tabelle fasst die Annahmen des ressourcenorientierten Ansatzes zusammen.

Ressourcenorientierter Ansatz	
Untersuchungs-einheit	Wissensbestände der Akteure sowie organisatorische Ressourcen und Kompetenzen
Verhaltens-annahmen	Begrenzte Rationalität; „benevolenter Kooperateur“
Konzept des Unternehmens	Unternehmen als Bündel unternehmensspezifischer Ressourcen
Organisatorisches Steuerungsziel	Realisierung von unternehmensspezifischen Wettbewerbsvorteilen

Tab. III-1: Annahmen des ressourcenorientierten Ansatzes (In Anlehnung an Dosi/Marengo 2000: 83)

Im Folgenden werden die Vor- und Nachteile des ressourcenorientierten Ansatzes zum Outsourcing dargelegt.

1.3.1 Vorteile des ressourcenorientierten Erklärungsbeitrags zum Outsourcing

Auf der Suche nach Antworten für die Existenz von Outsourcing bietet der ressourcenorientierte Ansatz Raum für neue Erklärungen. Penrose (1959: 76, 85, 145-149) weist bei der Frage nach der vertikalen Leistungstiefengestaltung darauf hin, dass der Einsatz von spezialisierten und/oder besonders kostengünstigen Diensten in vorgelagerten Produktionsstufen ein wichtiger Grund für Outsourcing sein kann, wenn dem Unternehmen dadurch ein spezieller Wettbewerbsvorteil entsteht.

Nach Prahalad und Hamel (1990) werden nur Leistungen ausgelagert, die geringe Bedeutung für das Unternehmen haben wie z. B. das FM (Beer 1998: 10; Dibbern/Güttler/Heinzl 2001: 688). Diese strategisch unbedeutsamen Leistungen werden an einen ausreichend spezialisierten Outsourcing-Anbieter ausgelagert.

Gemäß dem ressourcenorientierten Ansatz ist Outsourcing eine Form einer kooperativen Unternehmensbeziehung und schließt somit ein kurzfristiges Outsourcing weitgehend aus. Annahme ist, dass Unternehmen langfristig wirkend auslagern. Auch die bisherigen Ausführungen dieser Arbeit haben gezeigt, dass beim Outsourcing vom FM eine längerfristige Beziehung zwischen den Unternehmen angestrebt wird (s. Kapitel II, Abschnitt 1.3).

Im ressourcenorientierten Ansatz stehen die strategie- und motivationsorientierten Gründe im Mittelpunkt der Betrachtungen zur Erklärung des Phänomens Outsourcing. Dadurch kann eine Mitarbeiterübernahme im Outsourcing begründet werden:

Unternehmen lagern aus strategieorientierten Gründen aus. Indem Unternehmen strategisch unbedeutsame Leistungen wie das FM an einen ausreichenden spezialisierten Outsourcing-Anbieter vergeben, können sie sich auf ihre Kernkompetenzen konzentrieren. Dadurch kann ihnen ein nachhaltiger Wettbewerbsvorteil entstehen.

Auch beim *aufnehmenden Unternehmen können strategie- und motivationsorientierte Gründe deren Existenz als Outsourcing-Anbieter erklären*: Die Integration des Wissens der übernommenen Mitarbeitenden und deren Motivation sind Quelle von Kernkompetenzen. In der Folge können diese einen nachhaltigen Wettbewerbsvorteil für den Outsourcing-Anbieter begründen.

Viele der Ansätze zur kompetenzbasierten Theorie der Unternehmung sind empirisch untersucht worden (Penrose 1959; Nelson/Winter 1982; Prahalad/Hamel 1990; Sanchez/Heene/Thomas 1996), oft auf Grundlage von wirtschaftshistorischen Analysen und Fallstudien (Lowendahl 1992; Pfaffmann/Scheuble 2000). Diese empirischen Ergebnisse bestätigen, dass sich Unternehmen eher von strategisch unbedeutsamen als von strategisch bedeutsamen Leistungen trennen (Hendrix/Abendroth/Wachtler 2003: 75).

1.3.2 Nachteile des ressourcenorientierten Erklärungsbeitrags zum Outsourcing

Im ressourcenorientierten Ansatz werden Unternehmen nicht von ihren Grenzen zum Markt, sondern von ihrer inneren Topographie her beschrieben: „there is no guarantee that marginal transactions on the fringes of the firm will give a realistic guide to the nature and the role of the firm. [...] It would be misleading to judge the topography of an island from the characteristics of its coastal strip." (Kay 2000: 688). Dabei ergibt sich in Bezug auf die Unternehmensgrenzen ein Gestaltungsparadoxon. Aufgrund der Eigenschaften unternehmensspezifischer Ressourcen entziehen sich diese zum Teil einer bewussten Identifikation und Gestaltbarkeit. Dementsprechend bleiben die Kriterien für die Grenzen der Unternehmung vage (Osterloh 2006). Daraus ergeben sich kaum theoretisch abgeleitete operationalisierbare Kriterien für die Ausgestaltung eines Outsourcings. Outsourcing kann deshalb nur begrenzt und in Abhängigkeit von vorhandenen Ressourcen erklärt werden (Rasche 1994: 64; Weibel 2004: 53).

Ein weiterer für diese Arbeit zentraler Kritikpunkt am ressourcenorientierten Ansatz ist, dass dieser die individuelle Motivation zur Wissensweitergabe weitgehend vernachlässigt. Nachhaltig erfolgreiche Unternehmen wie z. B. Outsourcing-Anbieter sind darauf angewiesen, dass die übernommenen Mitarbeitenden ihr Wissen freiwillig austauschen und zum unternehmensspezifischen Wissen beitragen, um so einen schwer zu imitierenden Wettbewerbsvorteil generieren zu können. Diesem Ansatz liegt ein eher positives Menschenbild zugrunde. Der ressourcenorientierte Ansatz impliziert überwiegend die utopische Sichtweise des „benevolenten Kooperateurs" (Dosi/Marengo 2000: 82), der sein persönliches Wissen ohne adäquate Kompensation aufgibt. Die individuelle Motivation zur Wissensweitergabe wird vorausgesetzt. Die Anreizproblematik wird meist nicht diskutiert. Die exogen eingeführte Annahme des „benevolenten Kooperateurs" ist gewagt, da es immer opportunistische Organisationsmitglieder geben wird, die ihr implizites Wissen nicht zur Verfügung stellen (s. Abschnitt 2.2 dieses Kapitels). Motivationsbasierte Gründe des Outsourcings werden in die Erklärungen nicht miteinbezogen.

Die folgende Tabelle fasst den Erklärungsbeitrag des ressourcenorientierten Ansatzes zum Outsourcing zusammen.

Erklärungsbeitrag des ressourcenorientierten Ansatzes zum Outsourcing	
Vorteile	*Nachteile*
Einbezug der strategie- und motivationsorientierten Gründe für Outsourcing: • *beim auslagernden Unternehmen:* Konzentration auf Kernkompetenzen. Ausgelagerte Leistungen sind strategisch nicht bedeutsam und begründen keinen nachhaltigen Wettbewerbsvorteil. • *beim aufnehmenden Unternehmen:* Wissensintegration und Motivation der übernommenen Mitarbeitenden als Quelle von Kernkompetenzen. => Strategische Outsourcing-Entscheidung, wenn sich für die Unternehmen ein nachhaltiger Wettbewerbsvorteil ergibt.	• Gestaltungsparadoxon: unternehmensinterne Ressourcen können nicht eindeutig identifiziert werden, da Unternehmensgrenzen nicht klar festgelegt werden. Outsourcing kann nur begrenzt und in Abhängigkeit von vorhanden Ressourcen erklärt werden. • „Benevolente Kooperatuere" stellen ihr Wissen dem aufnehmenden Unternehmen zur Verfügung. Die Motivation der vom Outsourcing betroffenen Mitarbeitenden spielt kaum eine Rolle => die Anreizproblematik wird meist nicht diskutiert.

Tab. III-2: Erklärungsbeitrag des ressourcenorientierten Ansatzes zum Outsourcing
(Eigene Darstellung)

Im Ergebnis kann mithilfe des ressourcenorientierten Ansatzes erklärt werden, warum Unternehmen strategisch auslagern. Eine weitergehende Analyse der strategieorientierten Gründe beim auslagernden Unternehmen erfolgt u. a. bei Beer (1998), Bruch (1998), Lamers (1998), Bacher (2000), Köhler-Frost (2000) und Hollekamp (2005). Dagegen wird die Existenz von Outsourcing-Anbietern aufgrund von Ertragsvorteile durch Wissensintegration und Motivation der übernommenen Mitarbeitenden kaum in der Literatur thematisiert (Grüner/Osterloh, J. 1998). Die Analyse dieser motivationsorientierten Gründe ist Gegenstand der folgenden Ausführungen. Damit erfolgt ein Analysewechsel vom auslagernden Unternehmen hin zum aufnehmenden Unternehmen (s. Kapitel III, Abschnitt 4.3).

Im folgenden, zweiten Abschnitt wird die Motivation der betroffenen Mitarbeitenden im Outsourcingprozess dargestellt. Anhand dieser Ausführungen werden dann die für diese Arbeit gewählten motivationspsychologischen Theorien auf ihren Erklärungsgehalt zum Phänomen Outsourcing untersucht.

2. Mitarbeitermotivation im Outsourcingprozess: das Problem

Bei vielen Outsourcingprojekten ist das Wissen der übernommenen Mitarbeitenden entscheidend für deren Erfolg (Bruch 1998: 172 f.; Mellewigt 2003: 85; Dittrich/Braun 2004: 141; Harding/Rouse 2008: 67). Vor allem Dienstleistungsunternehmen wie z. B. FM-Unternehmen sind vom Wissen ihrer Mitarbeitenden abhängig sind (s. Kapitel II, Abschnitt 2). Daher sind, wie im folgenden Abschnitt 2.1 gezeigt wird, eine möglichst reibungslose Übernahme der Mitarbeitenden und ihre Motivation erfolgsentscheidend für das Outsourcing.

Allerdings kann bei der Übernahme der vom Outsourcing betroffenen Mitarbeitenden ein Problem im aufnehmenden Unternehmen entstehen: Warum sollten die vom Outsourcing betroffenen Mitarbeitenden bereit sein, freiwillig ihr individuelles Wissen zu teilen? Die Beschreibung und Begründung dieses Problem ist Gegenstand des Abschnitts 2.2 dieses Kapitels.

2.1 Die Motivation der betroffenen Mitarbeitenden im Outsourcingprozess

Ein Prozess kann an seiner zeitlichen Abfolge von Handlungen dargestellt werden (Gerpott 1993: 242). In dieser Arbeit wird der Outsourcingprozess in Pre-Outsourcing bzw. die Planungsphase, Outsourcing bzw. die Übergangsphase und Post-Outsourcing bzw. die Integrationsphase unterschieden (s. Kapitel I, Abschnitt 1).[14] Die gedankliche Segmentierung des Outsourcingprozesses in seine zeitliche Abfolge vereinfacht diesen stark, vernachlässigt Interdependenzen und ist empirisch kaum verifiziert (McIvor 2005: 64). Allerdings ist eine solche Strukturierung des Outsourcingprozesses geeignet, um die dabei entstehenden komplexen Handlungen und/oder relevante Fragestellungen aufzuzeigen (Greenwood et al. 1994).

Die folgende Abbildung zeigt die relevanten Fragestellungen in Bezug auf die Motivation der betroffenen Mitarbeitenden aus Sicht des auslagernden und des aufnehmenden Unternehmens in einem logischen und systematischen Zusammenhang. Unter den jeweiligen Phasen subsumieren sich die für die Motivation der vom Outsourcing betroffenen Mitarbeitenden zentralen Fragestellungen aus Sicht des auslagernden und aufnehmenden Unternehmens.

[14] Die als Outsourcing bezeichnete Phase ist nicht zu verwechseln mit dem in Kapitel I Abschnitt 1.3 definierten Begriff Outsourcing. Der *Begriff Outsourcing* bezieht sich auf den gesamten Zeitraum der Auslagerung, während mit der *Phase Outsourcing* der Übergang in die Auslagerung gemeint ist.

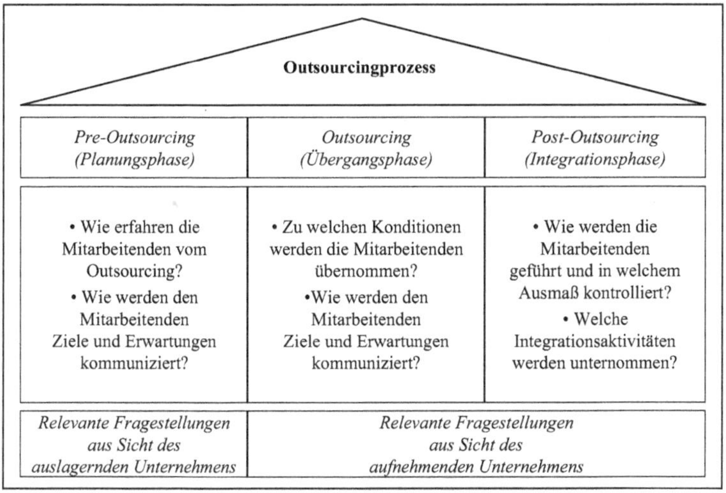

Abb. III-1: Relevante Fragestellungen in Bezug auf die Motivation der betroffenen Mitarbeitenden im Outsourcingprozess aus Sicht des auslagernden und des aufnehmenden Unternehmens (Eigene Darstellung)

Diese Fragestellungen spielen, wie im empirischen Kapitel dieser Arbeit gezeigt werden kann, eine bedeutende Rolle für die Motivation der vom Outsourcing betroffenen Mitarbeitenden bei ihrer Übernahme vom auslagernden zum aufnehmenden Unternehmen (s. Kapitel IV, Abschnitt 5).

2.1.1 Pre-Outsourcing: die Planungsphase

Im Pre-Outsourcing stellen sich in Bezug auf die Motivation der betroffenen Mitarbeitenden *zwei* relevante Fragen aus Sicht des auslagernden Unternehmens.

Erstens *wie erfahren die Mitarbeitenden vom Outsourcing*? Die Unternehmensleitung muss abwägen, zu welchem Zeitpunkt sie die Mitarbeitenden informiert. Zum einen ist anfangs die Unsicherheit seitens der Unternehmensleitung noch zu groß, ob das Outsourcing-Vorhaben realisiert wird. Die Verhandlungen mit den potentiellen Outsourcing-Anbietern werden meist nur von den Unternehmensleitungen der in Verhandlung stehenden Unternehmen und spezialisierten Juristen bestritten. Die Mitarbeitenden sind oft bis kurz vor Abschluss der Vertragsverhandlungen nicht offiziell über das Outsourcing-Vorhaben informiert (Hess 2007: 111-112).

Zum anderen glaubt die Unternehmensleitung oft, auf diese Weise zeit- und kostenintensive Widerstände z. B. durch Mitarbeitervertretungen minimieren zu können. „You'll never convince turkeys that Christmas is a good idea." (Linder/Cole/Jacobson 2002: 25). Sickern aber Gerüchte und Informationen via „Flurfunk" über das Outsourcing-Vorhaben zu den Mitarbeitenden durch, wirken diese nicht selten im Sinne einer „Negativpropaganda" (Schmidt 1996).

Kommt es schließlich zum Vertragsabschluss, ist es wichtig, die Unterstützung der vom Outsourcing betroffenen Mitarbeitenden zu gewinnen (Bruch 1998: 172 f.; Mellewigt 2003: 85; Dittrich/Braun 2004: 141; Harding/Rouse 2008). Zweitens ist daher eine weitere wesentliche Frage für das auslagernde Unternehmen, *wie den vom Outsourcing betroffenen Mitarbeitenden Erwartungen und Ziele kommuniziert werden.*

2.1.2 Outsourcing: die Übergangsphase

Auch in der Übergangsphase stellen sich zwei zentrale Fragen. Erstens ist eine wichtige Frage *zu welchen Konditionen das aufnehmende Unternehmen die vom Outsourcing betroffenen Mitarbeitenden übernimmt.* Zweitens stellt sich auch hier wieder die Frage, *wie das aufnehmende Unternehmen seine Ziele und Erwartungen den vom Outsourcing betroffenen Mitarbeitenden kommuniziert.*

Oft stehen die betroffenen Mitarbeitenden dem Outsourcing sehr widerwillig gegenüber. Ihre zum Teil begründeten Ängste und Unsicherheiten beziehen sich u. a. auf finanzielle Einbußen, Statusverlust sowie auf unterschiedliche Unternehmenskulturen und -philosophien (s. Kapitel I, Abschnitt 4.3).

Besonders die führenden und gut ausgebildeten Mitarbeitenden, die weniger Schwierigkeiten haben sich über den externen Arbeitsmarkt zu bewerben, verlassen das auslagernde Unternehmen. So zeigen empirische Studien, dass vor allem diese Mitarbeitenden die hohe Fluktuationsrate beim Outsourcing begründen (Cunningham/Fröschl 1995; Raeder/Grote 2000). Zudem besteht die Gefahr, dass sie Insiderwissen verwenden, um sich am externen Arbeitsmarkt zu behaupten (Hess 2007: 53).

Die vom aufnehmenden Unternehmen übernommenen Mitarbeitenden empfinden ihre Übernahme nicht selten als eine oktroyierte Maßnahme der im Outsourcing verbundenen Unternehmen (s. Kapitel I, Abschnitt 3). Ihre Reaktionen umfassen passiven Widerstand wie z. B. „Aussitzen" und aktiven Widerstand wie z. B. Proteste oder Boykott des Projektes (Hess 2007).

2.1.3 Post-Outsourcing: die Integrationsphase

In der Phase des Post-Outsourcings stellen sich zwei Fragen. Die erste bezieht sich in Bezug auf die übernommenen Mitarbeitenden *auf das Ausmaß der Steuerung und Kontrolle ihrer Arbeit* im aufnehmenden Unternehmen. Durch die eingeführten Schnittstellen zwischen den auslagernden und aufnehmenden Unternehmen entsteht oft ein Mehraufwand an Arbeit für die vom Outsourcing betroffenen Mitarbeitenden. So müssen sie z. B. für den Kunden exakt ihre Arbeit dokumentieren und länger auf dessen Erlaubnis bei Mehrausgaben warten als das unternehmensintern der Fall wäre, z. B. im Fall außerplanmäßiger Reparaturen (Hendrix/Abendroth/Wachtler 2003: 26 ff.).

Zweitens stellt sich in Bezug auf die vom Outsourcing betroffenen Mitarbeitenden die Frage, *welche Integrationsaktivitäten* seitens des aufnehmenden Unternehmens unternommen werden sollten, um eine reibungslose Leistungserstellung garantieren zu können. Diese spielen eine wichtige Rolle, da ein Problem bei der Motivation der übernommenen Mitarbeitenden entstehen kann.

2.2 Das Motivationsproblem im Outsourcing: Schwierigkeiten bei der Wissensübergabe

Im Outsourcingprozess kann, zumindest in der Übergangsphase, ein Problem bei der Motivation der übernommenen Mitarbeitenden entstehen (Grüner/Osterloh, J. 2000). Oft stellen viele der übernommenen Mitarbeitenden Veränderungen nach ihrer Übernahme in das aufnehmende Unternehmen nicht sofort fest, da sie weiterhin für das gleiche Gehalt, in der gleichen Position, im gleichen Team und in den gleichen Räumen arbeiten. Dennoch verändern sich die formellen und informellen Bindungen zwischen den übernommenen Mitarbeitenden und ihren im auslagernden Unternehmen verbliebenen ehemaligen Kollegen, die über Jahre auch über die Grenzen einzelner Abteilungen hinweg gewachsen sind.

Es besteht die Gefahr einer Identifikationslücke und des Abbruchs von emotionalen Bindungen bei den vom Outsourcing betroffenen Mitarbeitenden mit „ihrem“ bisherigen Arbeitgeber (Hess 2007: 52-55).

Obwohl die übernommenen Mitarbeitenden sich ihres Arbeitsplatzes für einen gewissen Zeitraum sicher sein können und ihre Gehälter rechtlich geschützt sind, kann ihre Motivation gemindert werden (Büssing 1999; Raeder/Grote 2000). So sind die vom Outsourcing betroffenen Mitarbeitenden oft verunsichert, haben Angst, fühlen sich „abgeschoben“ und „versklavt“. Die soziale Eingebundenheit fehlt.

Die übernommenen Mitarbeitenden sind aufgrund ihres Identifikations- und Bindungsdefizites nicht ausreichend motiviert, ihr Wissen dem aufnehmenden Unternehmen zur Verfügung zu stellen (Grüner/Osterloh, J. 2000; Hess 2007). Eine sinkende Motivation und Arbeitsqualität der Mitarbeitenden, Unzufriedenheit und innere Kündigung, eine erhöhte Fluktuations- und Abwesenheitsrate können empirisch nachweisbar Folgen und Auswirkungen einer Mitarbeiterübernahme im Outsourcing sein (Raeder/Grote 2000; Hess 2007: 52).

In der gleichen Geschwindigkeit, in der dieses Identifikations- und Bindungsdefizit entsteht, können im aufnehmenden Unternehmen keine neuen Identifikationen und emotionalen Bindungen aufgebaut werden. Die übernommenen Mitarbeitenden können sich meistens nicht mit den Zielen des aufnehmenden Unternehmens identifizieren. Innerhalb des aufnehmenden Unternehmens kennen sie weder die für ihre Arbeitsabläufe bedeutenden Strukturen und Prozesse noch wissen die übernommenen Mitarbeitenden sofort, ob diese überhaupt existieren. Im Ergebnis sind die vom Outsourcing betroffenen Mitarbeitenden nicht ausreichend motiviert, ihr individuelles Wissen dem aufnehmenden Unternehmen zur Verfügung zu stellen.

Für das aufnehmende Unternehmen ist es aber existenziell, das Wissen der transferierten Mitarbeitenden so schnell wie möglich zu integrieren, um ohne Leistungseinbrüche für das auslagernde Unternehmen wirtschaften zu können. Sollte dies nicht gelingen, kann die Wettbewerbsfähigkeit des aufnehmenden Unternehmens beeinträchtigt werden und im Extremfall dessen Existenz gefährdet sein (Meckl 1999). So bestätigt die einzige empirische Studie zum Outsourcing mit Mitarbeiterübernahme diese als *das* wichtigste Risiko im Outsourcingprozess (Schott 2000: 156).

Die folgenden Ausführungen zeigen, warum das Wissen der übernommenen Mitarbeitenden für das aufnehmende Unternehmen wettbewerbsrelevant ist. Dafür wird zunächst der Begriff „Wissen" erläutert. Die verschiedenen Wissensformen weisen unterschiedliche Eigenschaften auf, die auch Konsequenzen auf ihre Übertragung haben. Die Übertragung z. B. des impliziten Wissens der vom Outsourcing betroffenen Mitarbeitenden in den unternehmensspezifischen Wissenspool des aufnehmenden Unternehmens kann weder beobachtet noch kontrolliert werden.

2.2.1 Der Wissensbegriff und seine Formen

Bürgel und Zeller (1998: 53) verstehen Wissen als „begründete und begründbare Erkenntnis, die aus Informationen gewonnen wird." Informationen sind die notwendige Voraussetzung zur Generierung von Wissen (Frost 2005: 154). Zeichen als die kleinsten Datenelemente bilden die Basis für Informationen (Probst/Raub/Romhardt 2006: 36).

Unkodierte Zeichen können strukturiert und in Daten übertragen werden. Daten bilden wiederum die Grundlage für Informationen, allerdings fehlen noch Hinweise für ihre Verwendung. Informationen sind Daten mit Bedeutung (Kogut/Zander 1996; Kesseler 2004: 75).

Auf der Grundlage von durch Erfahrungen („Know-how") angeeignetem Vorwissen werden die auf Daten aufbauenden Informationen („Know-what") kontextabhängig wahrgenommen, akzeptiert und bewertet (Kogut/Zander 1996). Daher repräsentiert Wissen („Know-why") immer die subjektiven Erwartungen seines Trägers über Ursache und Wirkungszusammenhänge (Frost 1998).

Wissen lässt sich auf verschiedene Weise klassifizieren. Wissen kann nicht nur verbal kommuniziert, sondern auch ohne ausdrückliche Formulierung weitergegeben werden (Polanyi 1985). Dies führt zur *ersten*, von Polanyi (1985) maßgeblich geprägten Unterscheidung zwischen explizitem und implizitem Wissen. *Zweitens* kann zwischen individuellem und kollektivem Wissen unterschieden werden (Nonaka/Takeuchi 1995). In Verbindung mit der ersten Unterscheidung führt dies zu individuellem explizitem und implizitem Wissen sowie zu kollektivem explizitem und implizitem Wissen (Blackler 1995).

Nonaka und Takeuchi (1995) beschreiben *explizites Wissen* als kodifizierbares, in systematisch strukturierte Sprache übertragbares und damit entschlüsselbares Wissen, z. B. in Form eines Buches. Das *individuelle explizite Wissen*, das „embrained knowledge", ist von den konzeptionellen Fähigkeiten eines Individuums abhängig. Es kann von den Individuen bewusst abgerufen, formuliert und übertragen werden. Beispiele sind persönliche Arbeitsergebnisse wie das Präsentieren eines Produktes oder das Erstellen eines Geschäftsbriefes.

Dagegen ist *implizites Wissen* „personal, context-specific and therefore hard to formalize and communicate." (Nonaka/Takeuchi 1995: 58). Das „embodied knowledge", das *individuelle implizite Wissen,* ist von dem verinnerlichten Können und den kognitiven Fähigkeiten eines Individuums abhängig. Es kann von den Individuen nur durch intensive Interaktionsprozesse übertragen werden. Ein Beispiel ist das Erfinden eines neuen Rezepts.

Implizites Wissen ist besonders für kreative Lösungen und Innovationen von Bedeutung. Mit implizitem Wissen kann ein Problem erkannt und interpretiert werden. Zudem können noch nicht bestimmte Implikationen richtig antizipiert werden (Polanyi 1985: 30). Es ist weitaus kostspieliger und langsamer übertragbar als explizites Wissen. Es besteht aber auch die Gefahr, dass implizites Wissen unwiederbringlich verloren gehen kann, z. B. mit dem Ausscheiden einer Wissensträgerin aus einem Unternehmen (Osterloh/Frost 2002: 62).

Das „encoded knowledge", das *kollektive explizite Wissen*, ist das vom Kollektiv bewusst abgerufene, formulierte und übertragene Wissen. Dieses Wissen besteht in Form von Regeln und Verfahrensrichtlinien innerhalb einer Organisation. Beispiele sind das Organigramm, die Unternehmensvision und das Leitbild.

Das *kollektive implizite Wissen* ist das „embedded knowledge". Dieses Wissen kann vom Kollektiv kaum oder nicht bewusst abgerufen, formuliert und übertragen werden. Es besteht in Form von Erfahrungen, Orientierungen, Routinen und Regeln innerhalb einer Organisation. Ein Beispiel ist die Unternehmenskultur.

Die folgende Tabelle fasst die verschiedenen Wissensformen in einem Überblick zusammen.

	Individuell explizites Wissen	*Individuell implizites Wissen*	*Kollektiv explizites Wissen*	*Kollektiv implizites Wissen*
Definition	kodifizierbares Wissen, das von den konzeptionellen Fähigkeiten eines Individuums abhängig ist	kontext-spezifisches Wissen, das von den kognitiven Fähigkeiten eines Individuums abhängig ist	vom Kollektiv bewusst formuliertes, abrufbares und übertragbares Wissen	vom Kollektiv kaum oder nur schwer bewusst formuliertes, abrufbares und übertragbares Wissen
Beispiel	Verfassen eines Buches	Erfinden eines neuen Produktes	Organigramm	Unternehmenskultur
Vorteile	leicht in Sprache übertragbar	schwer zu kopieren; wichtig für Innovationen	leicht in Sprache übertragbar	schwer zu kopieren; wichtig für Wettbewerbsvorteile
Nachteile	leicht zu kopieren	schwer in Sprache übertragbar; an Wissensträger gebunden	leicht zu kopieren	schwer in Sprache übertragbar

Tab. III-3: Wissensformen
(Eigene Darstellung)

2.2.2 Das Wissen der vom Outsourcing betroffenen Mitarbeitenden

Das aufnehmende Unternehmen erwirbt „beim Outsourcing mit Mitarbeiterübergang [...] organisationale Wissensspeicher oft um den Preis schwer zu bewältigender Führungskomplexität." (Osterloh/Frost 2002: 59). Zudem muss das aufnehmende Unternehmen selbst das mit standardisierten Einfachtätigkeiten verbundene Wissen weiterentwickeln, um dieses zu verbessern („up to date") und der individuellen Beziehung im Outsourcing kontinuierlich anpassen zu können (Batt 2004).

Nach Polanyi (1985: 14 ff.) verfügen Individuen über mehr implizites als explizites Wissen, da Individuen „mehr wissen, als sie zu sagen wissen." Implizites Wissen („tacit knowledge") stellt auch im Unternehmen den weitaus größeren Wissensanteil dar (Osterloh/Frost 2002). Die Mitarbeiterübernahme stellt eine der größten organisatorischen Herausforderungen im Outsourcingprozess dar (Donnersmarck/Schulz 1999; Hodel/Berger/Risi 2004: 113; Bräutigam 2004: 68 ff.). Die organisatorische Herausforderung im aufnehmenden Unternehmen besteht darin, *das explizite und implizite Wissen eines übernommenen Mitarbeitenden in einen für das Kollektiv zugänglichen unternehmensspezifischen Wissenspool zu integrieren.*

Durch die Zusammenführung des gesamten impliziten und expliziten, individuellen und kollektiven Wissens in einer Organisation entsteht unternehmensspezifisches Wissen (Picot/Reichwald/Wigand 2003: 121), das auch nach dem Ausscheiden von einzelnen Wissensträgerinnen aus dem Unternehmen bestehen bleibt (Osterloh/Frost 2002: 61). Als eine intangible Ressource stellt es eine wettbewerbsrelevante Größe des Unternehmens dar (Bullinger et al. 2001: 8; s. Abschnitt 1 dieses Kapitels).

2.2.3 Schwierigkeiten bei der Übertragung von Wissen

Bei der Übertragung des individuellen Wissens in einen für das Kollektiv zugänglichen Wissenspool sind vor allem die folgenden *vier* Probleme von besonderer Relevanz (Frey/Osterloh 2002: 62):[15]

Erstens kann bei *Wissensarbeit* anders als bei traditioneller Arbeit weder *das Verhalten der Wissensarbeitenden beobachtet und/oder überprüft noch die Aufgabe noch das Ergebnis der Aufgabe auf Vollständigkeit und Richtigkeit überprüft* werden. Zum einen ist das Verhalten der Mitarbeitenden zwar beobachtbar, aber nur schwer überprüfbar. So kann man z. B. – vorausgesetzt das Fachwissen fehlt – bei einer Autoreparatur zusehen, aber nicht überprüfen, ob diese zuverlässig ausgeführt wurde. Zum anderen ist das Verhalten der einzelnen Mitarbeitenden nicht beobachtbar und kann ihr somit nicht zugeordnet werden. Dies ist z. B. bei der Lösung wissensintensiver Aufgaben im Team der Fall (Shapira 1976; Frost 2005: 260).

Ist eine Aufgabe oder das Ziel einer Aufgabe nicht ausreichend strukturiert, entsteht, zweitens, das Problem des *„fuzzy Tasking"* (Osterloh 1999: 193 f.). Die vom Unternehmen Beschäftigten müssen selbst die Ziele der ihnen übertragenen Aufgaben vervollständigen.

Üblicherweise zeichnen sich Aufgaben durch eine Vielzahl von Bestandteilen und Zielen aus, die unterschiedlich leicht und eindeutig messbar sind. In der Regel sind nur die Aufgabenbestandteile und –ziele über Performancebeurteilungssysteme erfassbar, die leicht und eindeutig messbar sind. Da solche Beurteilungssysteme nur diese Aspekte einer Aufgabe berücksichtigen, konzentrieren sich Mitarbeitende auf leicht und eindeutig messbare Aufgabenbestandteile und –ziele, z. B. möglichst vielen Kunden ein Produkt zu verkaufen, und vernachlässigen schwer und uneindeutig messbare Aufgabenbestandteile und –ziele, z. B. die ehrliche Beratung eines Autokäufers. Drittens wird dies als das Problem des *„multiple Tasking"* bezeichnet (Frey/Osterloh 2002: 37).

Im Unternehmen entstandene Wissensarbeit beruht u. a. auf der Teamarbeit. Ein Team besteht aus mindestens zwei Mitgliedern. In einem Team aus zwei Mitgliedern können beide Mitarbeitende den Beitrag des jeweiligen anderen nachvollziehen. Sie müssen sich beide anstrengen, um den Nutzen ihrer Teamarbeit zu realisieren. In einem Team mit einer großen Anzahl an Mitgliedern müssen sich die Mitarbeitenden zwar weiterhin anstrengen, ihr individueller Anteil am durch die Teamarbeit entstandenen Nutzen nimmt aber ab. Der Anreiz zur Drückebergerei in einem Team mit großer Anzahl an Mitgliedern größer, da ihr Verhalten nur noch schwer nachvollzogen werden kann und die Leistungen nicht mehr individuell zurechenbar sind. Die Gefahr der Entdeckung sinkt dementsprechend. Dies ist, viertens, das *1/N-Problem* (Olson 1965).

---

[15] Zur näheren Erläuterung der Wissensübertragung s. Osterloh/Frost (2002).

Im Folgenden wird nun die Theorie der psychologischen Verträge auf ihren Erklärungsgehalt für die Motivation der vom Outsourcing betroffenen Mitarbeitenden untersucht. Diese Theorie bietet Raum für Erklärungen, warum die vom Outsourcing betroffenen Mitarbeitenden trotz der geschilderten Probleme bereit sein sollten, ihr Wissen dem aufnehmenden Unternehmen zur Verfügung zu stellen.

3. Theorie der psychologischen Verträge

Die Theorie der psychologischen Verträge ist ein sozialpsychologischer Ansatz. Das originäre Anliegen des psychologischen Vertrages ist es, bewährte Konzepte der Arbeits- und Organisationspsychologie, wie z. B. Arbeitszufriedenheit, in einem theoretischen Zugang zu interpretieren (Schein 1980).

Die Theorie des psychologischen Vertrages eignet sich zur Erklärung, warum mit der Veränderung des (Arbeits-)Vertrages von Mitarbeitenden z. B. bei ihrer Übernahme im Outsourcing ihre Motivation sich ändert (Rousseau 1995; Frey/Osterloh 2002: 34-35). Diese Ausführungen sind im Abschnitt 3.3 enthalten.

Der folgende erste Abschnitt 3.1 dient dazu, den psychologischen Vertrag zu kennzeichnen. Dieser Vertrag unterscheidet sich von einem juristischen (Arbeits-)Vertrag.

Im Abschnitt 3.2 wird die Veränderung und Verletzung psychologischer Verträge thematisiert. Unter bestimmten Bedingungen können psychologische Verträge verändert oder sogar gebrochen werden.

3.1 Psychologischer Vertrag

Juristische Verträge wie z. B. Arbeitsverträge sollen mit der expliziten und formalen Regelung von Handlungsspielräumen Unsicherheiten reduzieren. Juristische Verträge sind aber (fast) immer unvollständig. Bei Vertragsabschluss bleiben Handlungsspielräume offen. Diese Handlungsspielräume können meist nur implizit und informell geregelt werden.

Nach der Theorie der psychologischen Verträge schließt das Unternehmen als Arbeitgeberin neben einem juristischen, explizit geregelten Arbeitsvertrag mit den Mitarbeitenden bzw. Arbeitnehmern auch einen impliziten, psychologischen Vertrag ab (Rousseau/Parks 1992; Osterloh/Frey/Frost 1999: 1245-1249; Osterloh/Weibel 2007). Der psychologische Vertrag regelt die unterschiedlichen Ansprüche und Erwartungen in den Vorstellungen der Vertragspartnerinnen (Raeder/Grote 2000), die über den Arbeitsvertrag hinausgehen (Rousseau 1995). „The notion of psychological contract implies that there is an unwritten set of expectations operating at all times between every member of an organization and the various managers and others in that organization." (Schein 1980: 22). Der psychologische Vertrag ist somit als „psychologisches Pendant" zur formalen Arbeitgeber-Arbeitnehmerin-Beziehung zu verstehen.

Nach der Theorie der psychologischen Verträge sind psychologische und juristische Verträge durch verschiedene Dimensionen charakterisiert (Parks/Kidder/Gallagher 1998: 750; Becker 2002: 467):

1. Inhalt (Fokus),
2. Grad der Vereinbarung von Inhalten (Spezifität),
3. Dauer der Beschäftigung (zeitlicher Rahmen),
4. Grad der Veränderbarkeit der Beschäftigung über die Zeit (Stabilität),
5. Beschränkung auf die Arbeitszeit oder Einbezug der Freizeit (Einflussbereich),
6. Vertragspartnerinnen (Einflussgruppen).

Im Folgenden werden die Dimensionen des psychologischen Vertrages im Vergleich zu einem juristischen Vertrag beschrieben.

Der *Fokus* des juristischen Vertrags richtet sich nur auf ökonomische Aspekte. Der juristische Vertrag ist rein transaktional. Der transaktionale Vertrag beruht auf dem wechselseitigen Austausch von den zu erbringenden Arbeitsanstrengungen der Mitarbeitenden im Tausch für die monetäre Gegenleistung des Unternehmens. Der transaktionale Vertrag kann kurzfristig angelegt sein (Rousseau 1995: 92). Anders als der juristische Vertrag regelt der psychologische Vertrag neben ökonomischen Aspekten auch implizite und informelle Handlungsspielräume. Dieser Vertrag besteht sowohl aus einem relationalen als auch aus einem transaktionalen Vertragsteil (Rosseau 1995: 92). Anders als der transaktionale Vertrag zeichnet sich der relationale Vertrag durch die Betonung sozio-emotionaler Inhalte aus. Im relationalen Vertrag würdigen die Vertragsparteien gegenseitig ihre Beweggründe und tauschen nicht-monetäre Leistungen wie Sicherheit, Stabilität und Vorhersehbarkeit der Beziehung aus (Hiltrop 1995; Frey/Osterloh 2002: 34). Diese Vertragsform ist meist langfristig angelegt.

Der Arbeitsvertrag und der psychologische Vertrag unterscheiden sich hinsichtlich ihrer *Spezifität*. Der juristische Vertrag ist exakt und bestimmt. Dagegen ist der psychologische Vertrag nicht auf einen klar umschriebenen Inhalt gerichtet. Die Ansprüche und Erwartungen der Vertragspartnerinnen müssen nicht unbedingt deckungsgleich sein. Während das Unternehmen im Rahmen eines psychologischen Vertrages z. B. qualitativ hochwertige Arbeit, Ehrlichkeit und Loyalität von den Mitarbeitenden erwartet, versprechen sich diese vom Unternehmen z. B. Arbeitsplatzsicherheit, ein angenehmes Arbeitsumfeld und Fairness (Herriot/Manning/Kidd 1997).

Der *zeitliche Rahmen* eines psychologischen Vertrages unterscheidet sich von dem eines juristischen Vertrags. Ein juristischer Vertrag ist immer zeitlich determiniert. Im Gegensatz dazu ist der psychologische Vertrag zeitlich unbegrenzt (Rousseau 1995: 92). Auch die Kündigungsfristen sind unterschiedlich. Ein juristischer Vertrag kann z. B. nur unter Einhaltung einer Kündigungsfrist, ein psychologischer Vertrag dagegen sofort gekündigt werden.

Die Verträge sind in ihrer *Stabilität* unterschiedlich. Ein juristischer Vertrag ist statisch. Der psychologische Vertrag ist nicht stabil, sondern „unterliegt im Zuge der organisatorischen Sozialisationsbemühungen und der individuellen Persönlichkeitsentwicklungen vielseitigen Veränderungen." (Staehle 1994: 545).

Man kann den juristischen Vertrag und den psychologischen Vertrag in Bezug auf ihren *Einflussbereich* unterscheiden. Der psychologische Vertrag ist subjektiv. „How managers and workers each view their contract with the other has a powerful impact on their behavior." (Rosseau 1995: 7). Einem juristischen Vertrag liegt dagegen ein objektiv nachvollziehbarer Sachverhalt zugrunde.

Zudem können unterschiedliche *Einflussgruppen* einen juristischen Vertrag bzw. psychologischen Vertrag abschließen. Die Vertragspartnerinnen eines juristischen Vertrages sind eindeutig genannt. Dagegen schließen unterschiedlichste Gruppen psychologische Verträge ab.

Zusammenfassend vermittelt die folgende Tabelle eine Gegenüberstellung des psychologischen und des juristischen Vertrages.

Psychologischer Vertrag	**Abgrenzungs-merkmal**	**Juristischer Vertrag**
transaktional und relational, implizit	*Fokus*	transaktional, explizit
offen, unbestimmt	*Spezifität*	genau, bestimmt
unbegrenzt	*zeitlicher Rahmen*	terminiert
dynamisch	*Stabilität*	stabil
objektiv, stark begrenzt	*Einflussbereich*	subjektiv, unbegrenzt
unterschiedliche Stakeholder	*Einflussgruppen*	bestimmte Vertragspartnerinnen

Tab. III-4: Psychologischer und juristischer Vertrag im Vergleich
(In Anlehnung an Rousseau 1995: 92)

Der psychologische Vertrag kann verändert oder sogar gebrochen werden. Im folgenden Abschnitt werden dazu die Bedingungen beschrieben.

3.2 Veränderung und Verletzung psychologischer Verträge

Nach der Theorie der psychologischen Verträge bewerten die Mitarbeitenden ihre Beziehung zum Unternehmen u. a. aufgrund von Identifikationsmöglichkeiten, Autonomie und Vielfalt in der Arbeit, Respekt und freundschaftlichem Umgang sowie ihrer langfristigen Entwicklungs- und Weiterbildungsmöglichkeiten (Benz 2002: 10; Osterloh/Weibel 2007: 87). Dafür sind sie bereit, dem Unternehmen ihr Wissen zur Verfügung zu stellen. Das Unternehmen erwartet von den Mitarbeitenden u. a. ein hohes Arbeitsniveau, Professionalität und Verantwortungsübernahme für den Unternehmenserfolg. Im Gegenzug bietet es den Mitarbeitenden z. B. interessante Arbeit (Osterloh/Weibel 2007).

Die daraus entstehende wahrgenommene Reziprozität der Verpflichtungen zwischen dem Unternehmen und den Mitarbeitenden motiviert beide Vertragsparteien, ihre eingegangenen Leistungsversprechen einzulösen. Die Mitarbeitenden sind bereit, freiwillig mehr Arbeitsanstrengungen zu leisten, da sie davon ausgehen, dass sich das Unternehmen irgendwann bei ihnen revanchiert. Die dominierende Auffassung, die die Vertragsparteien in dieser Beziehung aufbauen, macht die Essenz des psychologischen Vertrages aus (Gouillart/Kelly 1995: 356).

3.2.1 Veränderung psychologischer Verträge

Psychologische Verträge unterliegen Veränderungen. Eine Veränderung des psychologischen Vertrages ist u. a. möglich (Osterloh/Weibel 2007: 88)

- durch *zu weit reichende Erwartungen und Ansprüche*: So schließt z. B. eine berufsunerfahrene Mitarbeitende meist einen zu weit reichenden psychologischen Vertrag mit einem Unternehmen ab, während dies bei einem berufserfahrenen Mitarbeitenden nicht mehr der Fall ist.
- durch *unterlassene Honorierung der freiwilligen „Extra-Meile" für das Unternehmen*: Mitarbeitende erwarten bei einer schwierigen wirtschaftlichen Lage des Unternehmens nicht unbedingt Boni und verzichten manchmal sogar zeitweise auf die Auszahlung ihrer Gehälter. Aber bei einer Verbesserung der wirtschaftlichen Lage erwarten sie, dass das Unternehmen sich bei ihnen revanchiert.
- über die *Struktur und Entscheidungsverfahren im Unternehmen*: In großen, dezentral organisierten Unternehmen werden oft die transaktionalen Elemente des psychologischen Vertrages betont. Die Mitarbeitenden fühlen sich nur kontrolliert. In kleinen Unternehmen herrschen eher die relationalen Elemente des psychologischen Vertrages vor.
- mit *Änderungsinitiativen*: Realisiert das Unternehmen Initiativen, die die Mitarbeitenden als ein Versprechen wahrnehmen, wie z. B. mehr Aufgabenbereiche, sind sie dafür bereit mehr freiwilliges Engagement zu zeigen.

Psychologische Verträge können aber nicht nur verändert, sondern auch gebrochen bzw. verletzt werden.

3.2.2 Verletzung psychologischer Verträge

Eine Verletzung des Vertrages liegt immer dann vor, wenn die Chance einer implizit langfristigen und höherwertigen Beziehung zugunsten einer kurzfristigen Beziehung nicht genutzt wird. Der relationale Vertrag wird in einen transaktionalen Vertrag umgewandelt (Osterloh/Weibel 2007: 88 f.).

Wann genau eine Verletzung des psychologischen Vertrages vorliegt, ist kaum empirisch gesichert. „Die empirische Forschung im Bereich psychologischer Verträge steckt noch in den Kinderschuhen." (Osterloh/Weibel 2007: 88). Unter Einbezug von Erkenntnissen aus der Vertrauensforschung lassen sich *zwei* Ergebnisse ableiten (Osterloh/Weibel 2007: 90):

Erstens findet eine Verletzung des psychologischen Vertrages dann statt, wenn die *Freiwilligkeit* der Mitarbeitenden eingeschränkt wird. Relationale Verträge setzen Freiwilligkeit voraus. Die Art und Weise der ausgeübten Unternehmenskontrolle hat Einfluss auf die Dynamik psychologischer Verträge. Wenn die Mitarbeitenden in externen Anreizen, wie z. B. Befehle es sind, nicht den informierenden, sondern nur den kontrollierenden Aspekt betont sehen, stellen sie die Benevolenz und Integrität des Unternehmens in Frage. Sie reduzieren ihre freiwillige Arbeit und fühlen sich nicht dazu veranlasst, jenseits einer Tauschbeziehung „die Extra-Meile" für ein Unternehmen zu gehen (Frey/Osterloh 2002: 34).

Zweitens findet eine Verletzung des psychologischen Vertrages dann statt, wenn im Zuge einer Änderungsinitiative das *Versprechen*, den Mitarbeitenden mehr Aufgaben und größere Entscheidungsfreiräume zu geben, nicht umgesetzt wird. Erfüllt das Unternehmen aus Sicht der Mitarbeitenden seine Versprechen nicht, werden die relationalen Komponenten des psychologischen Vertrages in transaktionale Komponenten umgewandelt. Das Unternehmen wird als „Geldesel" oder sogar als Feind angesehen. Die Mitarbeitenden reduzieren ihr freiwilliges Engagement und leisten nur noch „Dienst nach Vorschrift" (Osterloh/Weibel 2007: 90). So konnten Kickul und Lester (2001) in einer Studie zeigen, dass die Unternehmen, die ihre Versprechungen in Bezug auf mehr Eigenverantwortlichkeit nicht einhielten, von ihren Mitarbeitenden besonders stark sanktioniert wurden. Das Unternehmen muss seine Versprechen einhalten, fair gegenüber seinen Mitarbeitenden sein und sie angemessen unterstützen.

Die Verletzung des psychologischen Vertrages lässt sich an der Höhe der „hidden costs" ausmachen (Frey/Osterloh 2006). Zu den entstandenen monetären Kosten externer Anreize müssen die verborgenen Kosten addiert werden (Weibel/Rost/Osterloh 2007). So bestrafte ein israelischer Kindergarten Eltern, die ihre Kinder zu spät abholten, mit einer Geldbuße. Doch statt pünktlich zu sein, verspäteten sich die Eltern weiterhin, da sie nun ihrer Auffassung nach für ihre Unpünktlichkeit bezahlten. Selbst die nachfolgende Abschaffung der Busse verbesserte die Pünktlichkeit nicht wieder. Die Norm eines rücksichtsvollen Verhaltens wurde durch die Geldbuße unterhöhlt, da nicht der informierende, sondern der kontrollierende Aspekt betont wurde (Gneezy/Rustichini 2000a; Fehr/Rockenbach 2003).

Robinson, Kraatz und Rousseau (1994) nehmen an, dass eine Verletzung des relationalen Vertrages, insbesondere wenn dieser schon länger besteht, schwerwiegender ist als die Verletzung eines transaktionalen Vertrages. Diese Veränderungen können langwierig und sogar irreversibel sein (Gneezy/Rustichini 2000b).

Die Reaktionen der Mitarbeitenden auf die Verletzung des psychologischen Vertrages reichen von passiv bis aktiv. Das Ausmaß ihrer Reaktionen hängt von dem Grad der Verletzung ihrer Fairnessvorstellungen ab. Unterstellen sie der Unternehmensleitung beim Bruch des psychologischen Vertrags Absicht und ist die Diskrepanz zwischen erwartetem und tatsächlichem Verhalten groß, fallen die Reaktionen gravierend aus (McFarlane Shore/Tetrick 1994). Die Reaktionen der Mitarbeitenden können von ärgerlichen über illegale bis hin zu moralisch verwerflichen Handlungen wie z. B. Sabotage reichen. Die Mitarbeitenden können aber auch passiv reagieren, indem sie innerlich kündigen und verstummen, da ihr Vertrauen in das Unternehmen gestört ist (Robinson/Morrison 1995; Comelli/von Rosenstiel 2003: 128). Mit zunehmender Größe einer Organisation nimmt die Wahrscheinlichkeit einer inneren Kündigung zu. Der Anteil von Mitarbeitenden, die innerlich gekündigt haben, wird von Fachleuten auf bis zu 50 % geschätzt (Comelli/von Rosenstiel 2003: 128; Hoyer 2007).

Die folgende Tabelle fasst zusammen, wodurch entweder der relationale oder der transaktionale Vertragsteil des psychologischen Vertrages betont werden kann.

Psychologischer Vertrag	
Relationaler Vertragsteil (Würdigung der gegenseitigen Beweggründe; Austausch nicht-monetärer Leistungen)	*Transaktionaler Vertragsteil* (Arbeitsanstrengungen gegen monetäre Gegenleistung)
Betonung und Förderung dieser Vertragsform u. a. • bei der Unterstützung von Freiwilligkeit der Mitarbeitenden, wenn z. B. externe Anreize wie Boni ihren informierenden Aspekt betonen. • durch das Einhalten von Versprechungen, wenn z. B. Mitarbeitenden im Zuge einer Änderungsinitiative mehr Aufgaben zugesprochen wurden. • mithilfe einer relationalen Vertragskultur, wenn z. B. die Struktur und Entscheidungsverfahren im Unternehmen ihren informierenden Aspekt betonen. • durch faire Handlungen, wenn z. B. das Unternehmen bei einer wirtschaftlich guten Lage Mitarbeitende an dem Erfolg beteiligt, indem es ihnen Boni zahlt.	Betonung und Förderung dieser Vertragsform u. a. • durch zu weitreichende Ansprüche und Erwartungen von z. B. unerfahrenen Mitarbeitenden. • durch unterlassene Honorierung der freiwilligen „Extra-Meile“ für das Unternehmen, wenn z. B. Mitarbeitende auf ihre Boni bei einer wirtschaftlich schlechten Lage des Unternehmens verzichten. Revanchiert das Unternehmen sich bei ihnen in wirtschaftlich besseren Zeiten nicht, wird dies als eine unfaire Handlung angesehen. • über die Struktur und Entscheidungsverfahren im Unternehmen. Z. B. herrscht in großen dezentralen Unternehmen oft eine transaktionale Vertragskultur, da die Mitarbeitenden sich nur kontrolliert fühlen. • mit Änderungsinitiativen z. B. beim Nicht-Einhalten von Versprechungen.

Tab. III-5: Relationale und transaktionale Vertragsteile des psychologischen Vertrages
(Eigene Darstellung)

In dem folgenden Abschnitt ist der mögliche Erklärungsbeitrag der Theorie der psychologischen Verträge zum Outsourcing Gegenstand der Diskussion.

3.3 Möglicher Erklärungsbeitrag der Theorie der psychologischen Verträge zur Mitarbeitermotivation im Outsourcing

Wie schon im Abschnitt 3.1 dieses Kapitels ausgeführt, ist der psychologische Vertrag nicht stabil. Im Outsourcing können sich die psychologischen Verträge der betroffenen Mitarbeitenden verändern. Das Motivationsproblem aufgrund der fehlenden emotionalen Bindung und Identifikation mit dem aufnehmenden Unternehmen kann überwunden werden (s. Abschnitt 2.2 dieses Kapitels), wenn die vom Outsourcing betroffenen Mitarbeitenden den Inhalt des psychologischen Vertrages annehmen. Um Motivationsschübe im Outsourcing erklären zu können, muss dazu der relationale Vertragsteil des psychologischen Vertrages betont und gefördert werden. Dafür ist entscheidend, wie den betroffenen Mitarbeitenden das Outsourcing kommuniziert wird, welche Versprechungen ihnen gemacht werden und welche Personalinstrumente eingesetzt werden (Osterloh/Weibel 2007: 89).

Der psychologische Vertrag muss nicht, wie oft angenommen, zwischen den Unternehmen und den vom Outsourcing betroffenen Mitarbeitenden gekündigt und aufgehoben werden (z. B. Strebel 1996). Im Gegenteil, die übernommenen Mitarbeitenden können sich weiterhin mit ihren ehemaligen Arbeitgebern verbunden fühlen. Allerdings muss der psychologische Vertrag zwischen den Unternehmen und den betroffenen Mitarbeitenden neu formuliert werden, um so ihre gegenseitigen Erwartungen und Ansprüche zu regeln. Der relationale Vertragsteil des psychologischen Vertrages kann betont werden, indem *in persönlichen Gesprächen* die betroffenen Mitarbeitenden vom Outsourcing unterrichtet werden. In diesen Gesprächen können *die vom Outsourcing betroffenen Mitarbeitenden und die Führungskräfte* sowohl des auslagernden als auch des aufnehmenden Unternehmens *ihre Erwartungen und Ansprüche mitteilen* (Raeder/Grote 2000; s. Abschnitt 2.1 dieses Kapitels).

Der relationale Vertragsteil des psychologischen Vertrages kann auch dadurch betont werden, dass das aufnehmende Unternehmen *seine Versprechungen* z. B. mehr Aufgabenbereiche für die übernommenen Mitarbeitenden *einhält* und ihre *freiwillige Arbeit unterstützt, anders als dies zuvor beim auslagernden Unternehmen der Fall war.* Ist die auf die übernommenen Mitarbeitenden *ausgeübte Kontrolle akzeptierte Grundlage zur Bildung von Vertrauen,* kann zudem der relationale Vertragsteil des psychologischen Vertrages betont werden. In der Folge könnten sich die vom Outsourcing betroffenen Mitarbeitenden fairer behandelt und besser organisational unterstützt fühlen als zuvor beim auslagernden Unternehmen (Osterloh/Weibel 2007: 90).

Im Ergebnis könnte die Motivation der vom Outsourcing betroffenen Mitarbeitenden steigen, sich für das aufnehmende Unternehmen zu engagieren, wenn dieses sich ihnen gegenüber ehrlicher, offener und vertrauenswürdiger verhält als zuvor das auslagernde Unternehmen.

Im nächsten Abschnitt wird die Selbstbestimmungstheorie eingeführt. Beide Theorien ergänzen einander (Weibel/Osterloh 2007: 93). Die Selbstbestimmungstheorie geht u. a. auf das Bedürfnis der Individuen nach sozialer Zugehörigkeit ein.

4. Selbstbestimmungstheorie

Anders als die Theorie der psychologischen Verträge ist die Selbstbestimmungstheorie kein sozial-, sondern ein individualpsychologischer Ansatz. Diese Theorie basiert auf dem Konzept „locus of causality“ (Rotter 1966; DeCharms 1968) und auf der „Social Exchange“-Theorie (Fuller et al. 2006: 327).

Der Ansatz bezieht die Wirkung von externen Anreizen auf die Veränderung der intrinsischen Motivation mit ein (Weibel/Rost/Osterloh 2007). Dafür grundlegend ist die Unterscheidung zwischen extrinsischer und intrinsischer Motivation, welche im folgenden Abschnitt 4.1 dargelegt werden.

Annahme der Selbstbestimmungstheorie ist, dass jedes Individuum über *drei* angeborene psychologische Grundbedürfnisse verfügt, welche für ihre intrinsische Motivation von großer Bedeutung sind (Deci 1975; Deci/Ryan 2000a): das Bedürfnis nach Selbstbestimmung, das Bedürfnis nach Kompetenzerleben und das Bedürfnis nach sozialer Zugehörigkeit. Diese Bedürfnisse werden im Abschnitt 4.2 erläutert.

Im Abschnitt 4.3 wird der Erklärungsbeitrag der Selbstbestimmungstheorie zur Motivation der vom Outsourcing betroffenen Mitarbeitenden aufgezeigt und untersucht. Die Selbstbestimmungstheorie kann begründen, warum Outsourcing-Anbieter die übernommenen Mitarbeitenden besser motivieren könnten als zuvor die auslagernden Unternehmen.

4.1 Extrinsische und intrinsische Motivation

Die Qualität und die Quantität der von Mitarbeitenden erbrachten Leistungen sind von deren individuellen Fähigkeiten und Fertigkeiten abhängig (Kleinbeck 1996: 14). Ein Ziel für das aufnehmenden Unternehmens ist, dass die vom Outsourcing betroffenen Mitarbeitenden bereit sind, ihre Fähigkeiten und Fertigkeiten unternehmenskongruent einzusetzen. Damit dies geschieht, gilt es, ihre Motivation zu beachten. Es kann in eine Motivation durch einen äußeren Anreiz bzw. durch Transaktion und in eine innere Motivation durch Transformation unterschieden werden (Burns 1978; Schulz 2000: 39).

4.1.1 Extrinsische Motivation: Motivation durch Transaktion

Motivation durch Transaktion, auch extrinsische Motivation genannt, unterstützt die mittelbare Bedürfnisbefriedigung des Individuums (Schanz 1991: 15), die außerhalb seines durch Transformation zu motivierenden Bereiches liegt (Bullinger et al. 2001: 12). In Bezug auf Arbeit bedeutet dies, dass die unmittelbare Befriedigung der individuellen Bedürfnisse außerhalb der Arbeitstätigkeit erfolgt (DeCharms 1968; Deci 1975; Mergel/Reimann 2000: 16; Frey/Osterloh 2002: 24).

Anreize extrinsischer Motivation gliedern sich in materielle und in immaterielle Bestandteile. Der klassische *materielle Anreiz* ist die monetäre Entlohnung (Bullinger et al. 2001; Stajkovic/Luthans 2001). Als Gestaltungsfelder *immaterieller Anreize* ergeben sich im Unternehmen u. a. Karriere, Arbeitsumfeld und Qualifikation (Stanke/Schneider 1996). Vor allem materielle Anreize sind leicht steuerbar, variabel und variationsreich (Schanz 1991).

Anreize extrinsischer Motivation können immer dann eingesetzt werden, wenn ein eindeutiger Zusammenhang zwischen dem, was das Management will und dem, was die Mitarbeitenden ausüben, besteht (Osterloh/Frey 2006). Externe Anreize führen dann zu einer erhöhten Leistungsbereitschaft der Mitarbeitenden und zu einem positiven Resultat ihres Arbeitseinsatzes. So zeigt eine empirische Studie, dass die Einführung eines Akkordlohnsystems bzw. einer variablen Entlohnung bei einer einfachen Arbeit wie dem Einsetzen von Autofenstern an einem Fließband eine erhöhte Produktivität von ca. 20 bis 36 % zur Folge hat (Lazear 1999).

Allerdings bedingen die Anreize extrinsischer Motivation, dass Mitarbeitende nur Leistungen erbringen, die zu ihrem Pflichtbereich gehören. Zudem werden die Leistungen nur so lange erbracht, wie der mit der extrinsischen Motivation verbundene Anreiz währt. Je mehr das Ergebnis ihrer Arbeit und nicht ihre Arbeit selbst bedeutend ist, wählen die Mitarbeitenden leichtere Aufgaben und konzentrieren sich darauf, leicht messbare Ziele zu erfüllen (Shapira 1976; Kohn 1993, 1994; Deci/Flaste 1995: 47). Sie fangen an, flüchtiger zu arbeiten (Heckhausen 1989: 458). Schlecht messbare Ziele, wie diese sich bei wissensintensiven und kreativen Aufgaben stellen bzw. die Lösung von „multiple Tasking"- und „fuzzy Tasking"-Problemen werden vernachlässigt (Holmström/Milgrom 1991; s. Abschnitt 2.2.3 dieses Kapitels). Extrinsische Motivation fördert eher stereotype Arbeiten (Frey/Osterloh 2002: 37).

4.1.2 Intrinsische Motivation: Motivation durch Transformation

Im Unterschied zur extrinsischen Motivation unterstützt die intrinsische Motivation die unmittelbare Bedürfnisbefriedigung eines Individuums. Die Handlung an sich wird als befriedigend oder herausfordernd empfunden (Deci 1971; Deci/Ryan 1985; Frey 1997; Osterloh/Frey 2000; Mergel/Reimann 2000: 16). Die intrinsische Motivation ist auf die Handlung selbst und nicht auf die durch die Handlung zu erzielende Belohnung oder zu vermeidende Bestrafung gerichtet. Sie wird deshalb auch als Motivation durch Transformation gekennzeichnet.

Intrinsisch motivierte Individuen engagieren sich über ihren Pflichtbereich hinaus. Die intrinsische Motivation fördert kognitive Leistungen, d. h. die effektivere Verarbeitung von Informationen, Kreativität, Innovation und Eigeninitiative (Deci/Koestner/Ryan 1999). Um Mitarbeitende zu motivieren, ihr implizites Wissen freizugeben, um kreative und innovative Wissensbeiträge zu erhalten und um die bei „multiple Tasking" und „fuzzy Tasking" entstehenden Probleme zu verhindern, ist intrinsische Motivation notwendige Voraussetzung (Shapira 1976; Osterloh/Wübker 1999: 85-86; Frey/Osterloh 2002: 37; Frost 2005: 3, 261). Sie ist in zahlreichen Feld- und Laborexperimenten nachgewiesen (z. B. Ledyard 1995; Ostrom 1998; Frey/Jegen 2001).

Allerdings ist die intrinsische Motivation eines jeden Individuums unterschiedlich ausgeprägt. Außerdem kann eine intrinsische hedonistische Motivation auch unmoralische Inhalte oder Ziele haben bzw. ethischen oder sozialen Normen widersprechen.

Auf Grundlage des Flow-Modells von Cszikszentmihalyi (1972) und der Selbstbestimmungstheorie von Deci und Ryan (2000a) differenzieren Frey und Osterloh (2002) *drei* unterschiedliche Ausprägungen intrinsischer Motivation. Während die „Freude durch die Tätigkeit" und das „Erreichen selbstgesetzter Ziele" hedonistisch sind, mündet, das „Einhalten von Normen um ihrer selbst willen" in prosoziales Verhalten.

Intrinsische hedonistische Motivation – Freude durch die Tätigkeit und das Erreichen selbstgesetzter Ziele: Ein „freudiges Fluss-Erlebnis", die *Freude durch die Tätigkeit* selbst, ist die erste Form intrinsischer Motivation (Osterloh/Frost/ Weibel 2002). Csikszentmihalyi (1972) beschreibt in seinem Flow-Modell die Folgen, wenn ein Individuum die Herausforderung einer Handlung als Unterforderung, Überforderung oder als optimal anregend wahrnimmt.

Wenn die wahrgenommene Herausforderung einer Tätigkeit nicht den wahrgenommenen Fertigkeiten und Fähigkeiten eines Individuums entspricht, langweilt es sich entweder und empfindet Ermüdung (Unterforderung) oder es ist beunruhigt und gestresst (Überforderung). Bei einer optimal anregenden Arbeit stellt sich ein freudiges Flusserlebnis bei der Ausführung einer Tätigkeit ein und der subjektiv empfundene Unterschied von Spiel und Arbeit verschwindet (Csikszentmihalyi 1993). Das Individuum ist weder unter- noch überfordert (mehr hierzu s. Nerdinger 1995: 54 und Frey/Osterloh 2002).

Das *Erreichen selbstgesetzter Ziele* ist die zweite Form intrinsischer Motivation. Dafür ist die Internalisierung des Ziels ausschlaggebend (Osterloh/Frost/Weibel 2002). Laut McClelland (1967) stellt diese Form der intrinsischen Motivation eine Handlungsbereitschaft dar, die über die selbstbestimmten Ziele ausgerichtet und genutzt werden kann, z. B. das Erklimmen eines Berggipfels.

Intrinsische hedonistische Motivation ist eigennützig auf den eigenen Spaß oder das eigene Ziel gerichtet. Sie kann auch unmoralische oder unerwünschte Inhalte oder Ziele haben.

Intrinsische prosoziale Motivation – Einhalten von Normen um ihrer selbst willen: Die dritte Ausprägung intrinsischer Motivation ist das Einhalten von Normen um ihrer selbst willen. Intrinsische Motivation kann prosozial auf das Wohlbefinden anderer Menschen gerichtet sein, wenn dieses in die individuelle Präferenzstruktur eingeht (Lindenberg 2001).

Für Unternehmen sind besonders die Handlungen ihrer Beschäftigten wichtig, die aufgrund des Einhaltens von Normen um ihrer selbst willen ausgeführt werden (Frey/Osterloh 2002).

Empirisch und theoretisch können *zwei* intrinsische prosoziale Motivationsformen unterschieden werden (Osterloh/Weibel 2007: 47 ff.): Altruismus oder unkonditional prosoziale Motivation und Reziprozität oder konditional prosoziale Motivation (Meier 2006).

Altruismus beschreibt den Fall, in denen die eigene Hilfsbereitschaft nicht von der Hilfsbereitschaft anderer Individuen abhängt. Die Hilfsbereitschaft ist unkonditional. Z. B. spenden Altruisten der Not des bedürftigen Individuums entsprechend. Wenn sie bemerken, dass aufgrund der Spenden anderer keine Notbedürftigkeit mehr besteht, verwenden sie ihre Spenden für Notbedürftigere. Altruisten setzen soziale Normen, von denen sie überzeugt sind, trotz individueller Kosten durch (Osterloh/Weibel 2007: 44). Empirische Befunde zeigen, dass es Altruisten gibt, auch wenn die Bereitschaft zum Altruismus bei steigenden Kosten abnimmt (Fehr/Fischbacher 2005).

Reziprozität beschreibt den Fall, in denen die eigene Hilfsbereitschaft von der Hilfsbereitschaft anderer Individuen abhängt. Die Hilfsbereitschaft ist konditional. Es kann zwischen individueller und generalisierter Reziprozität unterschieden werden. Von *individueller Reziprozität* spricht man, wenn Individuen sich nur freundlich verhalten, um selbst freundlich behandelt zu werden. Von *generalisierter Reziprozität* spricht man, wenn alle Individuen zum Gemeinwohl beitragen. Der reziprozitäre Spender gibt dem Notbedürftigen nur dann mehr, wenn auch andere Individuen spenden (Osterloh/Weibel 2007: 44).

Individuen fühlen sich den Normen verpflichtet, die sie z. B. als ethisch, dem Teamgeist entsprechend und fair empfinden. Vor allem wenn sich die Mitarbeitenden fair und gerecht von ihrem Unternehmen behandelt fühlen, tragen sie zu einem hohen Anteil freiwillig zu unternehmensspezifischen Ressourcenpools bei, wie empirische Studien zum „Organizational Citizenship Behaviour“ (OCB) beweisen (Frey/Osterloh 2002: 21; Fehr/Rockenbach 2003).

Unter OCB bzw. organisationalem Unternehmensbürgersinn werden u. a. Handlungen von Organisationsmitgliedern wie Bürgertugenden, Fairness und hilfreiches Verhalten subsumiert, welche nicht im Arbeitsvertrag oder in der Stellenbeschreibung formal festgelegt sind oder explizit belohnt werden (Frost 2005: 257; Schreyögg 2008: 233). Die Forschung zu OCB untersucht die Fragestellung, warum sich gewisse Mitarbeitende freiwillig für ein Unternehmen engagieren, während andere dies nicht tun (Weibel 2004: 206). Dabei kann zwischen zwei Formen freiwilliger Arbeitsleistungen unterschieden werden. Arbeitet eine Angestellte länger, als in ihrem Arbeitsvertrag vorgesehen, beschreibt dies ihre freiwillige geleistete Arbeit gegenüber ihrem Unternehmen (OCB-O). Hilft sie einem Kollegen, zeigt sie freiwillige Arbeitsleistungen gegenüber Individuen (OCB-I; Osterloh/Weibel 2007: 133; mehr hierzu s. Weibel 2004: 206 ff.).

4.1.3 Das Zusammenwirken der extrinsischen und intrinsischen Motivation

Es besteht eine dynamische Beziehung zwischen extrinsischer und intrinsischer Motivation. Die extrinsische und intrinsische Motivation weisen unter bestimmten Bedingungen einen positiven oder einen negativen Zusammenhang auf. Voraussetzung dafür ist, dass ein Individuum über ein bedeutsames Maß an intrinsischer Motivation verfügt (Frey/Osterloh 2002).

Der *Verstärkungseffekt* bezeichnet einen positiven Zusammenhang. So kann z. B. faires Verhalten die prosoziale intrinsische Motivation erhöhen. Vom *Verdrängungseffekt* spricht man, wenn die Beziehung zwischen extrinsischer und intrinsischer Motivation negativ wird, indem Anreize extrinsischer Motivation die intrinsische Motivation verdrängen (Deci/Ryan 1995; Frey 1997; Frey/Osterloh 2002: 25, 28; Osterloh/Weibel 2007: 44).[16]

Empirisch wird die Dynamik der Motivation durch zahlreiche Befunde in der Organisationspsychologie und in der Psychologischen Ökonomik gestützt (Titmuss 1970; Cameron/Pierce 1994; Frey/Oberholzer-Gee 1997; Deci/Koestner/Ryan 1999; Gneezy/Rustichini 2000a, b; Meier 2006).

Ein Motivationsmanagement muss sich die Frage stellen, ob und inwiefern intrinsische Motivation erwünscht ist. Dafür müssen die relativ zuverlässigen Wirkungen extrinsischer Motivation sorgfältig mit den Schwierigkeiten und Unwägbarkeiten der intrinsischen Motivation abgewogen werden.

In dem folgenden Abschnitt werden die drei angeborenen Grundbedürfnisse der Selbstbestimmungstheorie dargestellt. Diese Grundbedürfnisse sind Quellen intrinsischer Motivation.

---

[16] Zur ausführlicheren Erläuterung des Verdrängungseffektes s. Osterloh/Weibel (2007: 93 ff.).

4.2 Psychologische Grundbedürfnisse

Die Selbstbestimmungstheorie von Deci und Ryan (2000a, b) gibt Antworten darauf, wie die individuelle Motivation auf die Ziele des Unternehmens gerichtet werden kann. Als Quellen intrinsischer Motivation betonen sie die Bedeutung der *drei* psychologischen Grundbedürfnisse Autonomie, Kompetenzerleben und soziale Zugehörigkeit. Für die intrinsische Motivation der Individuen ist es wichtig, dass die Bedürfnisse nach Autonomie, Kompetenzerfahrung und sozialer Zugehörigkeit in ausreichendem Maße befriedigt werden. Werden diese eingeschränkt oder sogar unterdrückt, kann die intrinsische Motivation verdrängt werden. Dabei gilt zu beachten, dass die psychologischen Grundbedürfnisse in keinem Zielkonflikt zueinander stehen (Frost 2005: 255), vielmehr bedingen sie einander.

4.2.1 Autonomiestreben

Als *das* zentrale Grundbedürfnis sehen Deci und Ryan (2000a) das Streben des Individuums nach Autonomie bzw. Selbstbestimmung an. Individuen streben danach, ihr Leben nach ihren eigenen Vorlieben und Überzeugungen zu gestalten.

Indem die Ursache, das Ziel und die Wirkung einer Handlung als eigenverantwortlich wahrgenommen werden, fühlt sich das Individuum als selbstbestimmt handelnd. Autonomie verstehen Deci und Ryan (2000a) als die individuelle Empfindung, von anderen Individuen nicht kontrolliert und fremdbestimmt zu werden.

Das Ausmaß der intrinsischen Motivation hängt davon ab, wie sehr das Bedürfnis nach Autonomie des Individuums befriedigt wird. Dafür muss das Ausmaß der Fremdbestimmtheit auf ein geringes Maß reduziert werden. Wenn ein intrinsisch prosozial motiviertes Individuum ausreichend selbstbestimmt handeln kann, kann es gewillt sein, zu Kollektivgütern beizutragen (Kollock 1998).

Um das Autonomiestreben des Individuums zu unterstützen, ist das Gewährleisten der Freiwilligkeit von immenser Bedeutung. Freiwillige Arbeit für kollektive Güter wird vor allem dann geleistet, wenn der externe Druck gering ist (Frey/Götte 1999; Stukas/Snyder/Clary 1999).

Gneezy und Rustichini (2000b) untersuchten in einem Feldexperiment das Verhalten von Schulkindern, die ohne monetäre Belohnung für einen guten Zweck sammelten. Einer Vergleichsgruppe wurde ein Bonus von einem Prozent auf den gesammelten Betrag versprochen. Diese sammelte um 36 % weniger als die erste Gruppe. Eine Erhöhung des Bonus von einem auf zehn Prozent bei einer dritten Gruppe brachte zwar eine deutliche Erhöhung des Sammelergebnisses, jedoch blieb das Ergebnis unter dem der ersten Gruppe.

Autonomie wird verringert, wenn eine freiwillige, ohne externen Druck ausgeführte Aktivität belohnt oder bestraft wird. Voraussetzung dafür ist, dass die Individuen zumindest teilweise intrinsisch motiviert sind und dass externe Anreize als kontrollierend empfunden werden (Deci/Ryan 2000a). Ist diese Voraussetzung nicht erfüllt, führen externe Anreize hingegen zu einer Erhöhung der Leistungsbereitschaft. Dies ist ein Ergebnis einer empirischen Untersuchung in einem Unternehmen, in dem in Fließbandarbeit Autofenster eingesetzt werden. Bei dieser einfachen, fremdbestimmten Arbeit erhöht die Einführung eines Akkordlohnsystems die Produktivität (Lazear 1999).

Ein Laborexperiment von Irlenbusch und Sliwka (2003) macht deutlich, dass auch bei Löhnen Autonomie bedeutend ist. In einer ersten Versuchsanordnung wählten die fix entlohnten Probandinnen ihren Arbeitseinsatz. In einer zweiten Versuchsanordnung wählten die Probandinnen ihren entsprechenden Arbeitseinsatz zu einem Fixlohn und zu einem Akkordlohn. Im Ergebnis zeigten die Probandinnen bei Fixlöhnen einen höheren Arbeitseinsatz als bei Akkordlöhnen. Sie nahmen in dieser Situation bei ihrer Entscheidung zudem vergleichsweise häufiger auf die Wohlfahrt der fiktiven Arbeitgeber Bezug. Die soziale Norm der Reziprozität wird in der Akkordlohn-Situation verdrängt, in der Fixlohn-Situation hingegen verstärkt (s. auch Fehr/Gächter 2000). Fühlt das Individuum sich nicht mehr als Verursacher seiner Tätigkeit, verschiebt sich sein „locus of causality“ bzw. seine Aufmerksamkeit von der Tätigkeit auf das Ergebnis der Tätigkeit (DeCharms 1968).

Auch Strafen können das Autonomiestreben und somit die intrinsische Motivation verdrängen (Gneezy/Rustichini 2000a). Laborexperimente zeigen aber außerdem, dass Bestrafungen unterschiedlich wirken, je nachdem, ob die Strafenden bloß systemkonform einschreiten oder als prosozial motiviert wahrgenommen werden (Fehr/Rockenbach 2003).

4.2.2 Kompetenzerleben

Das Kompetenzerleben bzw. die Selbstwirksamkeit ist ein zweites psychologisches Grundbedürfnis eines Individuums. Individuen wollen die Zusammenhänge zwischen Ursache, Ziel und Wirkung einer bedeutsamen Handlung nicht nur als eigenverantwortlich wahrnehmen, sondern auch verstehen (Deci/Ryan 2000a).

Das empfundene Kompetenzerleben und somit die intrinsische Motivation wird gefördert, wenn folgende *drei* Erlebnismerkmale in Bezug auf die Ausgestaltung von Arbeit beachtet werden (Hackman/Oldham 1980: 77):

Erstens wird das Erleben des Arbeitsinhaltes durch die Vielfältigkeit, die Übersichtlichkeit und die Bedeutung der Arbeit beeinflusst. Die *Vielfältigkeit* bezieht sich auf die Anforderungen des Arbeitsinhaltes bzw. auf die Bandbreite der einzusetzenden Fertigkeiten und Fähigkeiten. Die eigenen individuellen Fertigkeiten und Fähigkeiten müssen ausreichen, um eine gestellte Herausforderung in einem zielorientierten Handlungssystem bewältigen zu können. Die *Übersichtlichkeit* bezieht sich auf die Interdependenzen mit anderen Arbeiten und die Dauer der Arbeit. Die Arbeit sollte einen Start- und Endpunkt sowie einen Zusammenhang mit dem Ergebnis aufweisen. Das Handlungsziel sollte gleichthematisch mit dem Handeln sein. Die Arbeit sollte zudem einen positiven Einfluss auf das Leben von anderen Menschen haben und so eine *Bedeutung* erfahren (Lattmann 1982: 181).

Zweitens setzt das erlebte Arbeitsergebnis eine gewisse *Eigenständigkeit der Mitarbeitenden* voraus. Sie sollten Raum für eigene Entscheidungen bezüglich des Arbeitsziels bzw. der Arbeitsdurchführung haben, da sie sich dadurch verantwortlicher für das Erreichen und die Qualität der Ergebnisse ihrer Arbeit fühlen Hackman/Oldham 1980: 80).

Drittens sollte die Anerkennung des Arbeitsergebnisses durch ein *Feedback* erfolgen. Die Wirkung hängt dabei stark von der Unmittelbarkeit und der Schnelligkeit der Information in Bezug auf das Ende der Handlung ab sowie davon, ob das Feedback seinen kontrollierenden oder informierenden Aspekt betont (Hackman/Oldham 1980: 80). Ein positives und informierendes Feedback über eine bearbeitete Aufgabe hilft, den Nutzen und Wert des eingesetzten Wissens beurteilen und zielorientiert steuern zu können (Spelsiek 2005).

Empirische Ergebnisse zeigen, dass es einen positiven Zusammenhang zwischen der Selbstwirksamkeit und den Beiträgen zu Kollektivgütern gibt (Kollock 1998). Belohnungen, die als informierendes Feedback und nicht als Kontrolle empfunden werden, führen zu einer Förderung intrinsischer Motivation und prosozialen Verhaltens. Das erklärt, warum sowohl unerwartete und symbolische Belohnungen als auch sehr geringe Anteile an variabler Entlohnung, welche vorwiegend eine symbolische Belohnung darstellen, die intrinsische Motivation erhöhen (Heckhausen 1989: 461 ff.).

Eine unterstützende Wirkung tritt auch auf, wenn sich das Feedback nicht allein auf das erreichte Ergebnis beschränkt, sondern dazu beiträgt, die Prozesse zu verstehen, die zu diesem Ergebnis geführt haben. Fachkundige prozessbegleitende Feedbacks und unterstützende Beziehungen zwischen Vorgesetzen und Mitarbeitenden führen dazu, dass Verantwortung für den gemeinsamen Team-Output übernommen wird (Weibel 2004: 205 ff.).

Laut einer vergleichenden empirischen Untersuchung darf ein Feedback die wahrgenommene Autonomie nicht beeinträchtigen (Deci/Ryan 2000b; Gittell 2001). Reine Ergebniskontrollen ohne intensive Kommunikation führen dazu, dass Teammitglieder in erster Linie bestrebt sind, die Verantwortung für Fehler abzuschieben.

4.2.3 Soziale Zugehörigkeit

Das dritte psychologische Grundbedürfnis ist das nach *sozialer Zugehörigkeit*. Individuen streben nach sozialer Zugehörigkeit, um sich über sozial erwünschtes Verhalten mit ihren Handlungen identifizieren zu können. Das Bedürfnis nach sozialer Zugehörigkeit ist eine weitere Einflussgröße auf die intrinsische Motivation des Individuums (Frost 2005: 255).

Das Bedürfnis nach sozialer Zugehörigkeit wird befriedigt, wenn wichtige Bezugspersonen u. a. Aufmerksamkeit und Zeit für das Individuum aufwenden. Alle Maßnahmen, welche die soziale Distanz auf ein ausreichendes Maß verringern, erhöhen die Beiträge zu Kollektivgütern (Frey/Bohnet 1995; Kollock 1998).

Individuen tragen mehr zu Kollektivgütern bei, wenn man sie vor allem unmittelbar instruiert, dass es sich dabei um sozial erwünschtes Verhalten handelt (Sally

1995; Gneezy/Rustichini 2000a). Experimente zeigen, dass persönliche Kommunikation erstens die Wirkung hat, dass nach einigen Minuten des Gesprächs die *wechselseitige Bereitschaft steigt, zu gemeinsamen Kollektivgütern beizutragen* (Frey/Meier 2004). Zweitens gibt Kommunikation die Gelegenheit, andere Individuen *persönlich um Beiträge zum Kollektivgut zu bitten.* Persönliches Ersuchen erhöht die Spendenbereitschaft hierfür beträchtlich. Praktische Auswirkungen zeigen sich u. a. in der wachsenden Bedeutung von „Communities of Practice" (Orr 1990; s. Osterloh/Weibel 2007: 64). Diese erhöhen nicht nur die Kreativität, sondern auch die Identifikation mit der Gruppe.

Die soziale Zugehörigkeit erhöht die Identifikation eines Individuums mit einer Gruppe. Das soziale Zugehörigkeitsgefühl ist maßgeblich für prosoziales Verhalten verantwortlich. Intrinsische Motivation in Form prosozialen Verhaltens kann gegeben sein, wenn Individuen erwarten, dass auch andere zu Kollektivgütern beitragen (Fehr/Fischbacher 2003; Ostrom 2000; Levi 1988).

Dabei ist die faire Behandlung im Unternehmen besonders wichtig. Für das freiwillige Arbeitsengagement der Mitarbeitenden ist vor allem die prozedurale Fairness wichtige Voraussetzung (Kim/Mauborgne 1998). *Prozedurale Fairness* ist dann gegeben, wenn Individuen für sie unvorteilhafte Ergebnisse akzeptieren, da sie das Verfahren, das zu diesen Ergebnissen geführt hat, als fair ansehen (Osterloh/Zeitoun 2006). Die perzipierte prozedurale Fairness hängt erstens von der *Möglichkeit zur Teilnahme*, zweitens von einer *respektvollen Behandlung* und drittens von der *Unvoreingenommenheit bzw. Neutralität in der Beurteilung von Sachverhalten* ab. Mitarbeitende bedanken sich durch ihr Arbeitsengagement oder bestrafen das Unternehmen durch Arbeitsentzug (Osterloh/Frost 2002: 56-57).

Faire Prozeduren sind besonders in Problemsituationen, wie sie im Outsourcing entstehen können, wichtig (Cascio 2002). Mitarbeitende in einem Unternehmen wollen verstehen, wie Ressourcen verteilt und Chancen eröffnet werden.

Umgekehrt reduzieren sich die prosozialen Aktivitäten, wenn zu viele Individuen sich als Trittbrettfahrer verhalten. So nimmt die Ehrlichkeit der Beschäftigten ab, wenn sie sehen, dass sich ihre Vorgesetzten ungerechtfertigt bereichern. Insbesondere sind sie weniger bereit, Kollegen zu kritisieren, die sich unsozial oder illegal verhalten (Frey/Osterloh 2002: 35).

Die folgende Abbildung fasst die hier ausgeführten Überlegungen im Überblick zusammen.

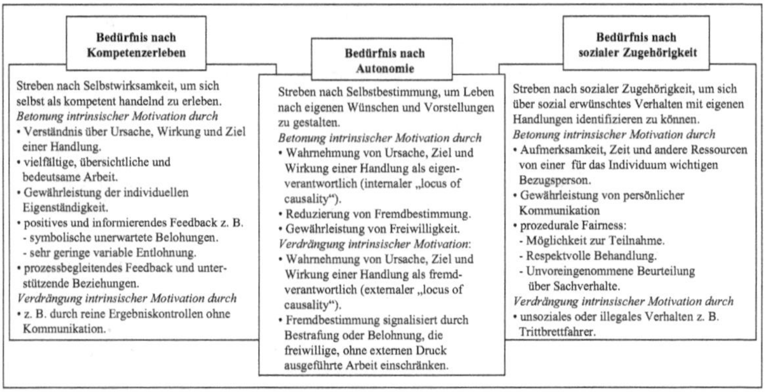

Abb. III-2: Psychologische Grundbedürfnisse als Quellen intrinsischer Motivation
(Eigene Darstellung)

Im nächsten Abschnitt wird der mögliche Erklärungsbeitrag der Selbstbestimmungstheorie zu einer gestiegenen Mitarbeitermotivation im Outsourcing herausgearbeitet.

4.3 Möglicher Erklärungsbeitrag der Selbstbestimmungstheorie zur Mitarbeitermotivation im Outsourcing

In der Selbstbestimmungstheorie wird neben dem Bedürfnis nach Autonomie und dem Bedürfnis nach Kompetenzerleben auch das Bedürfnis nach sozialer Zugehörigkeit der Individuen beachtet. Die Selbstbestimmungstheorie bietet zu der Frage, warum das aufnehmende Unternehmen die vom Outsourcing betroffenen Mitarbeitenden besser motivieren könnte als zuvor die auslagernden Unternehmen, folgende Erklärung an (s. Kapitel II, Abschnitt 4.3):

Erstens arbeiten die vom Outsourcing betroffenen Mitarbeitenden nicht mehr länger in einem Supportprozess des auslagernden Unternehmens. Sie sind im Kernprozessgeschäft des aufnehmenden Unternehmens tätig. Dadurch könnten die Teams der vom Outsourcing betroffenen Mitarbeitenden in der Hierarchie des aufnehmenden Unternehmens höher stehen als dies im auslagernden Unternehmen der Fall war. Mit der höheren Hierarchie könnten auch mehr Zuständigkeiten und damit eine größere Autonomie für die Teams der übernommenen Mitarbeitenden einhergehen.

Zweitens könnten die vom Outsourcing betroffenen Mitarbeitenden eine erhöhte Aufmerksamkeit für ihre nun wettbewerbsrelevante Arbeit durch das aufnehmende Unternehmen erleben. Sie sind nicht mehr länger Kostenverursacher, sondern werden als Profitträger wahrgenommen. Das Unternehmen misst ihrer Arbeit Bedeutung bei und kann diese auch besser nachvollziehen und beurteilen als das auslagernde Unternehmen. Dadurch besteht die Möglichkeit der konkreten Anerkennung ihrer Arbeit z. B. in Form von Boni oder durch Aufstiegschancen.

Zudem könnte, *drittens*, sich das Ansehen der vom Outsourcing betroffenen Mitarbeitenden im aufnehmenden Unternehmen aufwerten, da sie nun nicht mehr länger Kostenverursacher, sondern Profitträger sind. In der Folge könnten sie sich mehr mit dem aufnehmenden Unternehmen identifizieren als mit dem auslagernden Unternehmen.

Im Ergebnis könnten das Autonomiestreben, das Kompetenzerleben und das soziale Zugehörigkeitsgefühl der übernommenen Mitarbeitenden besser befriedigt werden. Werden ihre Bedürfnisse nach Autonomie, Kompetenz und sozialer Zugehörigkeit beachtet, steigt die Wahrscheinlichkeit, dass sie sich intrinsisch und prosozial motiviert verhalten. Die vom Outsourcing betroffenen Mitarbeitenden wären dann ausreichend motiviert, ihr Wissen dem aufnehmenden Unternehmen zur Verfügung zu stellen.

Die empirischen Ergebnisse im Kapitel IV dieser Arbeit zeigen, dass die in diesem Abschnitt und im Abschnitt 3.3 dieses Kapitels ausgeführten Erklärungen zur gestiegenen Mitarbeitermotivation der übernommenen Mitarbeitenden im aufnehmenden Unternehmen nicht bestätigt werden konnten.[17] Vor allem die Wirkungszusammenhänge zwischen intrinsischer Motivation und dem psychologischen Grundbedürfnis nach sozialer Zugehörigkeit scheinen in diesem Ansatz nicht ausreichend untersucht worden zu sein (Ryan 1993; Weibel 2004: 199). Tatsächlich wird erst in jüngeren Schriften von Deci und Ryan ausführlicher auf das Bedürfnis der sozialen Zugehörigkeit verwiesen (Deci/Ryan 2002; Deci/Ryan 2008). Daher werden im folgenden Abschnitt die Theorie der sozialen Identität und der Beziehungsansatz eingeführt.[18] Diese bieten weitere Erklärungsansätze, warum das Bedürfnis der sozialen Zugehörigkeit eine wichtige Rolle für die Motivation der vom Outsourcing betroffenen Mitarbeitenden spielen kann.

---

[17] Zur Ausführung und Erläuterung der aus der Theorie der psychologischen Verträge und der Selbstbestimmungstheorie abgeleiteten Annahmen s. Kapitel IV, Abschnitt 2.

[18] Die Aufnahme neuer Theorien in diese Arbeit ist möglich aufgrund des rekursiven Verfahrens des „Analytic Narratives"-Ansatzes. Zur näheren Erläuterung des rekursiven Verfahrens s. Kapitel IV, Abschnitt 1.2.

5. Theorie der sozialen Identität und Beziehungsansatz

Die in diesem Abschnitt vorgestellten Erklärungsansätze sind die Theorie der sozialen Identität und der Beziehungsansatz. Im Abschnitt 5.1 wird die Theorie der sozialen Identität erläutert (Tajfel 1982). Die Theorie der sozialen Identität wird u. a. um Erkenntnisse der Selbstkategorisierungstheorie und die Theorie des sozialen Vergleichs erweitert (Tajfel/Turner 1979).

Das dieser Theorie zugrunde gelegte Konzept der sozialen Identität ist auch theoretische Grundlage des Beziehungsansatzes. Im Abschnitt 5.2 wird der Beziehungsansatz eingeführt.

Anders als die bisher beschriebenen Theorien, stellen sowohl die Theorie der sozialen Identität als auch der Beziehungsansatz das Bedürfnis nach sozialer Zugehörigkeit in den Mittelpunkt ihrer Überlegungen. Diese Theorien begründen die freiwillige „Extra-Meile-Arbeit" eines Individuums mit dessen sozialer Identität (Tyler/Blader 2003). Ziel des Abschnitts 5.3 ist, Verhaltenskonsequenzen aus dem Konzept der sozialen Identität abzuleiten.

Im Abschnitt 5.4 wird der Erklärungsbeitrag der beiden Theorien zum Outsourcing untersucht. Die Einführung der Theorie der sozialen Identität und des Beziehungsansatzes ist insbesondere durch den so genannten „Fighting for My Buddies"-Effekt gerechtfertigt. Dieser Effekt konnte mit den für diese Arbeit geführten narrativen Interviews bestätigt werden (s. Kapitel IV, Abschnitt 5).

5.1 Theorie der sozialen Identität

Die Theorie der sozialen Identität ist ein sozialpsychologischer Ansatz. Die Theorie der sozialen Identität untersucht das Verhalten von sozial unterscheidbaren Gruppen untereinander, welche in sozial definierten Beziehungen stehen. Eine „soziale Gruppe" zeigt sich nach Tajfel (1974) in einer Beziehung zwischen einer Anzahl von Individuen, die für diese Individuen zu einem gewissen Zeitpunkt von Bedeutung ist.

Eine Organisation kann als eine komplexe soziale Gruppe verstanden werden. Sie ist durch unterschiedliche normative und soziale Strukturen, das Vorhandensein von sozialen Untergruppen und internale Systeme von Intergruppenbeziehungen charakterisiert (Turner/Haslam 2001).

Die Theorie der sozialen Identität integriert Annahmen und Erkenntnisse der Selbstkategorisierungstheorie und der Theorie des sozialen Vergleichs. Die Selbstkategorisierungstheorie erklärt vor allem Konflikte und Neigungen innerhalb einer Gruppe, während die Theorie des sozialen Vergleichs Konflikte und Neigungen zwischen zwei oder mehreren Gruppen begründet (Mummendey/Otten 2002).

Sowohl der Selbstkategorisierungstheorie als auch der Theorie des sozialen Vergleichs liegt die zentrale Annahme zugrunde, dass das Verhalten eines Individuums qualitativ von seiner sozialen Identität beeinflusst ist. Beide Theorien fokussieren die soziale und nur sekundär die persönliche Identität (Mummendey/ Otten 2002).

Persönliche Identität formt sich aus interpersonalen Beziehungen und ist daran gebunden (Hogg/Abrams 1988). *Soziale Identität* entsteht durch die Zugehörigkeit eines Individuums zu einer bestimmten sozialen Gruppe und aus der wahrgenommenen und bewerteten Qualität der Beziehungen dieser zu anderen sozialen Gruppen. Die soziale Identität ist Teil des individuellen Selbstkonzeptes, dass sich aus dem Wissen um eine oder mehrere, emotional bewertete Gruppenmitgliedschaften konstituiert (Tajfel 1982). Für die Entstehung sozialer Identität wird eine sozialpsychologisch verstandene Gruppenzugehörigkeit im Sinne von „Face-to-Face"-Kontakten nicht vorausgesetzt. Soziale Identität kann das Individuum allein durch die Zugehörigkeit zu sozialen Gruppen wie z. B. Nationalität oder Geschlecht erlangen.

Die soziale Identität ist, wie die persönliche Identität, ein Subsystem des Selbstkonzeptes (s. Abb. III-3: „Selbstkonzept"). Das Selbstkonzept umfasst Selbstbeschreibungen und Selbstidentifikationen (Hogg/Abrams 1988). Z. B. beschreibt sich eine Soldatin als pflichtbewusst, loyal und willens zu töten. Die allgemein Soldatinnen zugeschriebenen Attribute werden von der Trägerin aufgegriffen und zur Beschreibung ihres Selbst verwendet.

Da das Selbstkonzept kontextabhängig ist, kann es sich auch durch gegensätzliche Beschreibungen konstituieren (Hogg/Abrams 1988). Z. B. kann eine Soldatin eine gläubige Christin sein, die den zehn Geboten nach nicht willens ist zu töten. Dies ist möglich durch die kontextabhängige Selbstidentifikation. Ein Individuum perzipiert und teilt sich selbst und andere Individuen unterschiedlichen Kategorien innerhalb eines Systems zu (Turner 1982). Selbstidentifikation ist als ein Einfallen in eines der beiden relativ separaten Subsysteme des Selbstkonzepts zu verstehen.

Die Summe dieser sozialen Identifikationen innerhalb des Selbstkonzeptes eines Individuums stellt seine soziale Identität dar. Im Unterschied dazu bilden persönlicher Geschmack und individuelle Fähigkeiten die persönliche Identität. Das Selbstkonzept eines Individuums kann aus einer Vielzahl von Gruppenmitgliedschaften bestehen (Stryker/Serpe 1982).

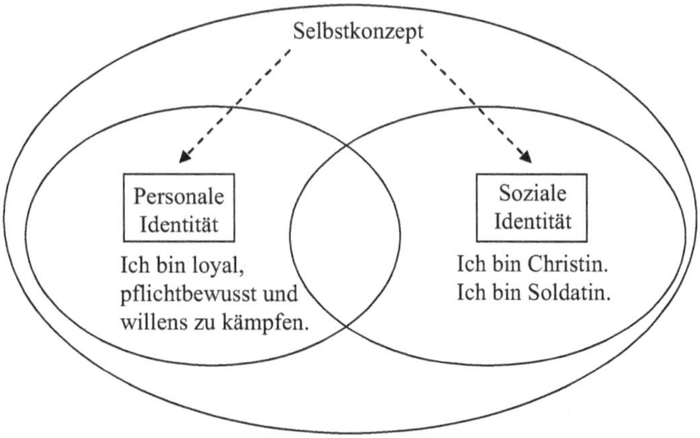

Abb. III-3: Selbstkonzept
(Eigene Darstellung)

Um eine Gruppenmitgliedschaft in eine soziale Identität zu verwandeln, sind *zwei* kognitive Prozesse entscheidend: der Prozess der sozialen Kategorisierung und der Prozess des sozialen Vergleichs. Beide Prozesse bedingen einander stark (Forsyth 2006).

Soziale Identität hat den *Prozess der sozialen Kategorisierung* zur Bedingung. Soziale Kategorisierung ist die individuelle Tendenz, sich selbst und seine soziale Umwelt in Gruppen bzw. sozialen Kategorien wie z. B. „Mann", „Frau" oder „Kind" zuzuordnen (Tajfel 1974, 1978). Soziale Kategorisierung ist zu verstehen als „the ordering of social environment in terms of social categories, that is of groupings of persons." (Tajfel 1974: 69).

Mit den als „minimal group paradigm" in die Literatur eingegangenen Experimenten kann gezeigt werden, dass allein die Zuordnung einander unbekannter Individuen in zwei fiktive Gruppen ausreichend ist, um diskriminierendes Verhalten zwischen den Gruppen auszulösen (Tajfel 1982; Tajfel/Turner 1979). Es entstehen „in-group"-Begünstigungen: Mitglieder bevorzugen Mitglieder ihrer eigenen fiktiven Gruppe. Sie tun dies selbst dann, wenn sich kein direkter persönlicher Nutzen für sie ergibt. So geben sie Mitgliedern ihrer eigenen Gruppe einen Geldbetrag von zwei statt drei Dollars, wenn Mitglieder der „out-group" gleichzeitig drei statt vier Dollars bekamen. Der relative Gewinn für die eigene Gruppe ist den Versuchspersonen oft wichtiger als der absolute Profit (Hogg/Abrams 1988; Mullen/Brown/Smith 1992).

„In-group"-Begünstigungen sind sowohl unter Wettbewerbsbedingungen als auch unter Nicht-Wettbewerbsbedingungen zu beobachten (Doise/Weinberger 1973). Realistischer Wettbewerb und explizite Konflikte zwischen den Gruppen scheinen nur indirekt zu wirken, indem sie die Kategorisierung deutlicher bzw. bedeutsamer machen und damit das Ausmaß der Diskriminierung noch verstärken (s. Sherif et al. 1961).

Kategorisierung ist manchmal kein sozial erwünschtes Verhalten, da es mit Vorurteilen verbunden sein kann. Um ihre eigene Sicherheit zu erhöhen und Informationen zu reduzieren, tendieren Individuen dazu, die Umwelt zu schematisieren. Durch die Kategorisierung wird ein Bewusstsein über die Existenz der (eigenen) Klasse gebildet bzw. verstärkt („Wir-Gefühl"). Der Ansatz der Kategorisierung kann so erklären, dass Gruppen voneinander besser unterscheidbar gemacht werden (Mummendey/Otten 2002).

Die Zuordnung zu einer sozialen Kategorie hat aber noch nicht zwangsläufig einen Einfluss auf die soziale Identität. Erst der *Prozess des sozialen Vergleichs* kann erklären, warum die Distinktheit für die Eigengruppe häufig positiv, für die Fremdgruppe aber oft negativ ist (Mummendey/Otten 2002).

Eine eigene soziale Identität entwickeln Gruppenmitglieder, indem sie sich von anderen Gruppen abgrenzen. Damit Gruppenmerkmale Identitätsrelevanz erreichen, müssen sie auch von gewisser Bedeutung für das Individuum sein (Tajfel 1974: 69). Dafür steht der Prozess des sozialen Vergleichs.

Tajfel (1974) teilt die Annahme, die bereits Festinger (1954) für seine Theorie des sozialen Vergleichs getroffen hat. In unserer Gesellschaftsform strebt ein Individuum danach, ein zufriedenstellendes Bild seiner selbst zu erhalten und sich deswegen mit anderen zu vergleichen. D. h., der Selbstwert wird gestärkt, wenn das Individuum seine Gruppe anderen Gruppen als überlegen ansieht. Diese Abwertungen beruhen nicht unbedingt auf konkreten Erfahrungen oder feindseligen Handlungen der anderen Gruppen, sondern schon allein auf der Vorstellung, die man sich von den anderen Gruppen macht.

Eine positive soziale Identität entsteht auf der Grundlage möglichst vieler Vergleichsergebnisse, die für die eigene Gruppe günstig ausfallen. Die eigene soziale Identität ist demnach umso positiver, je positiver die eigene Gruppe sich von relevanten Vergleichsgruppen abhebt. Gruppenvergleiche sind für die positive soziale Identität umso wichtiger, je bedeutender und größer der Wert der Vergleichsdimension ist, den ihm beide Gruppen beimessen. Z. B. lassen sich die Kategorien „Christen" und „Ungläubige" in Bezug auf ihre Wertkonnotation unterscheiden: Christen sind danach besser als Ungläubige. Jede Gruppe wird versuchen, in dem als sozialen Wettbewerb bezeichneten Vergleich besser abzuschneiden (Turner 1975). Wahrgenommene Unterschiede werden akzentuiert: Unterschiede zwischen Mitgliedern innerhalb einer Kategorie werden unterschätzt, Unterschiede zwischen Kategorien übertrieben (Hogg/Abrams 1988).

Die Neigung, negative Eigenschaften der eigenen Gruppe zu übersehen, kann auch als ein Schutzmechanismus der kollektiven bzw. individuellen Identität verstanden werden. Je mehr sich ein Individuum mit seiner Gruppe identifiziert und durch das kollektive Selbstbewusstsein einen Teil seines eigenen Selbstbewusstseins bezieht, umso mehr versucht es, die Gruppe zu schützen. Im Extremfall, wie z. B. bei einem loyalen Fan, nimmt das Individuum die „Schande" des Gruppenversagens auf sich (Mummendey/Otten 2002).

Ein weiterer Mechanismus zum Schutz der Gruppe wird soziale Kreativität genannt (Forsyth 2006: 96). Die Gruppenmitglieder „erfinden" Gründe für das Versagen der eigenen Gruppe. So wurde z. B. von Fans eines erfolglosen Eishockey-Teams eingeräumt, dass die Gegner zwar besser gewesen seien, aber auch, dass sie aggressiv und unfair gespielt hätten (Lalonde 1992).

Eigengruppenneigungen, d. h. die Vorliebe für die eigene Gruppe, hängen davon ab, wie stark ein Individuum sich der eigenen Gruppe verbunden fühlt und sie gegenüber einer anderen bevorzugt. Besonders der relative Status der Eigengruppen und der wahrgenommene Status zwischen der Eigen- und Fremdgruppe sind von entscheidender Bedeutung für die soziale Gruppenzugehörigkeit (Turner/ Haslam 2001). Je positiver die Bewertung einer Gruppe ausfällt und je mehr sich ein Individuum mit den Normen einer Gruppe identifizieren kann, umso natürlicher erscheint es, die „Extra-Meile" für die Gruppe zu gehen (Tajfel/Turner 1986: 15; van Knippenberg 2000; Forsyth 2006: 90).

Innerhalb der sozialen Identität definiert sich das Individuum über die Werte und Normen der Gruppe. Durch die Gruppenmitgliedschaft und die Anerkennung der anderen Mitglieder gewinnt das Individuum an Selbstwert (Forsyth 2006: 93).

Besonders stark ist dieser Effekt bei Gruppen, die ein hohes soziales Ansehen genießen (Branscombe 1998). Dieser Effekt hat eine für das weitere Leben prägende Wirkung. So stellten Wright und Forsyth (1997) fest, dass ehemalige Mitglieder von (Highschool-)Prestigegruppen auch im späteren Leben ein vergleichsweise höheres Selbstbewusstsein haben. Dieser Effekt wurde auch bei Sport-Fans nachgewiesen. Fans erfolgreicher Teams fühlen sich besser und rechnen sich sogar die Erfolge selbst zu („Birging-Effect").

Je mehr sich Individuen mit den Werten und Normen einer Gruppe identifizieren, umso mehr nimmt ihre „Depersonalisierung" zu. Es nimmt sowohl die positiven als auch die negativen Eigenschaften der Gruppe an (Biernat/Vescio/Green 1996; Abrams/Hogg 2001). Doch nicht nur Normen und Werte werden von der Gruppe übernommen, sondern auch das Verhalten. So trainieren Mitglieder dann besonders viel, wenn Fitness in der Gruppe hoch bewertet wird (Terry/Hogg 1996).

Negative Erfahrungen hingegen schweißen eine Gruppe nur bis zu einem bestimmten Grad zusammen. Verliert ein Team zu oft, distanziert sich der Fan von der Gruppenleistung („Corfing-Effect"). Die Zugehörigkeit zu einer Gruppe hängt also auch von deren Erfolg ab. Sind die Auswirkungen negativer Erfahrungen für das persönliche Selbstwertgefühl zu stark, wendet sich das Individuum von der Gruppe ab (Forsyth 2006: 97). Das Individuum schützt seine individuelle Identität. Extrem loyale Fans fassten aber selbst diese Niederlagen als die eigenen auf (Cialdini et al. 1976).

5.2 Beziehungsansatz

Der von Tyler und Blader (2000, 2003) entwickelte Beziehungsansatz basiert auf der Annahme der sozialen Identität. Sie beziehen in ihrem Ansatz vor allem die Erkenntnis mit ein, dass Individuen sich mehr mit Gruppen identifizieren, die einen hohen Status haben und in denen das Individuum selbst einen hohen Status hat, als in Gruppen mit einem niedrigen Prestige und Status. So ergibt sich ein positiver Selbstwert, wenn ein Individuum stolz ist, Mitglied in einer Gruppe zu sein und sich respektiert fühlt. Respekt ergibt sich durch den Status des Individuums in einer Gruppe; Stolz durch den Status der Gruppe in einer Organisation.

Sowohl Stolz als auch Respekt fördern den Prozess, sich mit Gruppen zu identifizieren. Je größer der empfundene Respekt bzw. der Stolz ist, umso höher ist der Status des Individuums bzw. der Gruppe. Dies führt empirisch nachweisbar zu freiwilligen Leistungen für die Gruppe (z. B. Tyler 1999; Tyler/Blader 2000; Hui/Lam/Law 2000). Mitarbeitende, die ihren Status innerhalb einer Organisation und den Status der Organisation selbst als hoch empfinden, fühlen sich dieser sozial zugehörig, den Normen der Organisation eher verpflichtet und identifizieren sich damit.

Die Bereitschaft zur Kooperation steigt mit einer Gruppe, der man sich sozial zugehörig fühlt (Brewer 1979). Mitglieder, welche sich stark mit einer Gruppe identifizieren, sind mehr bereit, zu Kollektivgütern beizutragen, als Mitglieder, welche sich nicht (so stark) mit ihrer Gruppe identifizieren (z. B. Kramer/Goldman 1995). *Zwei* Gründe können dafür genannt werden.

Mitglieder, die sich stark mit einer Gruppe identifizieren, nehmen erstens *an*, dass auch *andere Mitglieder bereit sind, zum Kollektivgut beizutragen.* Zweitens kann die Identifikation mit einer Gruppe die eigene Motivation transformieren. *Die Ziele der Gruppe werden zu den eigenen.* Untersuchungen haben ergeben, dass organisationale Identifikation stark mit hohem OCB korreliert (Dutton/Dukerich/Harquail 1994; Mael/Ashforth 1995; zur Erläuterung „OCB" s. Abschnitt 4.1 dieses Kapitels).

Vermittelter Respekt und gefühlter Stolz eines Individuums können durch statusrelevante Informationen gefördert werden. Stolz und Respekt sind beide in Prozeduren und Routinen einer Gruppe verankert. Statusrelevante Informationen werden durch die wahrgenommene Fairness der Interaktionsprozeduren vermittelt. Blader und Tyler (2001) sind der Meinung, dass u. a. die prozedurale Fairness das Zugehörigkeitsgefühl stärkt, da diese Mitgliedern hoher Prestigegruppen Respekt, Stolz und Identifikation signalisiert.

So wird die soziale Zugehörigkeit als positiv empfunden, wenn die Interaktion zwischen den Gruppenmitglieder nach den *drei* Prinzipien Anerkennung, Neutralität und Ehrenhaftigkeit erfolgen. *Anerkennung* wird vor allem vermittelt, wenn sich ein Individuum respektvoll und höflich von seinen Referenzpersonen behandelt fühlt. *Neutralität* äußert sich darin, dass weitgehend vorurteilsfrei und unvoreingenommen entschieden wird. *Ehrenhaftigkeit* wird vermittelt, wenn die Referenzpersonen sich fair, integer und wohlwollend verhalten (Weibel 2004: 205).

Den großen Einfluss dieser drei Prozessmerkmale auf den wahrgenommenen Status konnten Tyler und Schuller (1990) empirisch nachweisen. Die dadurch wahrgenommene Fairness stärkt die positive soziale Identität der Individuen (Weibel 2004: 204).

Zudem wurde auch empirisch bestätigt, dass Identifikation stark mit freiwilliger Arbeit zusammenhängt (Tyler/Blader 2000). Eine weitere Studie von Fuller et al. (2006) untersuchte die organisationalen Konditionen, welche eine positive soziale Identität fördern. Respekt wird demnach gefördert durch Weiterbildungsmöglichkeiten, die Stärkung der Partizipation an Entscheidungsprozessen und Anerkennung des Mitarbeitenden. Des Weiteren sind Mitarbeitende stolz, in den Unternehmen arbeiten zu können, die ihre Unternehmensziele erreichen und Mitarbeitende beschäftigen, die fähig und anerkannt sind.

Die folgende Abbildung stellt den Beziehungsansatz dar.

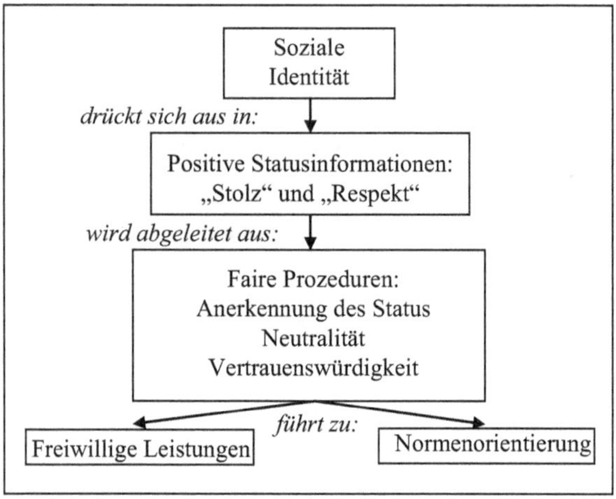

Abb. III-4: Beziehungsansatz
(Weibel 2004: 200)

Gemeinsam ist der Theorie der sozialen Identität und dem Beziehungsansatz das Konzept der sozialen Identität: Individuen wollen den Gruppen angehören, durch deren Gruppenmitgliedschaft sie ein für sich positives Selbstwertgefühl erhalten. Während die Theorie der sozialen Identität dabei aber weitgehend offen lässt, aufgrund welcher Werte und Normen Individuen einer Gruppe angehören wollen, bewertet der Beziehungsansatz die Gruppenangehörigkeit durch positive Statusinformationen und faire Prozeduren.

Sowohl die Theorie der sozialen Identität als auch der Beziehungsansatz lassen Schlussfolgerungen auf das individuelle Verhalten zu. Im nächsten Abschnitt werden die sich aus dem Konzept der sozialen Identität ergebenden Verhaltenskonsequenzen thematisiert.

5.3 Verhaltenskonsequenzen von sozialer Identität

Die der Theorie der sozialen Identität zugrunde liegenden Prozesse der sozialen Kategorisierung und des sozialen Vergleichs operieren zusammen und erreichen eine spezifische Form des Verhaltens: nämlich Gruppenverhalten. Dies beinhaltet u. a. Begünstigungen der eigenen Gruppe, Diskriminierung einer fremden Gruppe, das Wahrnehmen einer eingeschätzten Superiorität der eigenen Gruppe über die Fremdgruppe und Konformität zu Gruppennormen (Hogg/Abrams 1988). Der Beziehungsansatz betont die Rolle der Identifikation für den freiwilligen Gruppenbeitrag der Individuen (Tyler/Blader 2003). Dieser Ansatz erklärt die enorme Bedeutung der von Gruppen selbst gebildeten Normen. Die soziale Zugehörigkeit ist vor allem bedeutend, da über die Gruppen Normen und Werte reproduziert werden können.

Die folgenden *drei* Annahmen sind für die soziale Identität von Individuen zentral (Ashfort/Mael 1989: 25 ff.):

Individuen haben das *Bedürfnis nach einem positiven Selbstwert*: Sie neigen dazu, Entscheidungen zu treffen, welche ihrer positiven Selbsteinschätzung entsprechen.

Individuen haben das *Bedürfnis nach positiver sozialer Gruppenzugehörigkeit*: Der Selbstwert eines Individuums konstituiert sich zum Teil aus seiner Mitgliedschaft in sozialen Gruppen. Es unterstützt die Gruppe, die Eigenschaften besitzt, welche das Individuum als positiv empfindet. So können z. B. selbst Kolleginnen, die sich nicht mögen, ein besseres gemeinsames Ergebnis erzielen, wenn sie sich mit dem Unternehmen identifizieren.

Individuen haben das *Bedürfnis nach maximaler positiver Distinktheit*: Die Bewertung einer Gruppe entsteht aus dem Vergleich mit anderen relevanten Gruppen. Fällt die Bewertung positiv aus, erhöht die soziale Identität das Zugehörigkeitsgefühl. Fällt die Bewertung negativ aus, versuchen Individuen, diese Gruppe aufzuwerten oder zu verlassen.

Die Übernahme einer Identität in sozial definierten Bedingungen führt zu Konsequenzen im Verhalten der Individuen (Tajfel 1974; Tyler 1999). Es kann angenommen werden, dass ein Individuum Mitglied einer Gruppe bleiben möchte. Neue, zusätzliche Mitgliedschaften kommen in Frage, wenn neue Gruppen zu positiven Aspekten der eigenen sozialen Identität beitragen können. Folgende Verhaltenskonsequenzen lassen sich aus den Theorien ableiten (Schreiber 2006: 38):

1. Die positiven Aspekte einer sozialen Identität erlangen nur Bedeutung in Relation zu oder im Vergleich mit andern Gruppen.
2. Wenn eine Gruppe die Anforderungen nicht erfüllt, ist das Individuum geneigt, sie zu verlassen, außer
   a. die Gruppe kann aus objektiven Gründen nicht verlassen werden oder
   b. es steht mit wichtigen Werten in Konflikt, die selbst Teil der akzeptierten sozialen Identität sind.
3. Wenn das Verlassen einer Gruppe die vorher genannten Schwierigkeiten aufweist, dann sind zwei Lösungen möglich:
   a. Eine veränderte Interpretation der die Kategorie konstituierenden Attribute, sodass die unwillkommenen Merkmale (z. B. geringer Status) gerechtfertigt sind oder akzeptabel werden;
   b. die Situation akzeptieren, so wie sie ist und in soziale Aktionen investieren, die zu der wünschenswerten Veränderung der Situation führen (s. nächster Abschnitt zum „Fighting for My Buddies"-Effekt). Wünschenswerte Veränderungen der Situation können erreicht werden durch (z. B. Weibel 2004: 203 ff.):
      - Anerkennung wie z. B. durch Respekt und Höflichkeit von einer für das Individuum wichtigen Referenzperson,
      - Neutralität wie z. B. vermittelt mit transparenten und nachvollziehbaren Prozeduren,
      - Ehrenhaftigkeit wie z. B. durch faires, integres und wohlwollendes Verhalten einer für das Individuum wichtigen Referenzperson,
      - Fairness z. B. mithilfe von Mitspracherechte,
      - erhöhte Unterstützung z. B. durch Sportgeist und
      - soziale Eingebundenheit in der Gruppe.

Im folgenden Abschnitt wird der mögliche Erklärungsbeitrag der Theorie der sozialen Identität und des Beziehungsansatzes zur Mitarbeitermotivation im Outsourcing dargelegt.

5.4 Möglicher Erklärungsbeitrag der Theorie der sozialen Identität und des Beziehungsansatzes zur Mitarbeitermotivation im Outsourcing: der „Fighting for My Buddies"-Effekt

Mithilfe der Theorie der sozialen Identität und des Beziehungsansatzes kann erklärt werden, warum sich die Motivation der vom Outsourcing betroffenen Mitarbeitenden ändert. Demnach erhöht sich ihre Motivation aufgrund ihrer positiven sozialen Identität. Diese setzt sich zusammen aus einem positiven Selbstwert, einer positiven sozialen Gruppenzugehörigkeit und maximaler positiver Distinktheit ihrer Gruppe von anderen relevanten Gruppen. Das bedeutet, dass die vom Outsourcing betroffenen Mitarbeitenden sich vor allem dann mit dem aufnehmenden Unternehmen identifizieren, wenn sich dieses positiv vom auslagernden Unternehmen unterscheidet. Die vom Outsourcing betroffenen Mitarbeitenden fühlen sich dem aufnehmenden Unternehmen sozial zugehöriger. Je mehr dies der Fall ist, umso größer ist die Wahrscheinlichkeit, dass die übernommenen Mitarbeitenden die im aufnehmenden Unternehmen gelebten Normen und Werte übernehmen. In solchen Situationen kann es für diese Mitarbeitenden selbstverständlich sein, freiwillig Leistungen für die Gruppe bzw. das Unternehmen zu erbringen.

Allerdings ist fraglich, ob sich die erhöhte Motivation der vom Outsourcing betroffenen Mitarbeitenden einstellen würde, wenn der Outsourcing-Anbieter ein unbekanntes Unternehmen repräsentiert, während das auslagernde Unternehmen international anerkannt ist. Dennoch bieten die Theorie der sozialen Identität und der Beziehungsansatz, bestätigt durch die empirische Analyse der für diese Arbeit geführten narrativen Interviews, einen noch nicht näher betrachteten Erklärung: den *„Fighting for my Buddies"-Effekt*. Diese Ergebnisse werden durch zahlreiche Studien aus der Militärliteratur gestützt.

Stouffer (1949) erörtert in seiner Studie die Frage, warum Soldaten kämpfen. Demnach ist der Zusammenhalt der Soldaten einer der wichtigsten Faktoren für ihre Motivation. „I hold it to be of the simplest truths of war that the thing which enables an infantry soldier to keep going with his weapons is the near presence or the presumed presence of a comrade [...] He is sustained by his fellows primarily and by his weapons secondarily." (Marshall 1947: 42-43).

Zu dem gleichen Ergebnis kommt auch die Studie von Shils und Janowitz (1948), welche untersuchen, warum Soldaten der deutschen Wehrmacht im 2. Weltkrieg sogar weiterkämpften, obwohl Berlin schon längst gefallen war. Seit diesen Studien ist der Grund „not letting your buddy down" bekannt für die Motivation der Soldaten.

Wong et al. (2003) untersuchen in ihrer Studie, ob der Grund „not letting your buddy down" immer noch gültig ist. Sie fragten die im Irakkrieg stationierten Soldaten, warum sie kämpfen: „Generally, in your combat experience, what was most important to you in making you want to keep going and do as well as you did?" (Wong et al. 2003: 6 ff.). Die häufigste Antwort war, dass ihre Motivation „fighting for my buddies" ist. Jeder Soldat ist für den Erfolg der Gruppe verantwortlich: „That person means more to you than anybody. You will die if he dies. That is why I think that we protect each other in any situation. I know that if he dies, and it was my fault, it would be worse than death to me." (Wong et al. 2003: 10). Die Soldaten passen aufeinander auf. Sie sind überzeugt, dass ihre persönliche Sicherheit Anliegen der anderen Soldaten ist sowie deren Sicherheit ihr persönliches Anliegen ist. Somit kämpfen sie füreinander.

Es könnte sein, dass die vom Outsourcing betroffenen Mitarbeitenden eine ähnliche Motivation haben wie die im Krieg kämpfenden Soldaten. Nicht die Zugehörigkeit zur Gruppe „aufnehmendes Unternehmen" führt zu einer gesteigerten Motivation, sondern die Zugehörigkeit zur Gruppe „vom Outsourcing betroffene Mitarbeitende" und hier insbesondere zu ihrem Team.

Im nächsten Abschnitt werden die Ergebnisse des ersten Abschnitts zur Mitarbeitermotivation im Outsourcing und die Ergebnisse der individual- und sozialpsychologischen Motivationstheorien im Überblick zusammengefasst.

6. Zwischenergebnis zur theoretischen Begründung des Outsourcings

Vertreter des *ressourcenorientierten Ansatzes* erklären die Existenz von Unternehmen mit der Generierung unternehmensspezifischer Ressourcen, die nachhaltige Wettbewerbsvorteile begründen. Diese Ressourcen beruhen u. a. auf einem hohen Ausmaß an implizitem Wissen. Das gemeinsame unternehmensspezifische Wissen ist die entscheidende Quelle nachhaltiger Wettbewerbsvorteile.

Gemäß dem ressourcenorientierten Ansatz ergeben Auslagerungen nur dann einen Sinn, wenn das *auslagernde Unternehmen* dadurch einen nachhaltigen Wettbewerbsvorteil erlangt. Demnach lagern Unternehmen nur strategisch unbedeutsame Leistungen aus. In der Folge kann sich das auslagernde Unternehmen auf seine nicht-imitier- und substituierbaren Kernkompetenzen konzentrieren. Outsourcing aus Sicht des auslagernden Unternehmens kann vor allem mit strategieorientierten Gründen erklärt werden.

Für das *aufnehmende Unternehmen* kann sich ein nachhaltiger Wettbewerbsvorteil ergeben, wenn es das Wissen der übernommenen Mitarbeitenden in seinen Wissenspool integrieren und diese entsprechend seiner Ziele motivieren kann. Outsourcing aus Sicht des aufnehmenden Unternehmens kann vor allem mit den strategie- und motivationsorientierten Gründen erklärt werden. Anders als die strategieorientierten Gründe der auslagernden Unternehmen, wird die Analyse der strategie- und motivationsorientierten Gründe der aufnehmenden Unternehmen in der Literatur bisher kaum thematisiert. Diese Gründe sind Gegenstand der weiteren Untersuchung. *Damit erfolgt ein Analysewechsel vom auslagernden Unternehmen hin zum aufnehmenden Unternehmen.*

Das strategische Outsourcing mit Mitarbeiterübernahme kann vor allem mithilfe des ressourcenorientierten Ansatzes begründet werden. Dieser Ansatz als eine neuere Theorie der Unternehmung lässt aber offen, *warum* die vom Outsourcing betroffenen Mitarbeitenden motiviert sind, ihr Wissen dem aufnehmenden Unternehmen zur Verfügung zu stellen.

Um diese Lücke zu schließen werden zudem *motivationspsychologische Theorien* in die Untersuchung dieser Arbeit einbezogen. Die Analyse der Untersuchung erweitert sich von der *Unternehmensebene* zur *Individual- bzw. Gruppenebene*, um weitere Erklärungsbeiträge zum Outsourcing liefern zu können.

Für das aufnehmende Unternehmen ist es existenziell, so schnell wie möglich das explizite und implizite Wissen der transferierten Mitarbeitenden in seinen unternehmensspezifischen Wissenspool zu integrieren, um ohne Leistungseinbrüche für das auslagernde Unternehmen wirtschaften zu können. Vor allem das über Jahre angesammelte Erfahrungswissen der Beschäftigten, das für das Funktionieren einer Leistungsorganisation von hoher Bedeutung ist, kann nicht „per Dekret eingefordert und abgerufen" werden (Schreyögg 2008: 186). Das Organisationsmitglied ist kritische Ressource: Motivation, Kreativität und Kooperationsbereitschaft werden zu Schlüsselbegriffen des betrieblichen Erfolgs.

Doch im Outsourcing kann ein *Motivationsproblem* entstehen, nämlich ein Verlust von Identifikation mit dem bisherigen Unternehmen und dessen Zielen sowie von emotionalen Bindungen der übernommenen Mitarbeitenden zu den im auslagernden Unternehmen weiterhin tätigen Mitarbeitenden. In der gleichen Geschwindigkeit, wie dieses Identifikations- und Bindungsdefizit entsteht, werden im aufnehmenden Unternehmen keine neuen Möglichkeiten zur Identifikation und emotionalen Bindung aufgebaut werden können. Die Motivation der vom Outsourcing betroffenen Mitarbeitenden kann gemindert werden. Sie sind verunsichert und ängstlich. Ihre Reaktionen reichen vom Aussitzen bis hin zur Sabotage des Prozesses. In der Folge sind sie nicht bereit, ihr Wissen in einen für alle im Unternehmen Beschäftigten zugänglichen, unternehmensspezifischen Wissenspool zu integrieren.

Demnach ist Outsourcing ein Balanceakt zwischen einer möglichen gesteigerten Mitarbeitermotivation und einem potentiellen Wissensverlust (s. auch Kapitel II, Abschnitt 4.4). Dennoch boomt Outsourcing, vor allem in der Facility-Management-Branche. Die der Arbeit zugrunde gelegt Hypothese war, dass Outsourcing-Anbieter im Facility Management die übernommenen Mitarbeitenden besser motivieren könnten als zuvor die auslagernden Unternehmen.

Aus den *motivationspsychologischen Erklärungsansätzen* wie der Theorie der psychologischen Verträge, der Selbstbestimmungstheorie, der Theorie der sozialen Identität und dem Beziehungsansatz wurden Folgerungen abgeleitet, wie das im Outsourcing entstehende Motivationsproblem gelöst werden könnte. Diese Ansätze liefern mögliche Erklärungsbeiträge, warum die Motivation der vom Outsourcing betroffenen Mitarbeitenden beim aufnehmenden Unternehmen steigen kann.

Die *Theorie der psychologischen Verträge* geht zum einen darauf ein, wie ein psychologischer Vertrag im Outsourcing überführt werden kann. Indem das aufnehmende Unternehmen sich gegenüber den übernommenen Mitarbeitenden ehrlicher, offener und vertrauenswürdiger verhält als zuvor das auslagernde Unternehmen, kann der relationale Vertragsteil des psychologischen Vertrages betont werden (Raeder/Grote 2000). In der Folge könnten die übernommenen Mitarbeitenden beim aufnehmenden Unternehmen motivierter arbeiten als zuvor beim auslagernden Unternehmen.

Aus der *Selbstbestimmungstheorie* ergeben sich zahlreiche konkrete Hinweise, welche Maßnahmen die Mitarbeitenden bewegen, intrinsisch und prosozial motiviert zu handeln. Indem ihre Bedürfnisse nach Autonomie, Kompetenzerleben und sozialer Zugehörigkeit beachtet werden, könnten die übernommenen Mitarbeitenden motivierter beim aufnehmenden Unternehmen arbeiten als zuvor beim auslagernden Unternehmen. Z. B. wertet sich das Ansehen der vom Outsourcing betroffenen Mitarbeitenden im aufnehmenden Unternehmen auf, da sie nun nicht mehr länger Kostenverursacher, sondern Profitträger sind. In der Folge könnten sie sich mehr mit dem aufnehmenden Unternehmen identifizieren als dies zuvor der Fall mit dem auslagernden Unternehmen war.

Allerdings dominieren in der Selbstbestimmungstheorie das Streben nach Autonomie und das Kompetenzerleben als Quellen für die intrinsische Motivation. Die

Wirkungszusammenhänge zwischen sozialer Zugehörigkeit und intrinsischer Motivation sind (noch) nicht ausreichend untersucht (Weibel 2004: 199).

Die Vermutung, dass die soziale Zugehörigkeit eine besondere Rolle für die Förderung der intrinsischen Motivation der vom Outsourcing betroffenen Mitarbeitenden spielt, wird durch die empirischen Ergebnisse des Kapitels IV dieser Arbeit gestärkt. Der nachträglich eingeführten *Theorie der sozialen Identität* und dem *Beziehungsansatz* liegt das Konzept der sozialen Identität zugrunde. Individuen fühlen sich einer Gruppe sozial zugehörig, wenn sie sich mit deren Eigenschaften identifizieren. Außerdem wollen sie ein positives Selbstwertgefühl erreichen oder ihr Handeln rechtfertigen können. Ist dies nicht möglich, versuchen die Individuen die Gruppe zu verlassen. Wenn sie die Gruppe nicht verlassen können, besteht die Alternative, die Situation zu akzeptieren und in soziale Aktionen zu investieren, die zu einer gewünschten Veränderung der Situation führen.

Die vom Outsourcing betroffenen Mitarbeitenden können ihre Gruppe nicht verlassen. Es könnte sein, dass sie das Gefühl haben, gegen einen gemeinsamen Feind, das aufnehmende Unternehmen, kämpfen zu müssen. Ähnlich wie Soldaten im Krieg, könnten sich die vom Outsourcing betroffenen Mitarbeitenden füreinander verantwortlich fühlen: die einen zum Schutz ihrer persönlichen Sicherheit bzw. ihres Lebens, die anderen zum Schutz ihrer Arbeitsplätze bzw. Wirkungsbereiche. Die übernommenen Mitarbeitenden könnten motivierter im aufnehmenden Unternehmen arbeiten, da sie im Sinne eines *„Fighting for My Buddies"-Effektes* zusammenhalten und füreinander einstehen.

Im nächsten Kapitel der Arbeit werden die bisherigen Ausführungen einer empirischen Überprüfung unterzogen und die daraus resultierenden Erkenntnisse vorgestellt. Allerdings konnten die aus der Theorie der sozialen Identität und dem Beziehungsansatz abgeleiteten Erkenntnisse aufgrund ihrer nachträglichen Einführung in die Arbeit nur eingeschränkt überprüft werden.

Kapitel IV: Mitarbeitermotivation im Betriebsübergang am Beispiel eines Facility-Management-Anbieters: Methodik und Analyse

Zur empirischen Überprüfung der Mitarbeiterübernahme im Outsourcing sind im wissenschaftlichen Diskurs *drei* Wege möglich.

Mittels wissenschaftlicher Theorien können Modelle entwickelt werden, die auf einige wenige, entscheidende Variablen reduziert sind. Anhand dieser Modelle können Aussagen getroffen werden, die einer empirischen Überprüfung standhalten. Empirische Untersuchungen dienen so als Test für wissenschaftliche Theorien; es handelt sich um eine „*deduktive Methodik der Nachprüfung*“ (Popper 1995: 118).

Probleme der realen Welt können Theorienbildung induzieren. Dieser Ansatz wurde vor allem von Glaser und Strauss (1967) in ihrem Beitrag „The Discovery of Grounded Theory“ entwickelt. Anstoß ihres Beitrages ist vor allem der Gedankengang, dass die Nachprüfung von Theorien die Forschung dominiert und dadurch neue Ideen nicht generiert werden. Mittels qualitativer, aber auch quantitativer Daten sollen Theorien systematisch abgeleitet werden. Es handelt sich hier um einen *induktiven Prozess der Entwicklung von wissenschaftlichen Theorien.*

Beide Ansätze lassen sich im „Analytic Narrative“-Ansatz kombinieren (Abschnitt 1: „Analytic Narratives: die disziplinierte Erzählung“). „Analytic Narrative“ (AN) ist eine empirisch-sozialwissenschaftliche Analysemethode, welche Erzählungen mit gewählten Theorien, wie z. B. der Theorie der Unternehmung, verbindet (Bates et al. 1998). „Narrative“ bedeutet dabei, dass Details und Nuancen von Erzählungen große Aufmerksamkeit gewidmet wird. „Analytic“ ist die Methode, indem Erzählungen anhand Theorien untersucht und überprüft werden (*deduktive Methode*). Können diese nicht bestätigt werden, müssen die Theorien solange modifiziert oder gar durch besser geeignete Erklärungsansätze ersetzt werden bis sie mit dem Fallmaterial übereinstimmen (*induktive Methode*). Mit anderen Worten: Interpretation und Erklärung werden solange modifiziert, bis die gestellten Annahmen den Ergebnissen der Fallstudie entsprechen. Die Theorie wird vom Fallmaterial in Form gebracht. Die Theorie sucht mithin ihre Bestätigung in der Empirie, nicht die Empirie ihre Bestätigung in der Theorie (King/Keohane/Verba 1994).

Der Abschnitt 2 stellt den theoretischen Analyserahmen dar. Er beinhaltet die aus im dritten Kapitel dieser Arbeit behandelten Theorien abgeleiteten Annahmen. Die sich aus der Praxis ergebende Problemstellung „Warum lagern Unternehmen aus?“ und die daraus abgeleitete Hypothese, aufnehmende Unternehmen könnten die vom Outsourcing betroffenen Mitarbeitenden besser motivieren als die auslagernden Unternehmen, wurde in ihrer Relevanz in Expertengesprächen bestätigt (z. B. Häfele 2005b).

Der *dritte* Abschnitt stellt die Datensammlung dar. Neben den oben genannten Expertengesprächen und sekundären Quellen wie z. B. unternehmensinterne Berichte wurden Informationen vor allem durch narrative Interviews mit den von Betriebsübergängen betroffenen Mitarbeitenden eines FM-Anbieters gewonnen. Außerdem wurde mit diesen Mitarbeitenden eine Fragebogenumfrage durchgeführt.

Hiernach werden im *vierten* Abschnitt die gesammelten Daten der Fragebögen einer ersten Analyse analysiert. Besonders die narrativen Interviews erscheinen geeignet, die vermuteten Kausal- und Wirkungszusammenhänge für das Verhalten der vom Betriebsübergang betroffenen Mitarbeitenden offenzulegen.

Im *fünften* Abschnitt werden die gesamten Ergebnisse vorgestellt. Warum die Motivation der übernommenen Mitarbeitenden gesunken bzw. warum ihre Unzufriedenheit nach ihrem Betriebsübergang gestiegen ist, kann vor allem mit Hilfe der Beantwortung der relevanten Fragestellungen in Bezug auf den Mitarbeitergang im Outsourcingprozess gezeigt werden (s. Kapitel III, Abschnitt 2.1).

Schließlich folgt im *sechsten* Abschnitt eine Diskussion der Ergebnisse. Es wird gezeigt, dass nicht der Outsourcing-Anbieter Einfluss auf die Motivation der übernommenen Mitarbeitenden hat, sondern vor allem deren Team selbst. Neben der Diskussion der durch die Fragebogenumfrage und in den narrativen Interviews bestätigten Ergebnisse werden auch die verschiedenen theoretischen Ansätze dieser Arbeit auf ihre Eignung als mögliche Erklärungen für die Mitarbeitermotivation im Outsourcing geprüft.

1. „Analytic Narratives": die disziplinierte Erzählung

Zunächst wird im Abschnitt 1.1 der Begriff „Analytic Narratives" (AN) eingeführt und erläutert. Gemäß dem AN-Ansatz können Theorien Bestätigung im Datenmaterial finden und/oder das Datenmaterial kann Hinweise auf neue oder noch nicht bedachte Erklärungsansätze liefern. Kann z. B. eine Theorie nicht empirisch bestätigt werden, ist es mit Hilfe des rekursiven Verfahrens möglich, das Datenmaterial erneut zugunsten einer geeigneteren Theorie zu untersuchen. Dieses im Abschnitt 1.2 vorgestellte Verfahren kann so lange wiederholt werden, bis eine gewählte Theorie mit dem Fallmaterial übereinstimmt.

AN als eine empirisch-sozialwissenschaftliche Analysemethode eignet sich besonders, komplexe Makrophänomene durch die Mikromotive der Akteure zu erklären. Der Abschnitt 1.3 setzt sich mit der Eignung von „Analytic Narratives" auseinander.

1.1 Begriffsbestimmung „Analytic Narratives"

Seit den Beiträgen Thucydides (1951) ist die Erzählung eine in der Wissenschaft anerkannte Form der Analyse, um menschliches Handeln und Verhalten in seinem Kontext zu erklären. Erzählungen beinhalten oft Mythologien, Hagiographien und Moralvorstellungen ihrer Zeiten, welche auf den von einer Gemeinschaft geteilten Normen und Idealen beruhen.[19] Sie können leicht falsch gedeutet werden, indem sie sich einer objektiven Beurteilung entziehen oder für bevorzugte Erklärungen missbraucht werden (Lustick 1996; Bates et al. 1998: 12). Deshalb wurde es lange vermieden, mit Erzählungen empirische Evidenz aufzubauen. Sie wurden durch quantitative Untersuchungen fast vollständig ersetzt (Fogel/Elton 1983).

Heutzutage stoßen Erzählungen wieder auf großes Interesse (Boje 1991; Ylijoki 2005; Schreyögg/Koch 2005). Statements wie „all relevant knowledge is narrative know-ledge" und „all knowledge is embedded in narratives" stellen den Kern der Debatte dar (Wenger 1999; Brown/Duguid 2000). Erzählungen ermöglichen detailgetreue Beschreibungen und können den Leserinnen ein adäquates Verständnis von komplexen Situationen vermitteln (Polkinghorne 1988; Hänninen 2004; Oliver/Snowden 2005: 15). Sie sind eine „sense-making currency" (Boje 1994: 53).

Erzählungen sind ein „ein nützliches Werkzeug", um zeitliche Abfolgen, besondere Ereignisse und Folgen menschlichen Handelns zu berücksichtigen (Mahoney 1999: 1164). Eine Erzählung gibt eine Handlung wieder, die durch eine sequentielle Darstellung mit Anfang, Höhepunkt und Ende gekennzeichnet ist und individuelles Handeln in einem chronologischen und logischen Zeitablauf erklären kann (Bates et al. 1998: 14; Schreyögg/Koch 2005: 2).

---

[19] Hagiographien bezeichnen eine Bildersprache wie z. B. Hieroglyphen.

Durch Erzählungen werden übergreifende Handlungszusammenhänge und Handlungsverkettungen sichtbar. Sie beinhalten mehr als nur Fakten, indem Erfahrungen und Erlebnisse vergleichend und erklärend wiedergegeben werden können. Sie kombinieren Vorfälle, Fakten und Pseudofakten sowie Erfahrungen des spezifischen Kontextes einer Situation (Schreyögg/Koch 2005). Ihre besondere Bedeutung liegt vor allem darin, dass subjektive Bedeutungsstrukturen, die sich beim Erzählen über bestimmte Ereignisse herausschälen, einem systematischen Abfragen, wie z. B. mit Fragebögen, verschlossen blieben.

Es wird angenommen, dass die in einer AN enthaltene Erzählung durch *zwei* Sachverhalte „diszipliniert“ wird. Erstens kombiniert eine AN erzählende Verfahren mit analytischen Werkzeugen, die aus Theorien oder Modellen abgeleitet sind (Geertz 1973; Fenno 1990; Levi 2003). „Theory linked to data is more powerful than either data or theory alone.“ (Bates et al. 1998: 2). Der ausdrückliche *Gebrauch von Theorie oder Modellen als Bezugsrahmen für die Empirie* wandelt den „case from apprehension to explanation“ und transformiert Geschichten in analytische Erzählungen (Bates et al. 1998: 12).

Doch nicht nur der Gebrauch von Theorien und Modellen „diszipliniert“ die Interpretation der Erzählung, sondern auch, zweitens, die *Präsentation des „case materials“* (Levi 2003: 6). Eine AN ermöglicht „understanding via richness, texture, and detail" (Ortner 1996: 26). Dabei bilden nicht nur Statistiken und Dokumente das analytische Fundament, sondern auch die Stimmungen, Meinungen und Entscheidungen der Akteure („in-depth investigation“; Bates et al. 1998: 3).

Im Fokus der AN stehen die ihnen zugrunde liegenden Erzählungen, deren Kontext und die dazu erhobenen Daten (Bates et al. 1998). Die Erzählung „diszipliniert“, indem nicht nur spezifische Ereignisse und komplexe Phänomene wiedergegeben werden, sondern auch der Prozess der Untersuchung offengelegt wird (Ortner 1996; Bates et al. 1998: 10-11; Levi 2002). AN beziehen Details wie Zeit und Ort mit ein, allerdings in einer Rahmenbedingung, welche diese Details unter Berücksichtigung ihres Zweckes für die ihr zugrunde liegende Erzählung diszipliniert (Thelen 1999: 370). Dies entspricht der Forderung des „historical process tracing“ (Bates et al. 1998: 13). Durch die chronologisch genaue Nachverfolgung eines bestimmten Prozesses wird versucht, einen möglichst logisch nachvollziehbaren und begründbaren Zusammenhang zwischen einer oder mehreren unabhängigen Variablen und dem Ergebnis einer abhängigen Variablen aufzudecken (George/McKeown 1985). Die Untersuchung wird transparent, die Ergebnisse sind leichter zu interpretieren und ihre Bedeutung lässt sich konstruktiver kritisieren. Dadurch soll eine möglichst genaue und detaillierte Beschreibung erreicht werden. „Looking back, we can see that the construction of analytic narratives is an iterative process [...] we seek to convert "descriptive historical" accounts into "analytic ones" that are couched in "theoretically relevant" language." (Bates et al. 1998: 16).

Im folgenden Abschnitt wird das rekursive Verfahren im AN-Ansatz vorgestellt. Das rekursive Verfahren ermöglicht die Annahmen den empirisch bestätigten Ergebnissen anzupassen.

1.2 Rekursives Verfahren im Analytic-Narratives-Ansatz

Einer AN liegt ein Problem, ein Phänomen oder ein Rätsel zugrunde. Der Ansatz ist weder theorie- noch methoden-, sondern problemorientiert (Bates et al. 1998: 11; Levi 2003). Der Ansatz geht davon aus, dass qualitative Methoden als empirische Verfahren durch Einsicht und Vertiefung erst den Stoff für mögliche, gegebenenfalls alternative Erklärungen liefern. Möglich ist dies durch das rekursive Verfahren (Hanisch 2003: 130).

Nach Einführung in das Forschungsgebiet aus möglichst vielen unterschiedlichen Perspektiven und Beschreibung der sich stellenden konkreten Fragestellung (1.) werden durch Expertengespräche die Hauptprobleme identifiziert und grundlegende Daten über wichtige Akteure, deren Interaktionsmuster, ihre Handlungsressourcen sowie über formale und informale Organisationen gesammelt (2.). Die Datensammlung kann zudem auf Literatur- und Dokumentenanalyse basieren, wie z. B. Archiveinträgen, Bilanzen und Statistiken sowie direkten bzw. indirekten Beobachtungen. Den daraufhin vermuteten, theoretisch gestützten Kausal- und Wirkungszusammenhängen wird dann in vertiefenden Interviews nachgegangen.

Nach Zusammenführung der Ergebnisse (3.) dient die empirische Datensammlung bzw. die Informationsgewinnung dazu, die reale Situation möglichst detailgetreu abzubilden und mit Hilfe den aus einer gewählten Theorie abgeleiteten Annahmen zu analysieren (4.). Nach Analyse der Daten können auf diese Weise theoriebasierte Erklärungsbeitrages gewonnen werden (5.).

Um die Gültigkeit dieser Erklärungsbeiträge zu überprüfen, werden diese anschließend anhand der folgenden Fragensequenz geprüft (6.; Bates et. al 1998: 14-18):

a. *Stimmen die Annahmen des theoretischen Erklärungsbeitrages mit dem überein, was man über die Praxis weiß?* Je besser dies der Fall ist, umso weniger Raum wird für die Diskussion der Interpretation gelassen.

b. *Stimmen die Annahmen des theoretischen Erklärungsbeitrages mit den erhobenen Daten überein?* Dazu müssen alle Daten und Informationen offengelegt werden. Die Begründung der Daten und Informationen muss für jeden nachvollziehbar sein. Im Prozess des Begründens von Vorgängen und des Bildens von Erklärungen hilft die Theorie, Faktoren zu entdecken, die durch die Betrachtung der Empirie alleine nicht offengelegt werden können.

c. *Wie generalisierbar ist der theoretische Erklärungsbeitrag?* Ziel sind nicht die Lieferungen von „universal laws of human behaviour" (Bates et al. 1998: 11). Vielmehr ist es Ziel, alternative Lösungsvorschläge und/oder einen Ausblick auf mögliche weitere Forschungen geben zu können. Wichtig dabei ist, immer offenzulegen, warum eine gewählte Theorie geeignet ist, den untersuchten Sachverhalt zu erklären (Levi 2002).

Ist die Güte der Erklärung (noch) unbefriedigend, müssen die den Annahmen zugrunde liegenden Theorien verworfen werden. Es erfolgt dem rekursiven Verfahren entsprechend ein neuerlicher Zugriff auf die vorhandenen Daten oder gegebenenfalls eine weitere empirische Phase (s. Abb. V-1 Phasen 2-5). Die Suche nach theoretischen Erklärungen stimuliert so das qualitative empirische Entdecken, ebenso wie dieses wiederum zur Theoriebildung animiert. Die so erreichten empirischen Einsichten zielen auf das Ausfüllen des vorgegebenen analytischen Rahmens, können diesen aber aufgrund der sukzessiven gewonnenen Erkenntnisse auch weiterentwickeln.

Die folgende Abbildung zeigt das rekursive Verfahren im Überblick.

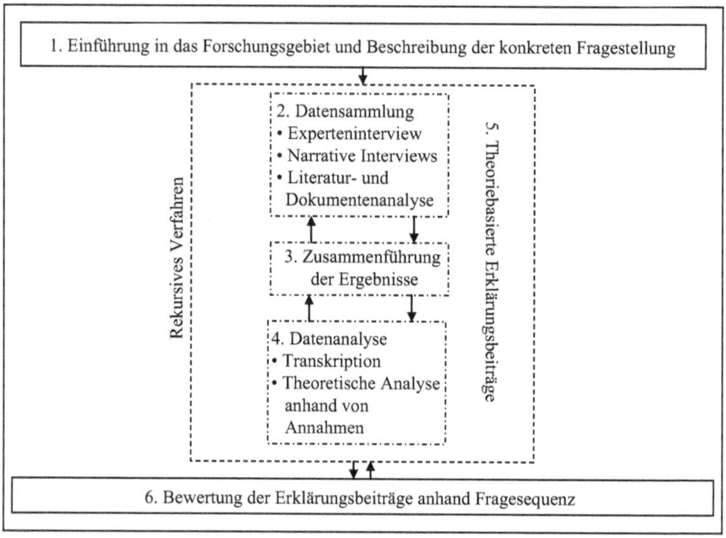

Abb. IV-1: Rekursives Verfahren im Analytic-Narratives-Ansatz (Eigene Darstellung)

Der nächste Abschnitt wird untersuchen, ob AN für die Beantwortung der dieser Arbeit zugrunde gelegten Fragestellungen überhaupt geeignet sind.

1.3 Eignung von Analytic Narratives

Der Beitrag von Bates et al. (1998) war Anstoß für eine breit gefächerte methodische und theoretische Diskussion (Goldstone 1999; Bates et al. 2000a, b; Carpenter 2000; Elster 2000; Mahoney 2000, 2003; Parikh 2000; Skocpol 2000; Munck 2001; Levi 2002). In den Beiträgen wird immer wieder der geringe Innovationswert von AN bemängelt. Dieser ist insofern gering, da die Forderung nach der Verknüpfung von Empirie und Theorie für Wirtschafts- und Sozialwissenschaftler genauso wenig neu ist, wie die Überzeugung der Wissenschaftler Bates et al. (1998: 3), dass empirisch fundierte Theorien wirkungsvoller sind als Theorien oder Empirien für sich alleine.

Jedoch ist der Innovationswert dieses Ansatzes hoch, wenn man bedenkt, dass durch die Vereinigung deduktiver und rekursiver Methoden neue Einsichten auf eine konkrete Fragestellung generiert werden können. So integriert dieser Ansatz den deduktiven Prozess, da auf Grundlage empirischer Untersuchungen Theorien getestet werden, als auch den induktiven Prozess, da diese bei deren Falsifizierung modifiziert und neue Theorien eingeführt werden können.

Dies ist möglich, da sich AN in der chronologischen und systematischen Darstellung und Präsentation des zu untersuchenden Sachverhaltes von anderen analytischen Darstellungen unterscheiden (Bates et al. 2000b: 696; Levi 2003). Während traditionelle Studien auf die spezifischen Merkmale eines Einzelfalles fokussieren, konzentrieren sich analytische Erzählungen in der Regel auf den Prozess des Suchens nach allgemeinen Erklärungen und Mustern. „By trying to systematize we begin ourselves – and other – to laxly out the rules for doing an analytic narrative and to clarify how such an approach advances knowledge" (Bates et al. 2000b: 696). Durch den sehr offen gewählten Zugang von AN zum Fallmaterial und der Vorgehensweise kann dem – gegenüber qualitativen Daten oft erhobenen – Vorwurf der „Datenpasserei" entgegengewirkt werden.

Darüber hinaus werden nicht nur quantitative oder qualitative Daten zur empirischen Überprüfung herangezogen, sondern diese in ihren Ergebnissen vergleichend einander gegenübergestellt, um so neue Einsichten generieren zu können. In der in dieser Arbeit verwendeten AN werden dafür Fragebögen und narrative Interviews verglichen.

Vorteilhaft ist auch die nachvollziehbare Bewertung anhand der oben vorgestellten Fragesequenz, um die Gültigkeit der theoriebasierten Erklärungsansätze zu überprüfen. Wenn die Hypothese und die Annahmen den bekannten Fakten entsprechen und mit den Ergebnissen logisch stringent sind, ist die Wahl der zugrunde gelegten Theorie geeignet.

Es ist aber durchaus möglich, dass die gewählten Theorien die Erklärungen nicht eindeutig stützen. AN sollten daher eher als Ergänzungen denn als Substitute weiterer, empirischer Untersuchungen verstanden werden (Bates et al. 1998: 13).

Doch auch bei logisch stringenten Annahmen und Ergebnissen muss die zugrunde gelegte Theorie nicht unbedingt geeignet sein. Levi (1998) löst dieses Problem, indem sie nicht die Theorien gegeneinander abwägt, sondern diese zusammenfasst. Sie legt daher ihrer AN ein Modell zugrunde, das mehrere Ansätze in sich vereinigt und mehrere Interpretationen zulässt.

Besonders geeignet ist der AN-Ansatz, um die Unterschiede zwischen einander vergleichbaren Erzählungen zu erklären. AN bieten die Möglichkeit, bei gleichen Beobachtungen und Resultaten unter verschiedenen Erklärungen zu wählen. So haben z. B. Individuen unterschiedliche Normen und Werte, die nur kontextabhängig verstanden werden können. „The observationally equivalent interpretations rest on markedly different theories of behavior. To settle upon an explanation, we must move outside the game and investigate empirical materials. We must determine how the opponent's beliefs shape their behavior. This blend of strategic reasoning and empirical investigation helps to define the method of analytic narratives." (Bates et al. 1998: 241).

Da für AN oft kaum ausreichend empirische Daten vorliegen (Levi 2003), ist die Forderung nach Generalisierung der Ergebnisse kaum zu erfüllen. Dafür ist auch die Stichprobengröße der für diese AN durchgeführten narrativen Interviews und Expertengespräch viel zu klein.

Doch AN sollen nicht generalisierbare Lösungen bieten, sondern mögliche Ursachen und Gründe für das untersuchte Problem aufzeigen. Levi (2003) argumentiert, dass AN selten eine endgültige Lösung für ein Problem anbieten, da ein Problem entweder unterschiedliche Ursachen haben oder es selbst nur unzureichend eingegrenzt werden kann. So ist das Primärziel von AN, bei besonders komplexen Problemen zum Erkenntnisstand der Wissenschaft und Forschung beizutragen.

Im nächsten Abschnitt wird der theoretische Analyserahmen der hier verwendeten AN vorgestellt. Daraus wurden die Annahmen abgeleitet.

2. Theoretischer Analyserahmen und Annahmen

Der theoretische Analyserahmen beinhaltet die Annahmen, die aus den im dritten und vierten Kapitel dieser Arbeit vorgestellten Theorien abgeleitet wurden. Diese Annahmen fanden vor allem in der zusätzlich zur AN durchgeführten Fragebogenumfrage ihre Berücksichtigung. Allerdings sind keine aus der Theorie der sozialen Identität und dem Beziehungsansatz abgeleiteten Annahmen im Fragenbogen berücksichtigt worden, da die Notwendigkeit einer solchen Berücksichtigung erst nach der Analyse der narrativen Interviews erkannt wurde.

Mit dem *ressourcenorientierten Ansatz* kann Outsourcing durch die Realisierung von Wettbewerbsvorteilen auf Grundlage von unternehmensspezifischem Wissen begründet werden (s. Kapitel III, Abschnitt 1). *Hypothese dieser Arbeit* ist, dass Outsourcing-Anbieter die Mitarbeitenden besser motivieren könnten als zuvor das auslagernde Unternehmen.

H Outsourcing-Anbieter könnten die von Betriebsübergängen betroffenen Mitarbeitenden besser motivieren als die auslagernden Unternehmen.

Da der ressourcenorientierte Ansatz Motivation selten thematisiert, sondern als eine exogen gegebene Variable annimmt, ist nicht klar, *warum* die vom Outsourcing betroffenen Mitarbeitenden motiviert sein sollten, zum unternehmensspezifischen Wissen des aufnehmenden Unternehmens beizutragen.

Deswegen wurden zusätzlich *motivationspsychologische Erklärungsansätze* in die Untersuchung miteinbezogen. Die folgenden dazu aufgeführten Annahmen entsprechen in ihrer Reihenfolge dem Aufbau des Fragebogens (s. Abschnitt 3.4 dieses Kapitels).

Die *Selbstbestimmungstheorie* gliedert als Erklärung für die Motivation der vom Outsourcing betroffenen Mitarbeitenden deren Bedürfnisse nach Autonomie, Kompetenzerleben und sozialer Zugehörigkeit (s. Kapitel III, Abschnitt 4).

Aus der Selbstbestimmungstheorie ergeben sich die folgenden *drei* Annahmen:

A_1: Das Autonomieempfinden der von Betriebsübergängen betroffenen Mitarbeitenden steigt nach der Mitarbeiterübernahme.

Mit der Vergabe ihres Arbeitsplatzes an einen Outsourcing-Anbieter kann das Autonomieempfinden der Mitarbeitenden steigen, da nun ihre Teams im Kernprozess des aufnehmenden Unternehmens arbeiten. Das bedeutet, die Teams der übernommenen Mitarbeitenden in der Hierarchie höher stehen können als zuvor beim auslagernden Unternehmen, wo sie im Supportprozess tätig waren. Dadurch erhalten sie mehr Zuständigkeiten.

A_2: Das Kompetenzerleben der von Betriebsübergängen betroffenen Mitarbeitenden steigt nach der Mitarbeiterübernahme.

Mit der Vergabe ihres Arbeitsplatzes an einen Outsourcing-Anbieter kann das Kompetenzerleben der Mitarbeitenden steigen. Das Unternehmen misst ihrer Arbeit Bedeutung bei und kann diese auch besser beurteilen als das auslagernde Unternehmen. Dadurch besteht die Möglichkeit der konkreten Anerkennung ihrer Arbeit z. B. in Form von Boni oder durch Aufstiegschancen. Die von Betriebsübergängen betroffenen Mitarbeitenden können nicht nur die Zusammenhänge zwischen Ursache, Ziel und Wirkung ihrer nun wettbewerbsrelevanten Tätigkeiten eigenverantwortlich erleben, sondern auch nachvollziehen.

A_3: Das soziale Gruppenzugehörigkeitsgefühl der von Betriebsübergängen betroffenen Mitarbeitenden steigt nach der Mitarbeiterübernahme.

Mit der Vergabe ihres Arbeitsplatzes an einen Outsourcing-Anbieter kann das soziale Zugehörigkeitsgefühl der Mitarbeitenden steigen. Die vom Outsourcing betroffenen Mitarbeitenden führen im aufnehmenden Unternehmen eine wettbewerbsrelevante Tätigkeit aus. Das Ansehen der vom Outsourcing betroffenen Mitarbeitenden im aufnehmenden Unternehmen wird aufgewertet, da sie nun nicht mehr länger Kostenverursacher, sondern Profitträger sind. Ihr soziales Zugehörigkeitsgefühl zum Unternehmen steigt.

Den im dritten Abschnitt des vierten Kapitels dieser Arbeit eingeführten und den bei Weibel (2004: 206 ff.) näher ausgeführten Erläuterungen zum „*Organizational Citizenship Behavior*“ nach ergibt sich, dass die freiwilligen Leistungen der vom Outsourcing betroffenen Mitarbeitenden steigen könnten (s. Kapitel III, Abschnitt 4.1): Die von Betriebsübergängen betroffenen Mitarbeitenden sind ihren Kolleginnen gegenüber hilfsbereiter (Annahme 5). Sie arbeiten unkomplizierter (Annahme 6), gewissenhafter (Annahme 7) und zeigen mehr Eigeninitiative (Annahme 8). Eine Annahme dient als Kontrolle dieser Annahmen (Annahme 4).

A_4: Die von Betriebsübergängen betroffenen Mitarbeitenden erfüllen ihre im Arbeitsvertrag festgelegte Pflicht.

A_5: Die von Betriebsübergängen betroffenen Mitarbeitenden arbeiten beim aufnehmenden Unternehmen hilfsbereiter als beim auslagernden Unternehmen.

A_6: Die von Betriebsübergängen betroffenen Mitarbeitenden arbeiten beim aufnehmenden Unternehmen unkomplizierter als beim auslagernden Unternehmen.

A_7: Die von Betriebsübergängen betroffenen Mitarbeitenden arbeiten beim aufnehmenden Unternehmen gewissenhafter als beim auslagernden Unternehmen.

A_8: Die von Betriebsübergängen betroffenen Mitarbeitenden zeigen beim aufnehmenden Unternehmen mehr Eigeninitiative bei ihrer Arbeit als beim auslagernden Unternehmen.

Die *Theorie der psychologischen Verträge* betont die gegenseitige Wertschätzung der Beweggründe, damit relationale Verträge sich nicht in transaktionale Verträge umwandeln. Vor allem Versprechungen müssen eingehalten, freiwillige Arbeitsleistungen honoriert und die Mitarbeitenden fair behandelt werden (s. Kapitel III, Abschnitt 3).

Um zu unterscheiden, ob die freiwillige Arbeit zugunsten der Teammitglieder oder aber zugunsten des aufnehmenden Unternehmens bzw. aufgrund der in den Unternehmen unterschiedlichen Managementmethoden geleistet wurde, wurden mittels der Theorie der psychologischen Verträge die folgenden beiden Annahmen aufgestellt:

A_9: Die von Betriebsübergängen betroffenen Mitarbeitenden identifizieren sich mit dem Outsourcing-Anbieter mehr als mit dem auslagernden Unternehmen.

A_{10}: Die von Betriebsübergängen betroffenen Mitarbeitenden identifizieren sich mit ihrem neuen, direkten Vorgesetzten mehr als mit ihrem ehemaligen direkten
Vorgesetzten im auslagernden Unternehmen.

Im nächsten Abschnitt wird der Aufbau des Fragebogens vorgestellt. Zudem werden auch die mittels narrativer Interviews gesammelten Daten dargelegt.

3. Datensammlung

Die Durchführung der Datensammlung war an Bedingungen geknüpft, die von den an den Umstrukturierungsaktivitäten beteiligten Unternehmen gestellt worden waren. Zentrale Bedingung war die *Vereinbarung einer Geheimhaltungsverpflichtung.* Alles, was die Identität der Unternehmen und der Auskunftspersonen offenlegen könnte, wurde daher anonymisiert.[20] Die Ergebnisse sind nur in aggregierter und anonymer Form veröffentlicht. Die weiteren *vier* Bedingungen werden in ihren entsprechenden Abschnitten erläutert.

Die folgenden Abschnitte 3.1 – 3.4 dienen dazu, die an den Umstrukturierungsaktivitäten beteiligten Unternehmen, die Auskunftspersonen und die Erhebungsmethoden vorzustellen. Zunächst wurden durch Expertengespräche das Problem der Mitarbeitermotivation im Betriebsübergang identifiziert und grundlegende Informationen gesammelt. Die Ursache- und Wirkungszusammenhänge wurden in narrativen Interviews mit den vom Betriebsübergang betroffenen Auskunftspersonen vertiefend dargelegt und dann anhand von Fragebögen geprüft. Die Herangehensweise an das Problem begründet auch die Reihenfolge des Einsatzes der verschiedenen Techniken und die Reihenfolge der folgenden Ausführungen.

3.1 Beteiligte Unternehmen

Das FM-Unternehmen FAMA ist ein weltweit tätiges, mittelständisches Unternehmen mit Hauptsitz in Deutschland; es erwirtschaftet jährlich einen dreistelligen Millionenumsatz.[21] Mit seinem Leistungsspektrum und Know-how im FM ist das Unternehmen in Europa führend. Das Unternehmen FAMA hat eine fast 100-jährige Tradition.

Die Kernkompetenz des Unternehmens FAMA liegt im technischen FM, wo mit qualifiziertem Personal ein hoher Eigenleistungsanteil erreicht wird. Besondere Kompetenzen hat sich das Unternehmen in den Branchen der Finanzdienstleister und der Halbleiterindustrie sowie im Management von komplexen Industriestandorten angeeignet. In einigen Teilbereichen des infrastrukturellen FM bildet das Unternehmen strategische Allianzen, um das gesamte Leistungsspektrum abdecken zu können.

Das Unternehmen sieht FM beim nachfragenden Unternehmen als einen wissensintensiven Supportprozess an, der dessen Kernprozesse unterstützt. Es definiert FM nicht nur als operatives Management von immobilienbezogenen Leistungen, sondern vor allem als strategisches Management der nutzerspezifischen Bedürfnisse in einer Immobilie. „So ermöglicht […] Facility Management wissensintensive Dienstleistungen auf höchstem Niveau bei technisch anspruchsvollen und komplexen Aufgabenstellungen und Gebäuden, z. B. in der Pharma- und Mikro-

[20] Die an dieser Studie teilnehmenden Mitarbeitenden werden als Auskunftspersonen bezeichnet. Ansonsten wird allgemein von den Mitarbeitenden gesprochen.

[21] Die in diesem Teil der Arbeit genannten Unternehmensnamen sind Fantasienamen.

elektronik-Industrie, indem es ungestörtes, angenehmes und gepflegtes sowie zukunftsorientiertes Arbeiten ermöglicht. D. h., das Unternehmen übernimmt auch solche Arbeits-, Organisations- und Denkprozesse, die bis in die Nähe der eigentlichen Kernkompetenzen reichen." (o. V. 2007).

Das FM-Unternehmen bezeichnet seine Mitarbeitenden neben seinen Kunden als die wichtigsten Partner: „Qualität wird nur durch kooperative Zusammenarbeit aller Mitarbeiter und Kollegen erbracht. Wir sind so gut wie unsere Mitarbeiter. Deshalb wollen wir, dass unsere Mitarbeiter bei ihrer Dienstleistungserbringung ihre Fähigkeiten und ihr Engagement einbringen, damit wir gemeinsam unsere Qualitätsziele erreichen. Die Verantwortung für die erreichte Qualität liegt bei jedem von uns, sowohl beim Vorgesetzten als auch beim Mitarbeiter."

Die Mitarbeiterpolitik des FM-Unternehmen ist, die Fachbereiche des auslagernden Unternehmens bei der Bewältigung des operativen Geschäftes zu unterstützen. Dies erfolgt durch die Bereitstellung von qualifiziertem und ausreichendem Personal sowie durch die „Anwendung geeigneter personalwirtschaftlicher Instrumente." (o. V. 2007). Durch die Entwicklung neuer und die Weiterentwicklung schon vorhandener Konzepte und deren konsequente Umsetzung möchte das FM-Unternehmen ein attraktiver Arbeitgeber „für bestehende und künftige Mitarbeiter" sein (o. V. 2007). Schwerpunkte der Mitarbeiterpolitik des FM-Unternehmen sind dafür Personalplanung, Integration und Einarbeitung neuer Mitarbeitenden, Personalentwicklung und Entwicklung zeitgemäßer Vergütungsmodelle. „Damit erreicht unsere Personalarbeit auch eine klar strategische Bedeutung, die aus der strategischen Unternehmensführung abgeleitet ist." (o. V. 2007).

Zudem braucht es für globale Erfolge „eine gehörige Portion Weltoffenheit, Einfühlungsvermögen und die Fähigkeit, über Grenzen hinweg mit Kunden, Kollegen und Lieferanten aus unterschiedlichen Kulturen gut zusammenzuarbeiten. Dazu gehört auch, dass wir – bei aller Komplexität, die unsere anspruchsvollen Projekte mit sich bringen – Spaß an unserer Arbeit haben. In diesem „Faktor Mensch" sehen wir unsere Stärke, die wir gezielt fördern und ausbauen." (o. V. 2007).

Das Unternehmen TECHNIK wurde 1955 als ein Technik-Unternehmen gegründet. 1968 und 1969 verschmolz dieses Unternehmen mit zwei Konkurrenten zu einem Konzern. 1981 wurde der Konzern von einem Tochterunternehmen eines deutschen Automobilherstellers übernommen. 1995 wurde aus dem Konzern eine 100-prozentige Tochtergesellschaft ausgegründet. 2002 fusionierte dieses Tochterunternehmen mit dem FM-Unternehmen FAMA, d. h. das Unternehmen konnte seit fünf Jahren zu dieser Umstrukturierungsaktivität Erfahrungen sammeln.

Das Unternehmen BANK wurde im ausgehenden 19. Jahrhundert gegründet. 1995 gründete das Unternehmen ein 100-prozentiges Tochterunternehmen. 1999 übernahm das FM-Unternehmen FAMA 49 % an diesem Tochterunternehmen, während 51 % beim Mutterunternehmen verblieben. 2002 erhöhte das FM-Unternehmen FAMA seine Anteile auf 100 %, d. h. das Unternehmen konnte seit sieben Jahren zu dieser Umstrukturierungsaktivität Erfahrungen sammeln.

3.2 Betriebsübergänge der Auskunftspersonen

Das Unternehmen FAMA gab einen Pool von möglichen Auskunftspersonen vor. Dieser Pool setzte sich aus zwei Projekten zusammen. Das Unternehmen TECHNIK stellt einen internationalen Konzern im Technologiesektor dar. Das Unternehmen BANK gehört der Finanzdienstleistung an. Beide Unternehmen sind im Deutschen Aktienindex gelistet.

Die Übernahme der Mitarbeitenden des Projektes TECHNIK erfolgte bei einer Fusion, die Übernahme der Mitarbeitenden des Projektes BANK bei einem Outsourcing. Neben dem Trend zum Outsourcing gibt es momentan außerdem einen einzigartigen wert- und zahlenmäßigen Boom von Fusionen und Unternehmenskäufen (Schäfer 1999; Porter 2000; Strohmer 2001; Grube/Töpfer 2002; Engelhardt 2005; Eigendorf 2007). Auch hier fallen zahlreiche Misserfolge auf (Zahn/Soehnle 1996; Ngwenyama/Bryson 1999; Zentes/Swoboda/Morschett 2005; Giera/Parker 2006; Accenture 2007). Sowohl ein Outsourcing als auch eine Fusion können im Bezug auf die davon betroffenen Mitarbeitenden bedingt miteinander verglichen werden. Dies ist aus *zwei* Gründen möglich.

Erstens sind *beide Prozesse strukturell vergleichbar*. Outsourcing ist ein Spezialfall der „Make-or-buy"-Literatur (Williamson 1991; Connor/Prahalad 1996). Sowohl bei einer Unternehmensübernahme als auch beim Outsourcing müssen die übernommenen Mitarbeitenden sich in ein ihnen fremdes Unternehmen mit anderen Kulturen, Arbeitsabläufen und Mitarbeitenden einfügen. Auch bei einer Fusion geben alle beteiligten Unternehmen ihre Unternehmensidentität zugunsten einer neuen auf. Doch dass zwei oder sogar mehrere Unternehmen zusammen eine komplett neue Unternehmensidentität aufbauen, ist illusorisch. Die Praxis lehrt, dass es immer einen Übernehmenden und einen Übernommenen gibt. Sowohl Outsourcing als auch Unternehmensübernahmen und Fusionen können unter diesem Gesichtspunkt miteinander verglichen werden (Haspeslagh/Jemison 1992; Linder/Cole/Jacobson 2002; Hollekamp 2005).

Bei „Mergers & Acquisitions“ können Probleme auftreten, die identisch sind mit den bei Outsourcing auftretenden Schwierigkeiten. Doch die „Mergers & Acquisitions“-Literatur betont, anders als die Outsourcing-Literatur, besonders die Integration als erfolgsentscheidenden Aspekt des Prozesses (Larsson/Finkelstein 1999; Picot/Baumann 2007). Der *Fokus auf die Integrationsthematik* ist also der zweite Grund für die Einbeziehung der „Mergers & Acquisitions“-Literatur (s. Kapitel III, Abschnitt 2.1).

Im Folgenden wird allgemein von einem Betriebsübergang gesprochen. Die Betriebsübergänge der vom FM-Unternehmen FAMA übernommenen Auskunftspersonen liegen somit fünf bis sieben Jahren zurück. Im folgenden Abschnitt werden die zu den Auskunftspersonen erhobenen Daten vorgestellt.

3.3 Auskunftspersonen

Eine zweite vom Unternehmen FAMA formulierte Bedingung war die *freiwillige Teilnahme der Auskunftspersonen*. Daher wurde zuerst ein Anschreiben aufgesetzt mit dem Ziel, den möglichen Auskunftspersonen das Vorhaben detailliert und aufschlussreich zu schildern.

Beim *Projekt TECHNIK* wurde das Anschreiben als E-Mail von einer Betriebsrätin versendet. Bei diesem Projekt *nahmen von 25 angeschrieben 14 Personen am Fragebogen und narrativen Interview teil*; eine Betriebsrätin und der leitende Manager fanden sich für Expertengespräche bereit. Dies entspricht einer *Rücklaufquote von 64 %*. Ein Grund für die hohe Rücklaufquote war die vertrauensfördernde Unterstützung der Betriebsrätin.

Beim *Projekt BANK* wurde das Anschreiben von einem leitenden Manager versendet. Beim Unternehmen BANK *nahmen von 248 angeschriebenen 21 Personen an den Fragebögen und narrativen Interviews teil*; eine Person davon kam für ein Expertengespräch in Frage. Die *Rücklaufquote beträgt ca. 8,5 %*. Die geringe Rücklaufquote kann zum Teil dadurch erklärt werden, dass das Anschreiben in Form einer „Massenmail" an alle 248 Personen im Namen eines leitenden Angestellten versendet wurde.

Von den insgesamt 37 unternehmensinternen Personen *nahmen 34 Auskunftspersonen an den Fragebögen und narrativen Interviews teil*. Es ist anzunehmen, dass besonders diejenigen Personen an den Untersuchungen teilnahmen, die es als eine „Herzensangelegenheit" empfanden, ihre Erfahrungen zum Betriebsübergang mitzuteilen. Die Auskunftspersonen waren also ausreichend genug motiviert, um mögliche Nachteile für sich in Kauf zu nehmen. Möglicherweise sind dies aber auch die „Meckerer". *Neben den drei Experten, die bei den beteiligten Unternehmen arbeiten, standen drei weitere unternehmensexterne Personen für die Expertengespräche zur Verfügung.*

Das *Durchschnittsalter der Auskunftspersonen* des Projektes TECHNIK liegt bei 48 Jahren. Die Auskunftspersonen der Altersklasse von 45 bis 54 Jahre und Teilnehmer der Klasse von 55 bis 64-Jährigen waren jeweils zu ca. 29 % vertreten. Ca. 43 % der Auskunftspersonen der Altersklasse 16 bis 44 Jahre fanden sich für ein Gespräch bereit. Dabei ist anzunehmen, dass das subjektive Risikoempfinden in dieser Gruppe am größten sein muss. Die Auskunftspersonen sind entweder noch nicht ausreichend „hoch" in der Unternehmenshierarchie positioniert und/oder haben voraussichtlich noch die längste Verweildauer im Unternehmen.

Diese Überlegungen könnten auch begründen, warum sich beim Projekt BANK ein gegenläufiges Bild abzeichnete. Hier hatte nicht die Mitarbeitervertretung, sondern ein leitender Angestellter zur Teilnahme an der Studie aufgerufen. So waren nur ca. 29 % aller Auskunftspersonen der Altersklasse von 16 bis 44 Jahren zu Gesprächen bereit, während ca. 43 % der Auskunftspersonen der Altersklasse von 45 bis 54 Jahre und ca. 29 % der Auskunftspersonen der Altersklasse von 55 bis 64 Jahren teilnahmen. Das Durchschnittsalter betrug etwas weniger als 47 Jahre.

An den Gesprächen nahmen überwiegend Männer teil (ca. 91 %). Dies kann zwar zum Teil dadurch erklärt werden, dass bei beiden Unternehmen überwiegend Männer als mögliche Auskunftspersonen vertreten sind (TECHNIK ca. 77 %; BANK ca. 68 %).

Allerdings reagierten z. B. beim Projekt TECHNIK auffällig viele Frauen nicht auf das Anschreiben bzw. schrieben eine Absage. Ihr Anteil hier belief sich auf 60 %. Eine mögliche Erklärung ist, dass diese Frauen, welche nicht teilnahmen, in der Hierarchie nicht weit „oben" stehen und somit mögliche Nachteile stärker bewerteten als ihre eventuellen Vorteile durch die Teilnahme an einem Interview.

Alle Auskunftspersonen sind *fest angestellt im Unternehmen FAMA und arbeiten Vollzeit*. Ungefähr 86 % sind verheiratet, ca. 14 % ledig.

22 % der Auskunftspersonen sind im infrastrukturellen FM, 35 % im technischen FM und 43 % im kaufmännischen FM tätig. Ein möglicher Grund, warum insgesamt mehr Personen des kaufmännischen FM an der Untersuchung teilnahmen, ist, dass viele der angeschriebenen Mitarbeitenden des infrastrukturellen und des technischen FM über keine Unternehmens-E-Mail-Adresse verfügen. Weitere Recherchen ergaben, dass fast ein Drittel aller Mitarbeitenden im Unternehmen FAMA über keine E-Mail-Adresse im Unternehmen verfügen. Dies betrifft vor allem die „mobilen Einheiten" des infrastrukturellen und des technischen FM. 30 der insgesamt 34 Auskunftspersonen der narrativen Interviews füllten den Fragebogen aus.

Folgende Tabelle stellt die empirischen Ausgangsdaten der quantitativen und qualitativen im Überblick dar.

	Projekt TECHNIK	Projekt BANK
Anzahl der Fragebögen und Interviews sowie Rücklaufquote	• 14 Fragebögen • 14 narrative Interviews • 2 Experteninterviews • Rücklaufquote 64 %	• 20 Fragebögen • 20 narrative Interviews • 1 Experteninterview • Rücklaufquote 8,5 %
	• 3 Interviews mit unternehmensexternen Experten	
Alter der Auskunftspersonen	• Ø 48 Jahre • Altersklasse 55-64: 29 % • Altersklasse 45-54: 29 % • Altersklasse 16-44: 43 %	• Ø 47 Jahre • Altersklasse 55-64: 29 % • Altersklasse 45-54: 43 % • Altersklasse 16-44: 29 %
Tätigkeitsbereich	• Kaufmännisches Facility Management: 43 % • Technisches Facility Management : 35 % • Infrastrukturelles Facility Management : 22 %	
Anstellung/ Anstellungsgrad	• 100 % fest angestellt • 100 % Vollzeit	
Geschlecht	• 91 % Männer • 9 % Frauen	
Familienstand	86 % verheiratet; 14 % ledig	
Alle Werte sind gerundet.		

Tab. IV-1: Empirische Ausgangsdaten der quantitativen und qualitativen Analyse
(Eigene Darstellung)

Viele der Mitarbeitenden sind in den Unternehmen TECHNIK und BANK ausgebildet worden oder gleich nach ihrer Ausbildung dort eingestiegen. Von den 34 Auskunftspersonen der narrativen Interviews hatten nach eigenen Angaben 16 Personen eine Lehre absolviert, 6 Personen eine Fachschule besucht, 3 Personen einen Meistertitel, 11 Personen ein Fachhochschuldiplom und 2 Personen ein Universitätsdiplom. Mehrfachnennungen waren möglich. Im kaufmännischen FM sind die Auskunftspersonen qualifizierter und besser ausgebildet als die Auskunftspersonen im technischen FM oder im infrastrukturellen FM. Das Ausbildungsniveau der Auskunftspersonen liegt etwas unter dem durchschnittlichen Ausbildungsniveau der FM-Branche.

Folgende Tabelle bildet das Ausbildungsniveau der Auskunftspersonen des Unternehmens FAMA und der Fachkräfte in der FM-Branche nach ihren Tätigkeitsbereichen ab.

Ausbildungsniveau der Auskunftspersonen des Facility Management-Unternehmens FAMA						
	Diplom Uni	Diplom FH	Meister/ Fachwirt	Lehre	Fach-schule	Sonstiges
KFM	10 %	20 %	5 %	30 %	15 %	20 %
TFM	0 %	18 %	6 %	46 %	18 %	12 %
IFM	0 %	20 %	10 %	40 %	10 %	20 %
Ausbildungsniveau der Fachkräfte in der Facility Management-Branche						
KFM	14 %	24 %	19 %	keine Angabe	keine Angabe	7 %
TFM/ IFM	12 %	38 %	23 %	21 %	keine Angabe	6 %

Mehrfachnennungen waren möglich.
Legende:
KFM = Kaufmännisches Facility Management
TFM = Technisches Facility Management
IFM = Infrastrukturelles Facility Management

Tab. IV-2: Ausbildungsniveau der Auskunftspersonen des FM-Unternehmens FAMA und der Fachkräfte in der FM-Branche im Vergleich (In Anlehnung an Friedrichsen 2005: 15)

Die Auskunftspersonen hatten schon mehrere Betriebsübergänge erlebt. Die ehemaligen Mitarbeitenden des Unternehmens TECHNIK erlebten in der Regel bis zu vier Betriebsübergänge, die ehemaligen Mitarbeitenden des Unternehmens BANK bis zu zwei Übergänge. Die Auskunftspersonen nahmen in den Gesprächen auf die vorhergegangen Betriebsübergänge Bezug. Die im Mittelpunkt dieser Untersuchung stehenden Betriebsübergänge liegen fünf bis sieben Jahre zurück.

Die Stichprobengröße ist nicht repräsentativ im Hinblick auf ihre soziodemographischen Merkmale – weder bezogen auf die Bevölkerung noch auf die Gruppe aller jemals von Betriebsübergängen betroffenen Mitarbeitenden. Ziel dieser Untersuchung ist aber auch nicht Repräsentativität, sondern eine möglichst große Bandbreite von Erlebnissen und Erfahrungen in die Erkenntnisse einfließen lassen zu können. Da insgesamt eher Auskunftspersonen der höheren Altersklassen teilnahmen, diese aber alle, auch in ihren jüngeren Jahren, Erfahrungen bei vorausgegangen Betriebsübergängen sammeln konnten, ist dies gewährleistet.

3.4 Sammlung der qualitativen Daten: das narrative Interview und das Expertengespräch

Das Expertengespräch ist eine Spezialform des qualitativen Interviews, mit dessen Hilfe bestimmtes Insiderwissen gewonnen wird (Pickel/Pickel 2003: 293). Experteninterviews unterscheiden sich vom narrativen Interview methodisch nur zum Teil, vor allem aber in der Auswahl der Auskunftspersonen.

Experten sind diejenigen, die über besonders tiefes Wissen bei bestimmten Sachverhalten verfügen, wie z. B. Mitglieder der Unternehmensleitung, Top-Manager oder Professoren. Als Experten können sie Handlungsalternativen, Ziele und Ergebnisse bei der Lösungssuche berücksichtigen, die mit ihrem Vorwissen korrespondieren. Um doppelte Ausführungen zu vermeiden, wird auf die Form des Expertengesprächs im Text nur explizit eingegangen, wenn sich Abweichungen zu der Form des narrativen Interviews ergeben.

Während AN einen Ansatz darstellen, mit der man Erklärungen für eine Erzählung durch die Suche nach geeignete Theorien finden kann, sind narrative Interviews eine Methode, um Daten für die in AN enthaltene Erzählung zu sammeln. Das narrative Interview wurde maßgeblich von dem Soziologen Schütze (1983, 1987) entwickelt. Es wird in *fünf* Phasen aufgeteilt: in die Erklärungs-, Einleitungs-, Erzähl-, Nachfrage- und in die Austauschphase.

3.4.1 Erste Phase des narrativen Interviews: die Erklärungsphase

In der ersten Phase, der Erklärungsphase, wird der Auskunftsperson erklärt, dass es sich nicht um ein Frage-Antwort-Interview handelt, sondern dass sie zu einem bestimmten Thema erzählt. Primäres Ziel der Erklärungsphase ist die Schaffung einer Vertrauensbeziehung zwischen den Interviewparteien oder zumindest von vertrauensfördernden Elementen. Dies kann z. B. durch das Schaffen einer entspannten Umgebung erreicht werden: „Nehmen Sie sich bitte all die Zeit, die Sie brauchen." Schütze (1987: 238) argumentiert, dass es für die Auskunftsperson „sinnvoll sein [muss], [ihre] Geschichte zu erzählen."

Eine dritte Bedingung von FAMA ist, dass *alle Interviews nur von einer Person durchgeführt werden.* Dies ist für das Gelingen eines narrativen Interviews förderlich, da aufgrund von Reziprozität Vertrauen geschaffen werden kann. Reziprozität zwischen den Interviewparteien entscheidet maßgeblich über das Gelingen oder Scheitern eines narrativen Interviews. Diese Reziprozität muss sich nicht unbedingt auf ein Vorgespräch mit der Auskunftsperson beziehen.

Es reichte nach Erfahrung der Verfasserin schon aus, wenn Auskunftspersonen vor ihrem Gesprächstermin mit denjenigen Auskunftspersonen ihre Erfahrungen austauschen konnten, die das Interview schon geführt hatten. So fanden sich z. B. spontan zwei weitere Personen unangemeldet bereit, an den Interviews teilzunehmen.

Eine vierte Bedingung des Unternehmens FAMA ist, dass *alle Gespräche im Unternehmen der Auskunftspersonen* stattfinden. Diese Bedingung war für die Förderung einer Vertrauensbasis zwischen den Interviewparteien vorteilhaft, da die Interviews in einer den Auskunftspersonen vertrauten Umgebung stattfanden und sie den einzelnen Raum selbst aussuchen konnten.

Allerdings ist ein ruhiger Raum für das Interview unerlässlich. In einem Extremfall bot die Auskunftsperson nur einen von allen Mitarbeitenden gemeinschaftlich genutzten Raum an. Es gelang dann auch nicht, eine sowohl angenehme als auch vertrauensfördernde Situation zu schaffen, woraus schließlich eine nur ausreichende Erzählbereitschaft der Auskunftsperson resultierte.

3.4.2 Zweite Phase des narrativen Interviews: die Einleitungsphase

Mit dem Einschalten des Aufnahmegerätes beginnt die zweite Phase des narrativen Gespräches. In der Einleitungsphase wird die Einstiegsfrage zum Thema gestellt. Dabei ist der erzählgenerierende Stimulus in der Einstiegsfrage entscheidend. Ist dieser nicht eindeutig, kann keine Stegreiferzählung entstehen und das narrative Interview ist als solches gescheitert (Küsters 2006).

Die Einstiegsfrage der dieser Arbeit zugrunde liegenden narrativen Interviews lautete: „Ich möchte Sie bitten, mir Ihre Erfahrungen und all die Erlebnisse, die Sie mit diesem Betriebsübergang von Ihrem ehemaligen Arbeitgeber zu FM gemacht haben, zu erzählen. Ich höre Ihnen erst einmal zu, mache mir Notizen zwischendurch, und dann werde ich im Nachhinein noch einmal Fragen dazu stellen."

Die Einstiegsfrage variierte, vor allem aufgrund der unterschiedlichen Annahme des Erzählstimulus durch die Auskunftspersonen. Im idealen Fall nahmen diese den Stimulus ohne Aushandeln an und begann sofort zu erzählen. Wurden Nachfragen gestellt, wurde die Einstiegsfrage in ihrer Form leicht verändert, aber ihrem eigentlichen Sinn entsprechend erneut gestellt.

Die Einstiegsfrage wurde überwiegend schnell von den Auskunftspersonen angenommen. Dies kann u. a. auf den Umstand zurückgeführt werden, dass die Auskunftspersonen sich, wie oben erwähnt, direkt nach Anschluss des Gesprächs untereinander austauschten. Das ging sogar so weit, dass eine Auskunftsperson schon unmittelbar nach der Begrüßung zu erzählen begann. Zwar kann argumentiert werden, dass diese Stegreiferzählung weniger authentisches, denn realitätsverzerrtes Material enthält. Allerdings war der Erzählfluss dieser Auskunftsperson enorm.

Einige wenige Auskunftspersonen versuchten durch das Wiederholen oder Umformulieren der Frage Zeit zu gewinnen oder über den Inhalt der Frage zu verhandeln. Auch wurde durch Unmutsäußerungen wie z. B. „Da gibt es nicht viel zu erzählen" oder „Ach je" deutlich, dass das Thema für viele Auskunftspersonen mit starken Emotionen behaftet ist.

3.4.3 Dritte Phase des narrativen Interviews: die Erzählphase

Nach der Annahme der Einstiegsfrage durch die Auskunftsperson sollte die Interviewerin in der dritten Phase, der Erzählphase, schweigend, aber erkennbar aufmerksam zuhören und den Redefluss z. B. durch Kopfnicken, Lautäußerungen wie „Hm" und Blickkontakt unterstützen. Durch die dadurch entstehende Anregung zum Erzählen produziert die Auskunftsperson narrative Stegreiferzählungen.

Annahme ist, dass sich die Stegreiferzählungen vor allem aus denen für die Auskunftsperson relevanten Aspekten zusammensetzen. Um eine möglichst authentische Stegreiferzählung produzieren zu können, sollte sich die Auskunftsperson möglichst weder auf die Frage noch auf die Form des Interviews vorbereiten können. So konnten zwar zwischen den einzelnen Interviewterminen Gespräche zwischen einer schon interviewten und einer noch zu befragenden Auskunftsperson stattfinden. Aufgrund der zügig aufeinander folgenden Interviews konnten die Auskunftspersonen sich jedoch nicht ausreichend austauschen und somit vorbereiten. Diese Gespräche dienten den Auskunftspersonen vor allem dazu, erste Unsicherheiten zu bewältigen. So kann die noch zu interviewende Auskunftsperson nicht mit einem ausgearbeiteten Statement reagieren, sondern muss ihre Darstellung des Geschehens in der Situation des Interviews entwickeln. Durch den geringen Grad an thematischer Einflussnahme der Interviewerin und die selbstgestalteten erzählenden Passagen der Auskunftsperson sind tiefe Einblicke in die subjektiv erfahrenen Ursachen und Wirkungszusammenhänge möglich, die sich einem systematischen Abfragen z. B. durch einen Fragebogen versperren würden.

Den Detaillierungsgrad, den Redefluss und die Länge ihrer Erzählung bestimmen die Auskunftspersonen selbst. Weicht die Auskunftsperson von der Struktur ihrer Erzählung stark ab, ist es der Interviewerin erlaubt, mittels Fragen wie „Und wie ging es dann weiter?" zu unterbrechen, um den „roten Faden" der Erzählung zu sichern bzw. „reconstruct order of the told" zu erreichen (Mishler 1995: 95). Das Sichern der Struktur einer Erzählung dient letztlich auch als Garantie für die Vergleichbarkeit und Auswertung mehrerer Erzählungen und schließlich für die Verallgemeinerung ihrer Ergebnisse. Die idealtypische Struktur einer Erzählung besteht im Wesentlichen aus *sechs* „Indikatoren" (Mayring 1996: 54-56):

1. einem einführenden Überblicksteil, z. B. „Ich arbeite hier seit...",
2. einer Orientierung als Schilderung, z. B. „Ich habe schon mehrere Übergänge erlebt...",
3. einer Komplikation der Erzählung, z. B. „Ich wusste von dem Outsourcing schon, bevor es uns offiziell mitgeteilt wurde...",
4. einer Evaluation als Einschätzung des Geschehens, z. B. „Ich war am Anfang sehr niedergeschlagen...",
5. einer Auflösung der Komplikation, z. B. „...doch irgendwann habe ich mich mit der neuen Situation arrangiert." und
6. einer Koda als Schlussbetrachtung, z. B. „Im Großen und Ganzen fand ich die Integration von uns gelungen.".

Natürlich ist dieser Erzählaufbau idealtypisch. Z. B. formulierten die Auskunftspersonen oft Schlussbetrachtungen gleich am Anfang ihrer Erzählung.

Interviews, die nicht zu einer Stegreiferzählung führen, gelten als misslungen. Solche Interviews sind nach der ‚reinen Lehre' des narrativen Interviews nicht auswertbar. Wie Küsters (2006: 66) schreibt, wird „eine solche ‚reine Lehre' [...] in der Praxis von niemandem vertreten. Dazu besteht bei den Anwendungen der Methode viel zu viel Forschungsneugierde gerade auf Abweichungen vom Regelfall, auf das Gelingen und dessen Ursachen im Zusammenhang mit der jeweiligen Fragestellung." Gegen das vollkommene Aussortieren von „misslungenen" Interviews spricht auch, dass einige Auskunftspersonen statt zum Erzählen zum Argumentieren, Berichten und Beschreiben neigen. Mit dem Aussortieren dieses „Erzähltypus" könnte man wichtige Aspekte ausblenden. Nur die Interviews, die bruchstückhafte und hoch spekulative Meinungen über Ursache- und Wirkungszusammenhänge erbracht hätten, wären in eine Untersuchung nicht einbezogen. In die Untersuchung dieser Arbeit sind alle 34 narrativen Interviews eingegangen.

Schütze (1991: 206) geht davon aus, dass ein narratives Interview im Normalfall zwischen einer und drei Stunden dauern sollte. Dies korrespondiert nicht mit der fünften vom Unternehmen FAMA gestellten Bedingung, die *Interviewzeit von einer halben Stunde* nicht zu überschreiten.

Im Ergebnis nutzten die Auskunftspersonen des Unternehmens TECHNIK durchschnittlich die ihnen vorgegebene Gesprächszeit von dreißig Minuten. Die Auskunftspersonen des Unternehmens BANK sprachen dagegen im Durchschnitt 54 Minuten. Gründe sind u. a. die weiterentwickelten Interviewfähigkeiten der Interviewerin sowie das Bewusstsein der Auskunftspersonen, das kein direkter Vorgesetzter ihre teilweise großzügigere Terminplanung kontrollierte. Die durchschnittliche Redezeit aller von Betriebsübergängen betroffenen Auskunftspersonen betrug 40 Minuten.

Obwohl dies nicht den gestellten Ansprüchen Schützes (1991: 206) für das Gelingen eines narrativen Interviews genügt, können die narrativen Interviews als gelungen angesehen werden. Nicht die Dauer eines narrativen Interviews sollte erfolgsentscheidend sein, sondern die Aussagekraft der so gewonnenen Informationen. Überdies ist zum einen durch die das Thema eingrenzende Einstiegsfrage und zum anderen durch das mögliche Nachfragen in der vierten Phase die Gefahr begrenzt, dass die Auskunftspersonen am Thema „vorbei" erzählen.

3.4.4 Vierte Phase des narrativen Interviews: die Nachfragephase

Nach der Erzählung leitet die Interviewerin in der vierten Phase, der Nachfragephase, über zu „einigen Fragen, die ich noch habe". Die immanenten Fragen sind darauf ausgelegt, Lücken in der Erzählung zu schließen oder einen Beleg für ein Argument zu erhalten. Dabei sollten diese Fragen wiederum erzählgenerierend wirken. Erreicht wird dies, indem die Interviewerin die originäre Erzählung rekapituliert und dann die Auskunftsperson bittet, „diesen Punkt noch einmal zu erzählen" (Schütze 1983: 285). Die nach den immanenten Fragen folgenden examenten Fragen können neue Themen einbringen oder Bewertungen und Auffassungen der Auskunftsperson abfragen. Diese Phase kann durchaus mit einem Experteninterview verglichen werden. Im Unterschied zu den Experteninterviews wird beim narrativen Interview erst dann gezielt nachgefragt, wenn die erzählerische Darstellung des Themas durch die Auskunftsperson abgeschlossen ist.

3.4.5 Fünfte Phase des narrativen Interviews: die Austauschphase

In der fünften Phase, der Austauschphase, können die Auskunftspersonen, je nach Stimmung und Zeitplan, ein Gespräch oder einen Small Talk anfangen. Oft ist es für die Auskunftsperson das erste Mal, dass sie an einem narrativen Interview teilnehmen. Durch das Abschalten des Aufnahmegerätes entsteht eine informelle Atmosphäre, die manche Auskunftspersonen zum Erzählen nutzten.

Nach der Darstellung der Sammlung der qualitativen Daten mittels narrativer Interviews wird im folgenden Abschnitt die Sammlung der quantitativen Daten vorgestellt. Diese erfolgte mithilfe eines dafür konzipierten Fragebogens. Die folgenden Ausführungen beziehen sich auf den Aufbau des Fragebogens.

3.5 Sammlung der quantitativen Daten: der Fragebogen

Der Fragebogen besteht aus insgesamt achtzig Fragen, die sich auf das Verhalten und Handeln der Mitarbeitenden im Betriebsübergang beziehen. Die ersten vierzig Fragen beziehen sich auf deren Verhalten und Handeln vor dem Betriebsübergang. Die gleichen Fragen wiederholen sich, allerdings in Bezug auf das Verhalten und Handeln der übernommenen Mitarbeitenden nach ihrem Betriebsübergang (s. Anhang: „Fragebogen").

Alle Fragen bzw. Items werden mit einer fünfstufigen Antwortskala („Likert-Skala") erfragt, wobei jedem Skalenpunkt eine eindeutige verbale Bezeichnung zugeordnet ist: „1" für „trifft überhaupt nicht zu", „2" für „trifft nicht zu", „3" für „teils-teils", „4" für „trifft zu" und „5" für „trifft vollkommen zu". Um eine „Tendenz zur Mitte" zu vermeiden, werden die Auskunftspersonen in einer dem Fragebogen vorgestellten Anleitung aufgefordert, möglichst wahrheitsgetreue Antworten zu geben. Der aus *sechs* Frageblöcken bestehende Fragebogen wird auf Grundlage verifizierter Items konstruiert.

Der *erste Frageblock* mit insgesamt zwölf Items basiert auf der *Selbstbestimmungstheorie* von Deci und Ryan (1995), (s. Kapitel III, Abschnitt 4). Jeweils vier der zwölf Items beziehen sich auf die Skalen „Autonomiestreben", „Kompetenzerleben" und „soziale Zugehörigkeit" (Weibel 2007a).

Inwiefern das Bedürfnis nach Autonomie befriedigt wird, drückt sich für einen Mitarbeitenden in den Möglichkeiten aus, seinen Arbeitsplatz und Arbeitsinhalt selbst bestimmen und gestalten zu dürfen. Items wie die freie Einteilung der Arbeitszeit, Mitentscheidungsmöglichkeiten, Handlungsspielräume und die Beteiligung der Mitarbeitenden am Arbeitsprozess bestimmen den Grad der Autonomie. Die korrespondierenden Itemnummern im Fragebogen sind 1 bis 4 und 41 bis 44.

Das Bedürfnis nach Kompetenzerleben findet sich darin wieder, inwiefern die Mitarbeitenden am Arbeitsprozess beteiligt sind und Ursache und Wirkung der Ergebnisse ihrer Arbeit nachvollziehen können. Weitere Items betreffen die Einbringung ihres Wissens in den Arbeitsprozess und ihre Weiterbildung. Die entsprechenden Itemnummern im Fragebogen sind 5 bis 8 und 45 bis 48.

Fühlen sich die Mitarbeitenden einer Gruppe bzw. einem Team sozial zugehörig, entspricht dies ihrem positiv befriedigten Bedürfnis nach sozialer Zugehörigkeit. Das Gefühl der sozialen Zugehörigkeit wird erfasst, indem erfragt wird, ob die Mitarbeitenden sich z. B. unter ihren Kollegen und Kolleginnen wohl fühlen, ob sie diesen helfen, wenn sie überlastet sind, ob diese zusammenhalten, auch wenn man selbst einen Fehler macht und ob das Team gut zusammenhält. Die entsprechenden Itemnummern im Fragebogen sind 9 bis 12 und 49 bis 52.

Der *zweite Frageblock* besteht aus fünf Items. Mit diesen Items wird das Kontinuum *extrinsischer und intrinsischer Motivation* abgedeckt (s. Kapitel III, Abschnitt 4.1). Dadurch kann, wenn die aktuelle extrinsische Motivation größer ist als die intrinsische Motivation vor dem Betriebsübergang, ein Verdrängungseffekt festgestellt werden. Über das des Items „Ohne Druck von außen wurde/werde ich nicht aktiv." soll festgestellt werden, wie sehr die Auskunftspersonen extrinsisch zu motivieren sind. Das Item „Beim Arbeiten versuchte/versuche ich mich zu drücken." soll erfragen, inwiefern die Auskunftspersonen überhaupt bereit sind, ihre Pflichterfüllung einzuhalten. Die dazugehörenden Itemnummern sind 13 und 14 bzw. 53 und 54.

Die folgenden Items erfassen die unterschiedlichen Ausprägungen intrinsischer Motivation. Das Flow-Erlebnis wird mittels des Items „Arbeit machte/macht Spaß.", das Erreichen selbst gesetzter Ziele mit dem Item „Ich strengte/strenge mich an, um meine eigenen Ziele zu verwirklichen." und das Einhalten von Normen um ihrer selbst willen durch das Item „Ich strengte/strenge mich an, wie es sich für einen ordentlichen Mitarbeitenden gehörte/gehört." erfasst.

Zusätzlich wird erfragt, ob die Mitarbeitenden überhaupt zu motivieren sind. Bejaht eine Auskunftsperson voll und ganz, dass sie versucht, sich beim Arbeiten zu drücken, kann man von ihrer Demotivation ausgehen. Auch diese Items kommen in leicht veränderter Form in dem von Weibel (2007a) entworfenen Fragebogen vor. Die Itemnummern sind 15 bis 17 und 55 bis 57.

Eine weitere Quelle ist der Fragebogen von Staufenbiel und Hartz (2000: 73-83) zur leistungsbezogenen Pflichterfüllung bzw. zum *OCB* (s. Kapitel III, Abschnitt 4.1). Die Items des *dritten Frageblocks* untersuchen neben der geforderten Pflichterfüllung die freiwilligen Leistungen der Mitarbeitenden am Arbeitsplatz. Die Skalen sind „Hilfsbereitschaft", „Gewissenhaftigkeit", „Unkompliziertheit" und „Eigeninitiative".

Um Hinweise auf die Gültigkeit der OCB-Skalen zu erhalten, wird eine Skala zur Messung der geforderten Pflichterfüllung eingeführt (Williams/Anderson 1991). Items zur geforderten Pflichterfüllung beziehen sich auf die mit dem Arbeitsplatz verbundenen Leistungsanforderungen und die angemessene Erfüllung der Arbeitspflichten, aber auch darauf, ob das Verhalten der Mitarbeitenden über die explizit festgelegten Anforderungen und Pflichten hinausgeht. Die entsprechenden Itemnummern sind 18 bis 20 und 58 bis 60.

Hilfsbereitschaft beschreibt das freiwillige Verhalten der Mitarbeitenden, Kolleginnen bei ihren arbeitsbezogenen Problemen zu helfen (Moorman/Blakely 1995). Beispiele sind das ausgleichende Einwirken auf Kolleginnen bei Meinungsverschiedenheiten, die freiwillige Unterstützung eines neu eingestellten Mitarbeitenden und das Bemühen, Schwierigkeiten mit Kolleginnen vorzubeugen. Die korrespondierenden Itemnummern im Fragebogen sind 21 bis 23 und 61 bis 63.

Gewissenhaftigkeit bezeichnet das über die normalen Anforderungen hinausgehende gewissenhafte Verhalten der Mitarbeitenden (Moorman/Blakely 1995). Beispiele sind das beständig pünktliche Erscheinen bei der Arbeit, sehr geringe Fehlzeiten und die ausgeprägt sorgfältige Beachtung von Vorschriften und Anweisungen am Arbeitsplatz. Im Fragebogen wird dies durch die Itemnummern 24 bis 26 und 64 bis 66 untersucht.

Unkompliziertheit bezeichnet die Bereitschaft, Frustrationen und Unannehmlichkeiten stillschweigend zu tolerieren. Kritisiert eine Auskunftsperson oft ihre Kolleginnen und beklagt sie sich häufig, kann man ihr Verhalten kaum unkompliziert nennen. Ein weiteres Beispiel ist die Intoleranz der Auskunftsperson gegenüber Veränderungen in der Organisation des Unternehmens. Die entsprechenden Itemnummern im Fragebogen sind 27 bis 29 und 67 bis 69.

Eigeninitiative ist durch die verantwortungsvolle Teilhabe am „öffentlichen Leben" der Organisation charakterisiert (Moorman/Blakely 1995). Neben der regelmäßigen und aktiven Beteiligung z. B. an Besprechungen und Versammlungen sowie innovativen Vorschlägen z. B. zur Verbesserung der Qualität in der Abteilung gehört dazu auch, dass man sich über die Organisation informiert hält. Im Fragebogen wird dies durch die Itemnummern 30 bis 32 und 70 bis 72 untersucht.

Dem *vierten* und *fünften* Frageblock liegt die *Theorie der psychologischen Verträge* zugrunde (s. Kapitel III, Abschnitt 3.1). Mit vier Items soll erfasst werden, ob der psychologische Vertrag relationaler oder transaktionaler Art ist. Im Fragebogen wird durch die Itemnummern 33 bis 36 und 73 bis 76 gefragt, ob das Unternehmen seine Versprechen einhält und sich den Auskunftspersonen gegenüber offen und ehrlich verhält.

Weitere Items sind die Fragen nach der Empfehlung an einen Freund, sich bei diesem Unternehmen zu bewerben und ob man selbst stolz ist, hier zu arbeiten. Da die direkte Vorgesetzte oft als Repräsentantin des Unternehmens wahrgenommen wird, wird zudem deren Rolle anhand vier Items untersucht. Items sind die Fragen nach der Überzeugung der Auskunftsperson, dass die Vorgesetzten ihr Wort halten, offen und ehrlich gegenüber ihren Unterstellten sind, ihre Wertschätzung zeigen und Änderungen, von denen die Auskunftsperson betroffen wird, verständnisvoll zu erklären. Zusätzlich wurde erfragt, ob die Vorgesetzte vor und nach dem Betriebsübergang die gleiche oder eine andere Person war. Diese Items sind in veränderter Form dem Fragebogen von Weibel (2007a) entlehnt. Die Itemnummern hier sind 37 bis 40 und 77 bis 80.

Zusätzlich wurden in einem letzten, *sechsten Frageblock* Items formuliert wie z. B. „Ich habe die Fragen gut verstanden." und „Ich fand es einfach, mich für eine Antwort zu entscheiden.", die die *Validität des Fragebogens* überprüfen sollten. Als soziodemographische Fragen wurden Personendaten wie Geburtsjahr, Bildungsabschluss, Familienstand sowie Jahr des Betriebsübergangs, Position, Tätigkeitsfeld im FM, Anstellung (fest oder temporär) und Anstellungsgrad (Voll- oder Teilzeit) gestellt. Zusätzlich wurde gefragt, wie lange man seinen direkten Vorgesetzten schon kennt und wie lange der durchschnittliche Kontakt mit diesem pro Woche ist.

Die folgende Tabelle zeigt die Zuordnung der Items zu den Skalen im Überblick.

Zuordnung der Items zu den Skalen			
Skalen Pre-Outsourcing	*Item-Nummer*	*Skalen Post-Outsourcing*	*Item-Nummer*
Autonomieempfinden	1-4	Autonomieempfinden	41-44
Kompetenzerleben	5-8	Kompetenzerleben	45-48
Soziale Zugehörigkeit	9-12	Soziale Zugehörigkeit	49-52
Extrinsische Motivation	13-14	Extrinsische Motivation	53-54
Intrinsische Motivation	15-17	Intrinsische Motivation	55-57
Pflichterfüllung	18-20	Pflichterfüllung	58-60
OCB-Hilfsbereitschaft	21-23	OCB-Hilfsbereitschaft	61-63
OCB-Gewissenhaftigkeit	24-26	OCB-Gewissenhaftigkeit	64-66
OCB-Unkompliziertheit	27-29	OCB-Unkompliziertheit	67-69
OCB-Eigeninitiative	30-32	OCB-Eigeninitiative	70-72
Vertrauen in Unternehmen	33-36	Unternehmen	73-76
Vertrauen in Vorgesetzte	37-40	Vorgesetzte	77-80

Tab. IV-3: Zuordnung der Items zu den Skalen
(Eigene Darstellung)

Im folgenden Abschnitt soll diskutiert werden, inwiefern der Einsatz von narrativen Interviews und Fragebögen sinnvoll ist. Dafür werden die Vorteile und Nachteile beider Methoden besprochen.

3.6 Kritische Würdigung der Datensammlung

Die *Erhebung quantitativer Daten* für die Analyse von Problemstellungen dominiert die Forschung. Statistisch nachweisbar können auf solche Weise einfache Zusammenhänge anschaulich bewiesen werden. Die in den Expertengesprächen vermuteten Kausal- und Wirkungszusammenhänge können so, je nach Ergebnis, bestätigt oder ausgeschlossen werden (Diekmann 2007).

Allerdings ist diese stark standardisierte Erhebungsmethode auch mit Nachteilen verbunden. Mit einem Fragebogen können nicht alle Variablen identifiziert und nicht alle Kausalitäten ausreichend dargestellt werden. Der alleinige Einsatz von Fragebögen bei sozial und unternehmenspolitisch heiklen Themen wie z. B. bei der Mitarbeiterübernahme im Outsourcing birgt die Gefahr einer einseitigen Darstellung der Realität. Auskunftspersonen haben oft das Gefühl, dass keine der gestellten Fragen oder vorgegebenen Antwortmöglichkeiten zu dem passt, was sie antworten möchten. Daher wurde der Fragebogen erst nach den narrativen Interviews von den Auskunftspersonen ausgefüllt. Zum einen, um den Auskunftspersonen zuerst die Möglichkeit zu geben, offen und ausführlich über den mit starken Emotionen verbundenen Outsourcingprozess reden zu können. Zum anderen, damit die Auskunftspersonen sich besser auf die im Fragebogen gestellten Fragen einlassen bzw. ihre zuvor schon aktivierte Erinnerung besser einsetzen konnten. Ein Indiz für die Richtigkeit dieses Vorgehens sind die kaum gestellten Verständnisfragen oder geforderten Zusatzerklärungen (Diekmann 2007).

Außerdem können bei der geringen Anzahl der Auskunftspersonen die durch den Fragebogen erfassten Ergebnisse eher nur Hinweise denn eindeutige und generalisierbare Antworten liefern. Deutlich wird dies unter Berücksichtigung der Ergebnisse dieses Fragebogens (s. Abschnitt 5.1 dieses Kapitels). So können zum einen durch die dem Fragebogen vorgeschalteten narrativen Interviews auch Aspekte erfasst werden, die bei der Entwicklung des Fragebogens (noch) nicht bedacht worden sind. Zum anderen eignet sich der Einsatz des Fragebogens auch, um die Erzählungen der Auskunftspersonen in den narrativen Interviews zu „disziplinieren" (s. Abschnitt 1.1).

Der große Vorteil des narrativen *Interviews* liegt darin, dass es sich besonders eignet, komplexe Prozesse nachvollziehbar werden zu lassen. Motivation ist ein hypothetisches Konstrukt, das nicht direkt gemessen werden kann. Nur der Input und der Output des motivierten Verhaltens lassen sich beobachten und empirisch erfassen. Um die Mechanismen und Zusammenhänge der individuellen Motivation zu identifizieren, ist es durchaus sinnvoll, wenn die Auskunftspersonen mit ihren eigenen Worten ihre Erlebnisse, Erfahrungen, Stimmungen und Meinungen möglichst umfassend und detailreich wiedergeben können. Die erhaltenen Informationen sind mit großer Wahrscheinlichkeit gültiger und bedeutungsvoller als z. B. bei standardisierten Interviews. Vieler dieser Informationen lassen sich durch standardisierte Interviews nicht direkt erfragen. Narrative Interviews sind umfassender, da sie nicht durch vorgegebene Antworten eingegrenzt sind. Auch unerforschte Gebiete kann man eher mit narrativen Interviews erschließen (Kieser/ Hurrle 2005: 586).

Während des Interviews durchlaufen die Auskunftspersonen mehrere kognitive Prozesse. Zuerst müssen sie die Frage richtig verstehen, um das erfragte Wissen preiszugeben. Dabei beziehen sich die Auskunftspersonen oft auf kontextuelle Informationen. Die Auskunftspersonen rufen das Wissen aus ihrem Gedächtnis ab. Dazu müssen sie einschätzen, was genau erfragt wird. Schließlich müssen sich die Befragten mit der Frage auseinandersetzen, ob sie ihre Erzählungen unzensiert wiedergeben oder angenommenen Erwünschtheiten nachkommen sollen. Es ist also kein Wunder, dass aufgrund dieser Vielzahl und Komplexität der ausgelösten kognitiven Prozesse oft nicht zutreffende Antworten gegeben werden (Kieser/Hurrle 2005: 586).

Die narrativen Interviews haben unterschiedliche Qualität, da nicht alle Auskunftspersonen über die gleichen narrativen und sozialen Kompetenzen verfügen oder nicht bereit sind, alles über ihre Erfahrungen zu erzählen (Lamnek 2005: 361).

Ein Nachteil eines narrativen Interviews ist auch die asymmetrische Motivstruktur der Interviewparteien (Kieser/Hurrle 2005: 587). Während die interviewführende Person ein Interesse an möglichst verlässlichen Daten hat, empfinden die Auskunftspersonen die Situation oft als künstlich und sind sich im Unklaren darüber, welche Ziele die mit den Interviews verbundene Untersuchung verfolgt und was mit den Ergebnissen geschieht. Überdies ist die interviewführende Person theoriegeleitet, während die Auskunftspersonen von ihrem Alltagsverständnis geprägt sind. Zudem ist zu bedenken, dass die interviewführende Person geneigt sein könnte, die Meinungen der Auskunftspersonen zu übernehmen. Dies ist dann kritisch, wenn die gleiche Person die narrativen Interviews analysiert. Daher ist es besonders wichtig, dass die interviewführende Person einen absehbaren Bias aufweist, d. h., sie sollte keinen emotionalen Bezug zum Thema haben und ihr Verhalten weitgehend disziplinieren können.

Zudem besteht eine weitere Verzerrungsmöglichkeit darin, dass die Auskunftspersonen sowohl bewusst als auch unbewusst so erzählen, dass sie und ihre Aktivitäten „gut aussehen". Mit Selbstdarstellungseffekten ist in besonderem Maße in Experteninterviews zu rechnen, weil diese Auskunftspersonen über eine größere Kompetenz und Verantwortlichkeit als Mitarbeitende niedrigerer Hierarchieebenen verfügen. Je höher die Kompetenz und Verantwortung, desto geringer sind tendenziell die auf Informationsdefizite zurückgehenden Verzerrungen, aber umso höher sind tendenziell solche, die auf Selbstdarstellungseffekte zurückgehenden (Kieser/Hurrle 2005: 587). Schließlich kann der Bias in unterschiedlichen Informationsständen begründet sein (Ernst 2003), weshalb es von Bedeutung ist, möglichst kompetente Versuchspersonen interviewen zu können. Aber selbst die Angaben von kompetenten Wissensträgerinnen zu objektiven Sachverhalten können Verzerrungen unterliegen. Schließlich stellt sich die Frage, ob die angesprochene oder eine andere Person, unter Umständen eine Assistentin, als Wissensträgerin aufschlussreicher ist.

Die Erzählungen unterliegen systematischen Verzerrungen. Diese sind häufig auf Charakteristika wie z. B. die Laune der Auskunftsperson oder ihre Motive wie etwa Rache und dergleichen zurückzuführen (z. B. Ernst 2003).

Die Antworten der Auskunftspersonen unterliegen einer besonderen Verzerrungsgefahr, wenn Angaben über das Verhalten verlangt werden. Das liegt daran, dass die Auskunftspersonen das Verhalten anderer in der Regel weniger umfassend und präzise beobachten. Sie ergänzen daher oft ihre eigenen Wahrnehmungen um die Annahmen Dritter (Kieser/Hurrle 2005: 588).

Weitere Probleme ergeben sich, wenn die Auskunftsperson Fragen zu objektiven Tatbeständen und zu ihrer persönlichen Einstellung beantwortet. Im Kontext solcher Fragenstellungen fällt es den Auskunftspersonen schwer, zwischen ihrer subjektiven Meinung und der Wiedergabe objektiver Tatbestände zu wechseln. Individuen streben nach Konsistenz in ihren Aktivitäten. Sie nehmen illusorische Korrelationen an und sie setzen subjektive Theorien ein. Außerdem tendieren Individuen dazu, die Vergangenheit im Nachhinein so zu rekonstruieren, dass sie mit nachfolgenden Ergebnissen übereinstimmt, selbst wenn dies nicht der Fall war (Kieser/Hurrle 2005: 588).

Die folgende Tabelle zeigt die Vorteile und Nachteile narrativer Interviews im Überblick.

Narrative Interviews	
Vorteile	**Nachteile**
• Die erhaltenen Informationen sind mit großer Wahrscheinlichkeit gültiger und bedeutungsvoller als bei standardisierten Interviews. Die Auskunftspersonen können die Fakten hervorheben und entsprechend darstellen, die für sie von entscheidender Bedeutung sind. • Die in narrativen Interviews enthaltenen Informationen sind umfassender, weil sie nicht durch vorgegebene Antworten, wie z. B. in standardisierten Interviews, eingegrenzt sind. Weitere Erklärungen, die sich nur schwer durch quantitative Untersuchungsmethoden erheben lassen würden, können gefunden werden.	• Auskunftspersonen durchlaufen mehrere kognitive Prozesse, die nicht mit der Fragestellung korrespondieren können. • Nicht alle Auskunftspersonen verfügen über die nötige sprachliche und soziale Kompetenz oder sind bereit ihre Erfahrungen zu teilen. • Asymmetrische Motivstrukturen der Interviewparteien. • Unterschiedliche Qualität der Interviews z. B. aufgrund unterschiedlicher sprachlicher Fähigkeiten der Auskunftsperson, die die Vergleichbarkeit erheblich einschränken kann. • Selbstdarstellungseffekte, die verzerrende Aussagen z. B. über eigenes und fremdes Verhalten zur Folge haben können.

Tab. IV-4: Vor- und Nachteile narrativer Interviews
(Eigene Darstellung)

Aufgrund der mit qualitativen Daten verbundenen zahlreichen Nachteile hat sich bisher diese Form der Erhebung nur mit Einschränkungen wissenschaftlich durchgesetzt. Auch daher wurde diese um eine Fragebogenumfrage mit dem Ziel ergänzt, die Ergebnisse der narrativen Interviews überprüfen zu können. Dass dies erforderlich war, zeigen die Ergebnisse der Fragebogenumfrage, da diese nicht mit den Aussagen der Auskunftspersonen in den narrativen Interviews übereinstimmen. Doch gerade diese Diskrepanz zwischen den beiden Erhebungsmethoden ermöglicht einen neuen Einblick auf die Mitarbeitermotivation im Outsourcing. Bevor jedoch die Ergebnisse dargelegt werden, wird die Methodik der Datenanalyse im nächsten Abschnitt vorgestellt.

4. Datenanalyse

Die Fragebögen wurden zunächst deskriptiv ausgewertet, d. h., die Antworten wurden ausgezählt und die Häufigkeit in Prozentzahlen umgerechnet. Dann wurden die einzelnen Skalen nach ihrer statistischen Signifikanz ausgewertet. Zum einen wurde ein so genannter „T-Test" durchgeführt. Mit diesem Test werden die Hypothesen über Erwartungswerte normalverteilter Grundgesamtheit getestet. Zum anderen wurden die Ergebnisse mit Hilfe des Wilcoxon-Vorzeichen-Rang-Tests überprüft.[22] Grund ist vor allem die kleine Stichprobengröße.

Die narrativen Interviews wurden in umgangssprachlicher Form vollständig transkribiert. Die Verschriftung ist notwendige Voraussetzung ihrer Auswertung. Trotz der Zusicherung ihres Datenschutzes sprachen sich sechs Personen gegen eine Aufzeichnung des Gesprächs aus. Ihre Interviews wurden anhand von Notizen in so genannten Erlebnisberichten rekonstruiert.

Als Grundlage für die Auswertung dient das Auswertungsverfahren nach Schütze (1983). Es wird vor allem in Hinsicht auf Biographien angewendet. Allerdings kann dieses Verfahren ohne größere Modifikationen auch auf nicht-biographische narrative Interviews übertragen werden.

Durch die Umbenennung jeder Auskunftsperson in ein Pseudonym wird erstens deren *Anonymität* gewährleistet. Zweitens können, wenn nötig, anhand der *Aufschlüsselung* weitere narrative Interviews geführt werden und drittens schafft dies eine erste, nötige *emotionale Distanz* zwischen der Interpretin und den Auskunftspersonen.

Dann wird geprüft, ob der Informant den Stimulus aufgenommen hat und ob eine Stegreiferzählung zustande gekommen ist. Formale Indikatoren für die Stegreiferzählung sind die oben erwähnten Punkte (s. Abschnitt 3.3 dieses Kapitels).

Die Stegreiferzählung wird von nicht-narrativen Textpassagen wie Argumentationen und Beschreibungen getrennt und dann in ihrer logischen Erzählkette zusammengesetzt (Schütze 1983). Falls nötig, können Textpassagen aus der Nachfragephase ergänzend herangezogen werden.

Nach der Textsortentrennung in Erzählung, Beschreibung und Argumentation beginnt die Interpretationsarbeit. Die sich aus der formalen Textanalyse ergebenden „bereinigten" Erzählpassagen werden auf ihren Zusammenhang untereinander untersucht. Dabei wird darauf geachtet, wie die Auskunftsperson etwas erzählt, in das Gespräch einführt, spricht und thematisiert. Beispielhaft sind hierfür auch Belegerzählungen (Küsters 2006).

---

[22] Nähere Ausführungen hierzu sind zu finden in Diekmann (2007: 695 ff.).

Abschließend wird für jede Erzählung eine komprimierte Kernaussage formuliert. Es erfolgt eine Reduktion des Materials auf den Textkorpus und eine Herausarbeitung der Kernaussagen. Die Explikation dient dazu, problematische Textstellen genauer zu betrachten (Pickel/Pickel 2003: 300).

In dem folgenden Abschnitt werden die analysierten Ergebnisse der Fragebögen und der narrativen Interviews vorgestellt.

5. Ergebnisse zur Mitarbeitermotivation im Betriebsübergang

Die mit den Experten geführten Gespräche haben das Ergebnis, dass diese der Meinung sind, dass FM-Unternehmen sich besondere Fähigkeiten in Bezug auf die Motivation der vom Outsourcing betroffenen Mitarbeitenden aneignen konnten. Als ein „people's business" sind sie sich bewusst, dass die Motivation der übernommenen Mitarbeitenden kritische Ressource ist, um einen nachhaltigen Wettbewerbsvorteil zu erhalten. Die Ergebnisse der Fragebögen der von den Betriebsübergängen betroffenen Mitarbeitenden zeigen ein gegenläufiges Bild des Outsourcing-Anbieters. Das FM-Unternehmen konnte sich demnach keine besondere Fähigkeiten zur Mitarbeitermotivation im Outsourcing aneignen (s. Kapitel II, Abschnitt 4.4).

Im ersten Abschnitt werden die sich aus der statistischen Auswertung der Fragebögen ergebenden Ergebnisse im Überblick vorgestellt. Die folgenden Abschnitte 5.2-5.4 beinhalten die Ergebnisse der narrativen Interviews. Diese Abschnitte entsprechen der Struktur des in dieser Arbeit vorgestellten Outsourcingprozesses (s. Kapitel III, Abschnitt 2.1). Dabei werden die im Outsourcingprozess maßgeblichen Fragen zur Übernahme von Mitarbeitenden beantwortet.

5.1 Ergebnisse der quantitativen Datenanalyse zur Mitarbeitermotivation im Betriebsübergang

Insgesamt wurden die Fragen gut verstanden (FB-F1: 69 % gut bzw. 28 % eher gut).[23] Nur ca. 3 % der Auskunftspersonen haben die Fragen nur teilweise gut verstanden. Auch gab die überwiegende Mehrheit der Auskunftspersonen an, die Fragen gerne beantwortet zu haben (FB-F2). Sie fanden es nicht mühsam, den Fragebogen auszufüllen (FB-F4).

Allerdings scheint es, dass es den Auskunftspersonen teilweise nicht immer leicht fiel, sich für eine Antwort zu entscheiden, obwohl die Fragen leicht und positiv formuliert und ihrer Eignung nach überprüft waren. So zeigten sich einige Auskunftspersonen verwirrt, da sie nicht einordnen konnten, was von ihnen als Antwort erwartet wurde. Auch fiel es ihnen schwer, sich überhaupt zu erinnern, da die Ereignisse immerhin *fast fünf bzw. sieben Jahre zurücklagen*. Zudem war deutlich zu merken, dass die konkreten Fragen unangenehme Erinnerungen wachriefen.

[23] Die Abkürzung „FB" steht für Fragebogen; die darauf folgende Abkürzung „F" für „Frage". „FB-F1" steht also im Fragebogen für die erste Frage.

Die folgende Tabelle zeigt die ermittelten Gesamtergebnisse auf Grundlage der Fragebögen im Überblick. Die Zahlen sind absolut und in ihrer Entsprechung zur aufgestellten Skala zu interpretieren (s. Abschnitt 3.4 dieses Kapitels).

	Pre-Outsourcing	**Post-Outsourcing**	**Differenz**	**T-Test; bestätigt durch Wilcoxon-Test**	**Signifikanz**
Autonomieempfinden	3,83	3,63	-0,20		
Kompetenzerleben	4,16	3,38	-0,77	**	Hochsignifikant 1 Prozent
Soziale Zugehörigkeit	4,55	4,37	-0,19		
Pflichterfüllung	4,68	4,47	-0,21	**	Hochsignifikant 1 Prozent
Extrinsische Motivation	3,88	3,92	0,10		
Intrinsische Motivation	2,97	2,91	0,06		
OCB-Hilfsbereitschaft	4,28	4,20	-0,08		
OCB-Gewissenhaftigkeit	4,09	4,11	+0,02		
OCB-Unkompliziertheit	4,06	2,78	-1,28	**	Hochsignifikant 1 Prozent
OCB-Eigeninitiative	3,97	3,51	-0,46	**	Hochsignifikant 1 Prozent
Vertrauen in Unternehmen	4,04	3,61	-0,43	*	Signifikanz bei 5 Prozent
Vertrauen in Vorgesetzte	2,62	2,28	-0,34	**	Hochsignifikant 1 Prozent

Tab. IV-5: Ermittelte Gesamtergebnisse der quantitativen Daten (Eigene Darstellung)

Ziel der quantitativen Auswertung ist es nicht, die hinter den Mittelwerten stehende Aussage zu interpretieren, also, ob die vom Betriebsübergang betroffenen Mitarbeitenden den Aussagen als „zutreffend“ zustimmen oder nur „teils-teils“. Vielmehr soll die Auswertung der quantitativen Daten die Differenz zwischen den Werten vor und nach dem Betriebsübergang zeigen.

Die deskriptive Auswertung der quantitativen Daten zeigt, dass alle Werte sich nach dem Betriebsübergang der Auskunftspersonen zum aufnehmenden Unternehmen verschlechtert haben. Einzig der Wert zur Gewissenhaftigkeit der Auskunftspersonen hat sich leicht verbessert.

Die Auswertung der Items nach ihrer statistischen Signifikanz zeigt, dass die niedrigen Werte in den Skalen „Kompetenzerleben“, „Pflichterfüllung“, „Unkompliziertheit“, „Eigeninitiative“ und das Vertrauen der vom Betriebsübergang betroffenen Auskunftspersonen in ihren direkten Vorgesetzten nur mit einer sehr geringen Wahrscheinlichkeit Zufall sind. Außerdem ist auch der niedrige Wert zum Vertrauen der vom Betriebsübergang betroffenen Auskunftspersonen in das aufnehmende Unternehmen statistisch signifikant.

Allein der statistischen Auswertung der quantitativen Daten nach konnte keine der ursprünglich aufgestellten Annahmen bestätigt werden. Es scheint sogar ein Verdrängungseffekt von intrinsischer Motivation durch externe Anreize stattgefunden zu haben. Während der Wert zur Skala „extrinsische Motivation" nach dem Betriebsübergang gestiegen ist, hat sich der Wert zur Skala „intrinsische Motivation" verschlechtert. Allerdings sind diese Werte statistisch nicht signifikant (s. Abschnitt 3.4 dieses Kapitels).

Die deskriptive Auswertung der quantitativen Daten dieser Untersuchung ermöglicht die unübersehbare Fülle der Daten aufzubereiten, ihre Strukturmerkmale zu verdeutlichen und das Wesentliche hervorzuheben. Mithilfe der deskriptiven Statistik kann ein erster Eindruck von den empirischen Eigenschaften der Daten verschafft werden (Schendera 2004: 293). Demnach konnte der Outsourcing-Anbieter keine besonderen Fähigkeiten aufbauen, um die übernommenen Mitarbeitenden entsprechend seiner Unternehmensziele motivieren zu können. Im Gegenteil, die durch die Fragebögen erfassten und deskriptiv ausgewerteten Daten sind fast alle gesunken. Allerdings nur einige dieser Werte statistisch signifikant. Ein Grund dafür ist, dass die Anzahl der Auskunftspersonen mit 34 Personen zu gering ist. Somit ist die Zuverlässigkeit der Aussagen nicht so hoch zu werten als wenn 340 Auskunftspersonen an der Fragebogenumfrage teilgenommen hätten (s. Abschnitt 3.6 dieses Kapitels). Es können somit keine gesicherten Schlüsse gezogen werden, warum die vom Outsourcing betroffenen Mitarbeitenden nicht beim aufnehmenden Unternehmen motivierter arbeiten als zuvor bei den auslagernden Unternehmen.

Allerdings ergab sich nach der Auswertung der narrativen Interviews eine weitere mögliche Interpretation der quantitativen Ergebnisse: die empirischen Ergebnisse zeigen die Unzufriedenheit der vom Betriebsübergang betroffenen Auskunftspersonen über ihre Situation beim aufnehmenden Unternehmen. Das bedeutet aber nicht, dass sie im aufnehmenden Unternehmen weniger motiviert arbeiten als beim auslagernden Unternehmen. Möglich ist dies, da die Auskunftspersonen aufgrund des Aufbaus des Fragebogens erfassen konnten, dass die Fragen zum einen auf ihre Situation vor dem Betriebsübergang und zum anderen auf ihre Situation nach dem Betriebsübergang sich beziehen. So beantworteten sie die Fragen bezüglich ihrer Situation nach dem Betriebsübergang nicht allein ihrem Empfinden nach, sondern verglichen diese im Geiste oder durch Zurückblättern mit der korrespondierenden Frage nach der Situation vor ihrem Betriebsübergang.

Im nächsten Abschnitt werden die qualitativen Ergebnisse der narrativen Interviews zur Planungsphase vorgestellt. Diese Ergebnisse zeigen, warum die Auskunftspersonen beim aufnehmenden Unternehmen unzufriedener sind als dies beim auslagernden Unternehmen der Fall war.

5.2 Ergebnisse der qualitativen Datenanalyse zur Mitarbeitermotivation in der Planungsphase

Die zwei sich in der Planungsphase stellenden Fragen werden im Folgenden anhand der Auswertung der Interviews beantwortet. Die *erste* Frage befasst sich damit, wie die Auskunftspersonen vom Betriebsübergang erfuhren. Diese Frage ist zentral für den folgenden Abschnitt 5.2.1.

Die *zweite* Frage ist, wie das auslagernde bzw. fusionierende Unternehmen seine Ziele und Erwartungen an die betroffenen Auskunftspersonen kommuniziert hat. Diese Frage wird im Abschnitt 5.2.2 behandelt.

5.2.1 Art der Nachricht vom Betriebsübergang

Nach offiziellen Angaben der Unternehmensleitung des aufnehmenden Unternehmens erfuhren die vom Betriebsübergang betroffenen Auskunftspersonen durch einen Brief, eine E-Mail oder eine offizielle Versammlung vom bevor stehenden Betriebsübergang. Die befragten Mitarbeitenden wurden mehrheitlich nicht persönlich, sondern durch Mitarbeiterinformationen über den bevorstehenden Betriebsübergang informiert.

Die Auswertung der narrativen Interviews zeigt, dass alle Auskunftspersonen schon über „Flurfunk" und „Gerüchteküchen" über den Betriebsübergang informiert waren. Neben ihren gesammelten Erfahrungen aus vorhergegangenen Betriebsübergängen ist die Einstellung der betroffenen Auskunftspersonen zum Betriebsübergang von der Wirkung und Dauer von „Flurfunk" und „Gerüchteküche" abhängig.

Wirkung und Dauer des „Flurfunks" und der „Gerüchteküche": Alle Auskunftspersonen sagten aus, dass sie mittels „Flurfunk" zum Teil schon 24 [!] Monate vor der offiziellen Mitarbeiterinformation des auslagernden Unternehmens vom geplanten Betriebsübergang Bescheid wussten. Ob die Gerüchte berechtigt oder Produkte einer regen „Gerüchteküche" waren, ist im Nachhinein kaum nachvollziehbar. Sicher ist aber, dass die aus den Gerüchten resultierenden Ängste und Unsicherheiten der Auskunftspersonen durch die lange Dauer der Planungsphase verstärkt wurden. Bis „sagen wir mal vier Wochen vorher, wusste letztlich keiner, ist er [vom Betriebsübergang] betroffen oder ist er davon nicht betroffen." (Interview HR: 1: 19-20). In der Folge hat „diese […] Gerüchtephase […] viel gekostet. Die hat viel Motivation gekostet" (Interview ZOER: 5: 197-198).

Erschwerend kam hinzu, dass die betroffenen Mitarbeitenden offiziell erst vier Wochen vor dem Betriebsübergang offiziell vom auslagernden Unternehmen informiert wurden. Die Entscheidungsfrist wurde von den meisten als zu kurz empfunden (z. B. Interview HR).

Gesammelte Erfahrungen der Auskunftspersonen zu vorhergegangenen Betriebsübergängen, Art der Nachricht zum Betriebsübergang und Dauer der Entscheidungsphase zum Betriebsübergang: Die meisten der Auskunftspersonen hatten schon mehrere Betriebsübergänge erlebt. Diese Erfahrungen beeinflussen stark ihre Wahrnehmung des im Fokus stehenden Betriebsübergangs. „Was mich an und für sich bei diesem ganzen Thema stört, ist, [dass] diese Betriebsübergänge [...] im Prinzip ein Sklavenmarkt [sind]. [...] Wie eigentlich in jedem Firmenübergang, ist [es] im Prinzip nur um die Wirtschaft gegangen." (Interview MR: 1, Zeile 12-16).

Sie verglichen die Betriebsübergänge im Sinne einer „Abwärtsspirale" miteinander. Jeder neue Betriebsübergang war mit schlechteren Erfahrungen verbunden. Als sich der bisher nur als Gerücht wahrgenommene Betriebsübergang bewahrheitete, kam dies einer negativ antizipierten „self-fulfilling prophecy" gleich. Verstärkt wurde diese Wahrnehmung durch die Dauer der Gerüchtephase und die Kurzfristigkeit der Entscheidungsphase.

Die vom Betriebsübergang betroffenen Auskunftspersonen fühlten sich unfair behandelt und unter Druck gesetzt. Aufgrund der langen Dauer der Gerüchtephase, der unpersönlichen Nachricht vom Betriebsübergang und ihrer Erfahrungen zu vorausgegangenen Betriebsübergängen vertrauten die Auskunftspersonen den offiziellen Informationen nicht mehr, sondern maßen stattdessen informellen Kommunikationswegen mehr Relevanz bei. Dementsprechend stolz schildert eine Auskunftsperson, dass sie ihre „Ohren" überall habe und die Unternehmensleitung sie nicht „austricksen" könne (z. B. Erlebnisbericht P1, Zeile 6).

So kann es zwar durchaus der Wahrheit entsprechen, dass die leitenden Angestellten des auslagernden Unternehmens die vom Betriebsübergang betroffenen Auskunftspersonen zeitnah und umfassend informierten: „Also, das war immer das oberste Gebot, dass wir gesagt haben, die Leute, die dürfen dieses nicht über die Buschtrommeln erfahren, sondern wir müssen ganz schnell die richtige Kommunikation finden. Und dass man dann die Flächen informiert und auch zeitgleich informiert, und mit den gleichen Inhalten. Das war ... die Abschlussvereinbarung von jedem Meeting, oder von jedem Meilensteingespräch. Zeitnah, ich sage mal solche ... ja solche Meilensteinmeetings, wie ich es jetzt beschrieben habe, die sind meistens, die haben meist stattgefunden freitags oder samstags, dementsprechend wurde dann am Montag informiert." (Interview GL: 3, Zeile 106-120). Allerdings scheint es, dass die vom Betriebsübergang betroffenen Auskunftspersonen diesen Informationen keinen Wert mehr beimessen, da sie den Informanten misstrauisch gegenüberstehen.

5.2.2 Kommunizierte Erwartungen und Ziele des auslagernden Unternehmens

Die vom Betriebsübergang betroffenen Auskunftspersonen vermitteln nicht den Eindruck, dass das auslagernde Unternehmen ihnen seine Ziele und Erwartungen fair und nachvollziehbar vermittelt hat (z. B. Interview AM). Vor allem die folgenden Gründe spielen dabei eine wesentliche Rolle.

Nachvollziehbarkeit der Notwendigkeit des Betriebsüberganges: Um die Akzeptanz des Betriebsüberganges zu gewährleisten und Widerstände zu reduzieren, sollte die Notwendigkeit des Betriebsüberganges für die betroffenen Mitarbeitenden nachvollziehbar sein. Ein klassisches Beispiel, warum die Mitarbeitenden die Notwendigkeit des Betriebsüberganges nicht nachvollziehen können, ist wohl das Folgende: „Hat jetzt vielleicht mit dem nichts zu tun, aber dass eben parallel dazu [zum Betriebsübergang] sich einige Chefs dann einen Audi A6 mit Alufelgen rauslassen, und meine Jungs hier, die auf halbem Lohnverzicht auf vierzig Stunden gehen, also das ist bissel ... ja.“ (Interview ZOER: 6, Zeile 243-246).

Aber auch vermeintlich nachvollziehbare Gründe reichen nicht aus, wenn die betroffenen Mitarbeitenden diese eher als leere Worthülsen begreifen. Eine Auskunftsperson erzählt: „Die Notwendigkeit dieses Betriebsüberganges [...] ist für mich und meine Kollegen eigentlich auch nicht nachvollziehbar gewesen [...] Die konnte mir auch keiner in irgendeiner Form vermitteln. Also es ist gesagt worden: Okay, das ist so [...] da ist kein Kerngeschäft, und bei [FM] ist man bei einer Firma, deren Tätigkeit, also dieses Facility Management ja deren Kerngeschäft ist, und daher wäre man da auf Dauer sicherlich besser untergebracht. Das sind natürlich alles irgendwelche Floskeln, die die damaligen Leiter da irgendwie zum Besten gegeben haben. Denn wenn [das FM der TECHNIK] so schlecht wäre, und FM so toll wäre, hätte sich ja jeder drum reißen müssen, zu FAMA gehen zu müssen, [das] war nicht der Fall.“ (Interview AN: 1, Zeile 51-60).

Die Entscheidung zum Betriebsübergang verstanden die meisten nicht als eine Frage der wirtschaftlichen Notwendigkeit, sondern als eine mikropolitische Entscheidung der für das Unternehmen Verantwortlichen: „Die Einsparung wird mal irgendwann irgendwo auf dem Papier stehen [...] Es wird irgendwie so lange an den Zahlen herumgedreht werden, bis man sagen kann, okay diese Outsourcingmaßnahme hat sich gerechnet. Und wenn ich da irgendwelche Eventual-Risiken einrechne, wenn die [BANK] einen Fehler gemacht hätte, hätte dieser Fehler unter Umständen hunderttausend Euro gekostet. So kann ich mir das Ganze dann so lange schön rechnen, bis diese Zahlen unterm Strich dann irgendwann mal stimmen.“ (Interview AN: 2, Zeile 81-87).

Assoziierungen mit der Art der betrieblichen Veränderung: Die Auskunftspersonen des Projektes TECHNIK assoziierten mit der Fusion eher eine „Aufbruchstimmung". So war ihnen durchaus klar, dass die Fusion wirtschaftliche Notwendigkeit war, um als kleineres Unternehmen im freien Wettbewerb überleben zu können: „Also ich sage mal, als Kaufmann oder als Manager in dem Unternehmen sehe ich es positiv, was da abgelaufen ist [...] Wir sind klein gewesen [...] Da waren wir sechshundert. Jetzt sind wir sechstausend. Wir hätten [...] nicht überleben können." (Interview MR: 4, Zeile 139-149).

Die Auskunftspersonen des Projektes BANK verbanden dagegen mit dem Wort Outsourcing keinen Neuanfang, sondern eher eine „Abbruchstimmung". Ein Indiz ist, dass der Begriff „Outsourcing" in ihrem Sprachgebrauch tabuisiert wurde. In der Folge beeinträchtigt die Angst vor der klaren Nennung des Wortes „Outsourcing" einen offenen Umgang mit den damit verbundenen möglichen Risiken und aber auch Chancen.

Der unternehmensinterne und -externe Arbeitsmarkt: Der Druck auf die einzelne Auskunftspersonen zu seiner Übernahme: Nach Aussagen der vom Betriebsübergang betroffenen Auskunftspersonen stand es ihnen frei, sich unternehmensintern auf nicht vom Betriebsübergang betroffene Stellen zu bewerben. Bewarb sich jedoch eine der Auskunftspersonen, war die Bewerbung erfolglos. Ein Beispiel: „Da bekam ich einen Anruf: Ihr Profil passt nicht. Ich sage, was stimmt nicht an meinem Profil? - Ja, sie müssten eine kaufmännische Ausbildung haben. - Habe ich! - Müssen Sie Meister sein. Sage ich, bin ich doch auch. - Und optimal noch CAD-Zeichner. Sage ich, ich bin der Einzige, der eine Lizenz hat für LT2004. Sagen Sie, haben Sie meine Bewerbung überhaupt geöffnet?" (Interview PL2: 3, Zeile 111-115).

Die Auskunftspersonen empfinden, dass sie in ihrer Weiterbildung und Entwicklung gehindert wurden, um sie gezielt an den vom Betriebsübergang betroffenen Arbeitsplätzen zu binden. „Man hat also, nur um Leute gezielt an Standorten zu halten, die Entwicklung mutwillig oder maßgeblich behindert und es war bei vielen so." (Interview PL2: 3, Zeile 87-89).

Eine andere Auskunftsperson gibt an, dass „dieses Verhindern der Alternativen im Hause der BANK ... das ist für mich auch ein ganz klares Indiz dafür, dass FM eben auf uns Mitarbeiter angewiesen war, um diesen Auftrag für die BANK erfüllen zu können." (Interview AN: 3, Zeile 122-124). Gleichzeitig kam es aber vor, dass offene Stellen im Unternehmen BANK durch unternehmensexterne Bewerberinnen besetzt wurden.

Entschied sich eine Auskunftsperson im Extremfall für einen Einspruch gegen den Betriebsübergang, so wurde ihr von der Unternehmensleitung erklärt, dass „ich doch ein wertvoller Mitarbeiter bin, und dass man auf keinen Fall möchte, dass ich doch so einen entscheidenden Fehler machen würde, dass ich da widerspreche." (Interview AN: 1, Zeile 31-34).

Daneben steht es den Mitarbeitenden frei zu kündigen. Eine Kündigung des Arbeitsverhältnisses stellt aber dann keine realistische Option dar, wenn die Arbeitsmarktlage keine neuen Arbeitsverhältnisse in Aussicht stellt oder die Auskunftspersonen für den Arbeitsmarkt z. B. aufgrund eines fortgeschrittenen Alters nicht mehr „attraktiv" sind. „Also ich war zu diesem Zeitpunkt kurz vor meinem 48. Geburtstag, und damit war ich zu jung für solche Sachen [gemeint ist der Vorruhestand], aber im Prinzip zu alt, um zu sagen, dann gucke ich mal, was der Arbeitsmarkt hier für mich noch so hergibt." (Interview AN: 5, Zeile 217-220).

Eine andere Auskunftsperson resümiert: „Man kann also im Prinzip nur unterschreiben oder halt irgendwo anders hingehen. Was natürlich schwierig ist, wenn Sie ein Alter so ab fünfzig oder auch schon früher erreicht haben. Zu der damaligen Zeit sowieso." (Interview BT: 2, Zeile 85-88).

Das auslagernde Unternehmen reduzierte die möglichen Alternativen so, dass nur noch der Betriebsübergang eine für die Auskunftspersonen wirtschaftlich vertretbare Option darstellte. Der dadurch aufgebaute Druck auf den einzelnen Auskunftspersonen zum Betriebsübergang kanalisiert sich in das Gefühl, „bis heute etliche Jahre nach dem Betriebsübergang eher abgeschoben von der BANK [zu sein]. Die haben die Nummer dann einfach durchgezogen." (Interview AN: 4, Zeile 223-225).

Eine weitere Auskunftsperson gibt an: „Die meisten ärgern sich halt über die Konditionen, was da halt abgelaufen ist. Man wurde auch letztendlich quasi drauf hingewiesen, dass man quasi keine Chance hat, was anderes zu tun. Man kann entweder den Vertrag unterschreiben, oder dass unter Umständen es eine betriebsbedingte Kündigung geben kann, wenn man das eben nicht unterschreibt. Weil, das Outsourcing ist ja so festgelegt, dass es diesen Arbeitsplatz in der [BANK] nicht mehr gibt." (Interview BT: 2, Zeile 76-84).

5.3 Ergebnisse der qualitativen Datenanalyse zur Mitarbeitermotivation in der Übergangsphase

In der Übergangsphase wurden die vom Betriebsübergang betroffenen Mitarbeitenden vom aufnehmenden Unternehmen zu Gruppen- und Einzelgesprächen eingeladen. Ihnen wurde mitgeteilt, zu welchen Konditionen sie vom aufnehmenden Unternehmen übernommen werden. Dabei kommunizierte das aufnehmende Unternehmen seine Erwartungen und Ziele an die vom Betriebsübergang betroffenen Mitarbeitenden. Folgende Ausführungen in den Abschnitten 5.3.1 und 5.3.2 zeigen, wie die vom Betriebsübergang betroffenen Auskunftspersonen die Situation wahrnahmen.

5.3.1 Konditionen der Mitarbeiterübernahme zum aufnehmenden Unternehmen

Aus folgenden Gründen sind die Auskunftspersonen nicht mit den Konditionen ihrer Übernahme zum aufnehmenden Unternehmen zufrieden:

Die sich aus den individuellen Bedürfnissen ergebenden Ängste und Unsicherheiten der vom Betriebsübergang betroffenen Auskunftspersonen: „Man fühlt sich halt immer alleine gelassen und man hat Angst. Man sagt es zwar nicht, dass man Angst hat, man sagt, es ist egal, aber im Endeffekt hat man Angst bei einer Veränderung dieser Art. Diese Ängste, die man da hat, das ist (unverständlich), das könnt ihr gar nicht fassen." (Interview MR: 5, Zeile 217-220). Dieses Zitat zeigt deutlich, welche Emotionen die Auskunftsperson mit dem Betriebsübergang verbindet. Die empirische Analyse dieser Studie ergibt, dass das Alter der Auskunftspersonen nicht mit ihrer Motivation zusammenhängt. Jüngere Mitarbeitende sind entgegen anders lautender Meinungen nicht motivierter als ältere Mitarbeitende. Die Ängste und Unsicherheiten der Auskunftspersonen richteten sich vor allem nach ihrer individuellen Lebenssituation.

Eine Mitarbeitende, die z. B. ledig ist oder keine finanziellen Verpflichtungen hat, begreift einen Betriebsübergang eher als eine Chance, sich beruflich neu orientieren bzw. weiterentwickeln zu können. Die Ängste beziehen sich dann vor allem auf ihren beruflichen Werdegang im aufnehmenden Unternehmen: „Allerdings ist ja alles unsicher. Aber ich mache mir schon Sorgen, was mit dem Auslaufen des Outsourcing-Vertrages passiert oder wenn meine beiden älteren Kollegen aus dem Berufleben ausscheiden." (Erlebnisbericht P2: 3, Zeile 118-120).

Mitarbeitende, die Familie haben und für deren Unterhalt sorgen, sind finanziell gebunden und oft immobil. Diese Personen verbinden mit dem Betriebsübergang eher ein Risiko und (Existenz-)Ängste. So schrieb eine Auskunftsperson auf ihren Fragebogen: „Sie können sich sicher vorstellen, dass Existenzängste entstehen, wenn bei einem Arbeitsvertrag eine Reduzierung des Gehaltes um 37,5 % brutto angeboten wird und das war <u>keine</u> Verhandlungsbasis." (Anmerkung auf Fragebogen BT; s. Kapitel II, Abschnitt 3).

Mitarbeitende, die ein bestimmtes Alter überschritten haben, „sagen dann, okay, ich muss das ja nicht mehr lange machen. Ihr einziger Lichtblick ist ihr Vorruhestand." Für diese Mitarbeitenden stellt sich eine „massive Verunsicherung" in Bezug auf ihre Betriebsrente ein. „[Wir] waren ja total unsicher, was passiert mit meiner Firmenrente, [...] also es war schon sehr, das war nicht so eine Motivation." (Interview ZOER: 1, Zeile 54-65).

Auch in einem Experteninterview berichtet eine Auskunftsperson dazu: „[Ich hatte] das Gefühl der Verlassenheit. Was hat es für eine Auswirkung auf ihre betriebliche Altersvorsorge? [...] Da fühlen sich Mitarbeiter alleine gelassen, weil sie die Konsequenz nicht überblicken können [...] Es drückt unwahrscheinlich auf die Motivation der Leute." (Interview KT: 25, Zeile 924-931).

Fatal ist es, wenn die Unsicherheit und Ängste der Mitarbeitenden durch fehlerhafte oder ausbleibende Auskünfte und Nachweise verstärkt werden. Eine Auskunftsperson erzählt: „Ganz schlimm war für mich in meinen Augen die Geschichte mit der Rente, ich habe 37 Jahre lang die Rente eingezahlt, die Bankrente. Es ist ganz klar geschrieben worden, dass FAMA sich dran zu halten hat, auch weiterhin zu zahlen. Nach dem ersten Jahr, bezahlt worden ist wohl, nur nach dem ersten Jahr bekamen wir dann als Mitarbeiter alle die zu FAMA übergeleiteten Mitarbeiter einen Bescheid, wir bekommen nicht mehr wie 1600 Euro, sondern nur noch 500 Euro Rente. Das war dann natürlich nach einem Jahr bereinigt, aber das hat natürlich auch nicht dazu beigetragen, dass andere Leute sich so gefreut haben über den Übergang." (Interview WN: 5).

Einige der Auskunftspersonen geben an, seit dem Betriebsübergang keinen einzigen korrekten schriftlichen Nachweis über ihre Betriebsrente erhalten zu haben. „Diese Betriebsrente wurde bei BANK irgendwann mal in einen Beitragsplan umgeführt. [Bei der BANK] ist so was über einen separaten Fond komplett abgesichert. Bei der Firma FAMA ist so was ins Betriebsvermögen übergegangen. Bis heute, anderthalb Jahre später, ist die Firma FAMA nicht in der Lage, über externe Fachleute, Unternehmensberater, die sie beauftragt haben, mir einen korrekten Nachweis meiner Betriebsrente zukommen zu lassen [...] Jetzt ist das im Betriebsvermögen, und [das Unternehmen FAMA] wird ja pausenlos gekauft und weiter verkauft, und auch meine Altersversorgung. Da frage ich: Was ist denn, wenn die mal irgendwelche Zahlungsprobleme haben? Dann sagen die, ja es gibt den Pensionssicherungsfond." (Interview AN: 6, Zeile 248-272; Interview WN: 5, Zeile 188-197).

Statt die Ängste und Unsicherheiten der Mitarbeitenden zu entkräften, scheinen die Unternehmen sich diese sogar zunutze zu machen. „Die Wertigkeit nach Möglichkeit runterschrauben, das sind die Gebaren der heutigen Unternehmensstrategien [...]. Dem Mitarbeiter einfach sagen, ja ich brauche dich gar nicht, mit den Ängsten der Mitarbeiter zu spielen." (Interview HT: 4, Zeile 157-164).

Geschenke als Willkommensgruß: Geschenke in Form eines Willkommensgrußes können positiv, aber auch negativ wahrgenommen werden. So zeigen sich Mitarbeiterinnen erfreut über einen Blumenstrauß. Negativ fielen dagegen andere Geschenke wie Gummibärchen, Block, Stifte und Tassen auf (z. B. Interview PL2). Auch Geldgeschenke in zu geringer Höhe erzielen nicht ihre gemeinte Wirkung (z. B. Erlebnisbericht P1). Manche Gehaltssteigerungen wurden auch nur für einige Standorte durchgesetzt.

Der neue Arbeitsvertrag im aufnehmenden Unternehmen – Gehalt, Boni und Zusatzleistungen: Neben einem Arbeitsvertrag nach § 613a BGB bot das aufnehmende Unternehmen den übernommenen Mitarbeitenden einen eigenständigen Vertrag an. Dieser Vertrag beinhaltet für die Mitarbeitenden zwar weniger vorteilhaftere Konditionen wie Gehaltskürzungen, kann aber mit Ausgleichzahlungen verbunden sein. Die Dauer des Arbeitsvertrages ist an die Dauer des Auftrages der externen Leistungserstellung geknüpft. Alle Auskunftspersonen entschieden sich für einen neuen Vertrag mit dem Unternehmen FAMA.

Die Auskunftspersonen fühlen sich nicht ihrer Arbeitsleistung entsprechend entlohnt, zudem der Arbeitsaufwand im aufnehmenden Unternehmen steigt: „Und da muss ich schon sagen, da waren recht massive Einschränkungen drin von der Bezahlung, vom Gehalt. Das war jetzt, denke ich mal, auch für viele, auch für die Kollegen, einer der Hauptgründe, weshalb die da ein Problem damit haben." (Interview BT: 1, Zeile 71-74). Eine andere Auskunftsperson erzählt dazu: „Und ich kann keinen Mitarbeiter motivieren, der sieben Euro die Stunde verdient, und der die gleiche Leistung bringt wie ein anderer, der zwanzig Euro verdient, das kann mir keiner erzählen." (Interview GD: 9, Zeile 409-412).

Welche Folgen ein nicht ausreichendes, ergebnisorientiertes Gehalt haben kann, verdeutlicht folgendes Beispiel: „Zu TECHNIK-Zeiten haben wir eigene Putzfrauen gehabt, da wirst du nicht glauben, dass das so ausgeschaut hat! Die hat sich identifiziert mit ihrem Flur und mit ihrem Gebäude. Und dann hat die auch geputzt, egal, jetzt kriegen Sie Quadratmeterpreis. Und wenn du jetzt im Büro sitzt und sagst zu der Putzfrau, ob sie da nicht ein bisschen besser wischen könnte, weil es da so ausschaut, dann kriegst du zur Antwort, wieso, ich kriege ja nur dreizehn Cent für den Quadratmeter und da habe ich letzte Woche schon geputzt (lacht) So ist das, die Denke ist doch verkehrt!" (Interview GD: 4, Zeile 147-153). Eine andere Auskunftsperson meint: „Die finanziellen Konditionen sind für die viel Arbeit ebenfalls nicht adäquat." (Interview HN2: 2, Zeile 48-49).

Auch werden weniger Boni ausgeteilt. „Früher haben wir halt eine Prämie gekriegt, wenn wir gut gearbeitet haben [...] Das ist auch eine Motivation für die Mitarbeiter, weil der sagt, hm, das schiebe ich jetzt mal mit Hirn an, und da kann ich sparen." (Interview GD: 5, Zeile 194-196).

Neben weniger Gehalt und Boni entfallen Zusatzleistungen wie z. B. vom Unternehmen subventioniertes Kantinenessen. Das aufnehmende Unternehmen zahlt keinen Zuschuss mehr, so dass die Auskunftspersonen „für ein schlechtes Schnitzel dann acht Euro zahlen [...] statt 3,80 Euro, wie die ehemaligen Kollegen, welche weiterhin einen Zuschuss erhalten." (Interview ST: 11, Zeile 515-517).

Ein weiteres, oft genanntes Beispiel betrifft die neue Arbeitskleidung des aufnehmenden Unternehmens. Es schien über einen längeren Zeitraum unklar gewesen zu sein, welcher Mitarbeitende und ob der Mitarbeitende selbst oder das aufnehmende Unternehmen dafür aufkommt. So erzählt eine Auskunftsperson: „Statt allen Mitarbeitern [des technischen FM] von Anfang an die Uniform zuzugestehen, war es ein schleichender Übergang, da lief man noch wochenlang mit der BANK-Uniform durch die Gegend und fragte sich, kommen jetzt die Klamotten, bei BANK haben wir sie bekommen, bekommen wir sie bei euch auch. Nun versuchen Sie das mal dem kleinen Mann zu erklären, dass er seine Uniform selber zahlen soll. Der verdient 1300 oder 1400 Euro, für den ist die Uniform schon wichtig, weil sie teuer ist. Ja, und dann wurde sich, an einer lapidaren, dämlichen Jeans, wochenlang totdiskutiert.“ (Interview PL2: 9; Zeile 307-309).

Da das aufnehmende Unternehmen nicht vollständig informiert welche Konditionen sich verändern, entstehen „Reibereien, weil [FAMA] das halt einfach so weggenommen hat, ohne mal darüber zu reden, die haben was geschrieben, aber … ja.“ (Interview KR: 2, Zeile 83-86).

Aber selbst wenn die neuen Konditionen vom aufnehmenden Unternehmen ausführlich und nachvollziehbar dargelegt worden wären, sind „Reibereien“ wahrscheinlich. Diese „Reibereien“ entstehen durch die veränderten Arbeitsweisen und die dadurch in Frage gestellten Gewohnheitsrechte. So kann zwar das Aufbrechen von Mitbestimmungskulturen und Routinen ein strategischer unternehmenspolitischer Grund für Betriebsübergänge sein (s. Kapitel II, Abschnitt 4.2). Allerdings kann dies negative Auswirkungen auf die Motivation der übernommenen Mitarbeitenden zur Folge haben. „Der Auftraggeber zahlt ja aber nur die Tätigkeiten, die in meinem Dienstleistungsvertrag mit der alten Firma drin sind, und da gibt es dann irgendwann mal Reibereien, weil man vielleicht auch Tätigkeiten macht, die nicht zu diesem Vertrag gehören, aber die Gewohnheiten sind. Also das erleben wir eigentlich fast täglich, oder einmal die Woche mindestens, wo man dann diskutiert, wer macht jetzt was.“ (Interview BK: 2, Zeile 59-63).

Vielfältigkeit der Arbeitsverträge im aufnehmenden Unternehmen: Im aufnehmenden Unternehmen herrscht eine große Vielfältigkeit von Arbeitsverträgen vor. Neben den Arbeitsverträgen von über den externen Arbeitsmarkt rekrutierten Mitarbeitenden gibt es den aus dem Paragraphen 613a BGB entstehenden Arbeitsvertrag, den vom aufnehmenden Unternehmen angebotenen Arbeitsvertrag und unterschiedliche Varianten, die sich aus den Ansprüchen der Mitarbeitenden ergeben. „Wir haben ja vier oder fünf verschiedene Arbeitsverträge als Grundlage: Wir haben ja Open-Book-Mitarbeiter, wir haben Closed-Book-Mitarbeiter, wir haben BANK-Mitarbeiter, wir haben reine FAMA-Mitarbeiter (lacht). Es gibt eigentlich nichts, was wir nicht haben.“

Weiter heißt es: „Wenn Sie […] einen Mitarbeiter haben, der einen FAMA-Vertrag hat, dieselbe Arbeit macht wie jemand, der einen BANK-Vertrag macht, der das Doppelte verdient […] dann muss man sich die Querelen innerhalb eines Unternehmens nicht wirklich angucken.“ (Interview HN2: 11, Zeile 506-509). Die mit den unterschiedlichen Arbeitsverträgen verbundenen Konditionen führen zu einer „gewissen Demotivation“, da für gleiche Arbeitsleistungen unterschiedliche Gehälter an die Mitarbeitenden gezahlt werden.

Die Vertragsvielfalt führt zu psychologischen Kosten auch dann, wenn die Auskunftsperson am besten bezahlt ist. „Ich bin zum Beispiel der einzige Open Book-Mitarbeiter bei uns im Team [...], der nicht leistungsabhängig [bezahlt wird]. Der Rest [vom Team] bekommt sein Gehalt gemessen an der Performance an den Bauprojekten. Ich bekomme mein Gehalt, egal, was passiert bei [FAMA], ich bin losgelöst davon. Was Quatsch ist, weil ich für dieses Team arbeite. Das heißt, ich müsste quasi auch in deren Pott mit reinfließen, was ja, mir ganz recht, zurzeit nicht erfolgt. Aber es ist nicht okay. Der Kunde wiederum sagt, nein, Frau [Name der Auskunftsperson], das ist ihre Leistung, wenn Sie Projekte zusätzlich übernehmen. Wären Sie im Pott drin, würde dort das Geld einfließen, aber Sie sind ja Open Book. Das heißt, die Kollegen kriegen dann wiederum weniger Geld, und das ist natürlich mit Recht, ich würde es nicht anders argumentieren, krank, und es kümmert sich aber auch keiner drum.“ (Interview HN2: 11, Zeile 509-521).

Eine Auskunftsperson resümiert: „Und letztendlich ist das so, man hätte sagen müssen, Leute kommt zu uns, ihr habt die und die Vergünstigungen und die Möglichkeiten, ihr bekommt die und die Leistungen weiter. Also wirklich Klarschiff machen. Man braucht ja nicht über den Tellerrand rauszugehen. Man braucht ja nicht das zu versprechen, was man nicht halten kann oder nicht gibt. Aber man kann doch mit dem werben, was man hat und was man wirklich bringt. Mehr brauchen die Leute auch nicht, und das ist nicht gemacht worden.“ (Interview PL2: 10, Zeile 324-336). Stattdessen hat „[FAMA] nur gesagt, du machst das jetzt mit uns, und wir haben gesagt, jawoll, ich mache das.“ (Interview AN: 11, Zeile 84).

5.3.2 Kommunizierte Erwartungen und Ziele des aufnehmenden Unternehmens

Die in diesem Abschnitt besprochenen Gründe werden von den Auskunftspersonen wiederholt als Beleg für die gescheiterte Kommunikation des aufnehmenden Unternehmens mit ihnen genannt.

Unternehmensimage des aufnehmenden Unternehmens – die Außenwirkung: Die Auskunftspersonen identifizieren sich weniger mit „irgendeiner Hinterhoffirma“ (Interview AN: 7, Zeile 314). Das aufnehmende Unternehmen FAMA ist ein mittelständisches, in der Öffentlichkeit eher unbekanntes FM-Unternehmen, das für die Mitarbeitenden kaum Identifikationsmöglichkeiten bietet. So sagt sogar ein bekannter Autor zahlreicher Beiträge der FM-Fachliteratur: „[FM] ist ein immer noch viel zu wenig bekannter und deswegen bei weitem unterschätzter Marktbereich [...] Nicht einmal nennenswerte Skandale hat die Branche aufzuweisen.“ (Engelhardt 2007b: 12).

Die auslagernden Unternehmen verfügen dagegen über einen hohen internationalen Bekanntheitsgrad. Den Betriebsübergang mental zu verarbeiten, besonders als langjährige Mitarbeitende, und zusätzlich mit seine ehemaligen Kolleginnen tagtäglich konfrontiert zu werden,„ist schwer [...] Ich kann keinem sagen, wie schwer das war, als ich das erste Mal am Telefon den Hörer abgenommen habe, und musste sagen [Name des Unternehmens]. Das waren so die ersten Wochen, das war ganz grausam. Ich habe mich da totunglücklich gefühlt." (Interview HR: 2, Zeile 52-56).

Das aufnehmende Unternehmen verpasst es, den vom Betriebsübergang betroffenen Auskunftspersonen begründet und nachvollziehbar zu erklären, warum sie als Outsourcing-Anbieter ausgewählt wurden. In der Folge fühlen sich die vom Betriebsübergang betroffenen Auskunftspersonen ihrer neuen Arbeitgeberin nicht zugehörig. „Alleine schon der Name [FAMA], so heißen die wirklich, woher kommen die, was macht [FAMA], welche Produktsparten hat [FAMA]. Ist nie gemacht worden, keiner wusste etwas über [FAMA]. Keiner wusste etwas über die Struktur von [FAMA]. Keiner kannte die Führungsstruktur. Da habe ich erst mal eine Stunde Video gezeigt, was die alles drauf hat, was die alles kann, wie die sich zusammensetzt [...] Betreuen heißt, Leute hier sind wir, wir haben euch gekauft, wir setzen uns so zusammen, wir haben die und die Struktur, wir haben die und die Ansprechpartner, wir stellen uns die Zukunft so und so vor." FAMA hätte sich bei den Leuten nicht nur unter dem Motto „Wir haben den Auftrag, wir haben dieses Geschäftsvolumen" vorstellen müssen. „Die hätten sagen müssen, passt auf Leute, ihr werdet einen Teil von uns [...] Aber man fängt die Leute nicht ein. Die fühlen sich gar nicht zugehörig." (PL2: 7, Zeile 326). In der Folge ist das Unternehmen FAMA „nicht mein Wunscharbeitgeber: Jeder ist bestrebt, so schnell wie möglich nach Hause zu kommen." (Erlebnisbericht P2).

Arbeitsphilosophie im aufnehmenden Unternehmen – der Dienstleistungscharakter: Mit dem Übergang des Arbeitsplatzes an einen Outsourcing-Anbieter verändert sich die Arbeitsphilosophie der Mitarbeitenden. Die Mitarbeitenden erbringen nach ihrem Übergang wettbewerbsrelevante Arbeit. Sie sind „Dienstleister" für einen externen Kunden. Das aufnehmende Unternehmen verpasst aber die Chance, den Auskunftspersonen die neue Unternehmensphilosophie zu erklären bzw. lebt diese ihren Mitarbeitenden nicht vor. Eine Auskunftsperson meint dazu: „Oder vielleicht will die Geschäftsleitung, dass es so gelebt wird. Einige unserer Herrschaften hier [...] arbeiten so nach dem Motto, ich komme am Morgen, setz mich hin und mache acht Stunden meine Arbeit und am Abend fahre nach Hause und schalte den Kopf wieder ab. Das funktioniert nicht. Diese Art von Arbeit geht über die acht Stunden hinaus. [...] Und das ist das Problem, was hier viele Leute haben. Gerade unsere kleineren Mitarbeiter, die hier unten rumlaufen, da können Sie davon ausgehen, um 15:29 Uhr geht das Handy aus und klick sind meine Kollegen weg. Selbst wenn ich nur noch mal eine Frage hätte, die kriege ich dann nicht mehr. Und das können Sie in der heutigen Zeit nicht mehr machen, das geht nicht mehr. Wenn Sie Dienstleistung anbieten, dann müssen Sie natürlich über die normale Arbeitszeit hinaus dafür sorgen, dass der Kunde Sie Tag und Nacht erreicht, das muss heute machbar sein, dass verlange ich von anderen Unternehmen und das kann natürlich die BANK auch von uns verlangen, verlangt sie auch."

(Interview TU: 9, Zeile: 292-318; s. auch Interview HN2: 18, Zeile 813-823). In der Folge sind die Auskunftspersonen nur noch bereit, die vertraglich geregelten Leistungen zu erbringen.

Widerspruch zwischen Propagierung und gelebter Realität im aufnehmenden Unternehmen: Die Auskunftspersonen des Unternehmens TECHNIK geben als einen Grund für ihre Enttäuschung an, dass die Unternehmensleitungen vor dem Betriebsübergang von einer Fusion sprachen. So stellen auch Harding und Rouse (2008: 57) fest, dass die Propagierung einer „Fusion unter Gleichen" zwar diplomatisch ist, aber nicht der gelebten Realität entspricht. Die Auskunftspersonen des Unternehmens TECHNIK erzählen, dass leitende Positionen vorerst nur durch die Mitarbeitenden des FM-Unternehmens FAMA besetzt wurden. Der als Fusion propagierte Betriebsübergang ist eine verdeckte Übernahme. In der Folge empfinden die Auskunftspersonen die Bevorzugung ihrer neuen Kolleginnen als besonders unfair. Eine Auskunftsperson meint: „Was mich da gestört hat, ist dass es eigentlich festgestanden hat, wer den Job kriegt. Ich habe keine Probleme damit gehabt, weil ich was anderes gehabt habe [...], aber [...] das eigentliche Prinzip [ist], dass es eigentlich keine faire Chance für viele der damaligen TECHNIK-Mitarbeiter gab. Die Schlüsselpositionen sind alle von [FAMA]-Mitarbeiter besetzt worden." (Interview MR: 1, Zeile 24-26).

Auch sollte das aufnehmende Unternehmen vermeiden, Versprechungen zu leisten, die offensichtlich nicht eingehalten werden können. Eine weitere Auskunftsperson erzählt: „Da war eine Betriebsversammlung [...] und dabei kam zur Sprache, dass [FAMA] als neues Unternehmen uns übernimmt und sie wollten es in alter Form weiterführen [...] Wenn mir jedes Unternehmen sagt, es bleibt, wie es ist, das ist gelogen." (Interview TU: 5, Zeile 133-150).

Die Folge, wie das aufnehmende Unternehmen in diesem Fall seine Ziele und Erwartungen an die vom Betriebsübergang betroffenen Mitarbeitenden kommuniziert, ist, dass die Auskunftspersonen sich mehrheitlich nicht mit dem Unternehmen FAMA identifizieren. So formuliert von 34 Auskunftspersonen in den narrativen Interviews nur eine Person im „Wir"-Stil im Bezug auf das aufnehmende Unternehmen. Die Auskunftspersonen stellen sich nicht unbedingt als Mitarbeitende des Unternehmens FAMA vor, sondern weiterhin als Mitarbeitende des Unternehmens BANK: „Ich meine, ich berichtigte das nicht, es gehen viele Leute davon aus, ich wäre bei der [BANK] – und die das denken, die korrigiere ich auch nicht. Das ist das. So, das wäre so ungefähr das, was ich an Motivation habe. Da können Sie ja genau erkennen, dass die sicherlich nicht sehr hoch ist [...] Das liegt an diesem Unternehmen, was dahintersteht, also man muss de fakto mal sagen, dass bis dato keine Identifikation der übergegangenen Mitarbeiter mit [FAMA] stattgefunden hat, ganz klar." (Interview HN2: 2, Zeile 75-77; s. auch Interview HR: 74-80).

Im Gegenteil, die vom Betriebsübergang betroffenen Auskunftspersonen identifizieren sich immer noch mehr mit ihrer ehemaligen Arbeitgeberin als mit dem Outsourcing-Anbieter. Die von ihnen erbrachten freiwilligen Leistungen wären demnach auch eine Wertschätzung für das auslagernde anstatt für das aufnehmende Unternehmen. „Das heißt aber auch nicht, dass ich jetzt meine Arbeit hier nicht mache, ich mache die Arbeit, mache die auch so, wie sie sein muss, und denke immer daran, an meinen früheren Arbeitgeber, [BANK], dass ich die Arbeit für den gemacht hätte, das Optimale rausholen muss, weil die ja den Auftrag an [FAMA] gegeben haben." (Interview AN: 6, Zeile 233-238).

5.4 Ergebnisse der qualitativen Datenanalyse zur Mitarbeitermotivation in der Integrationsphase

Erstens ist eine wichtige Frage in der Integrationsphase, welche Integrationsaktivitäten vom aufnehmenden Unternehmen unternommen werden. Diese Frage ist Gegenstand des Abschnitts 5.4.1.

Zweitens stellt sich die Frage, wie die Auskunftspersonen geführt und gefördert werden. Dies ist Gegenstand des Abschnitts 5.4.2.

5.4.1 Integrationsaktivitäten des aufnehmenden Unternehmens

Vor allem die folgenden Gründe spielen eine wesentliche Rolle für eine gelungene Integration der vom Outsourcing betroffenen Mitarbeitenden in das aufnehmende Unternehmen:

Kulturenclash: die „Übernommenen" versus die „Übernehmenden": Für die betroffenen Mitarbeitenden kommt der Betriebsübergang einem „Kulturschock" gleich. Eine Auskunftsperson legt dar: „Was mich immer wieder wundert, ist, dass die Firmen ja nicht dazulernen. Damals [...] gab es einen Riesenbericht, [...] dass man eigentlich nicht an den Prozessen oder Abläufen gescheitert ist, die kann man irgendwo in den Griff kriegen. Woran man immer wieder scheitert, das ist eigentlich an den Kulturen. Dass die Kulturdifferenzen zwischen Amerika und Deutschland wesentlich größer sind, als zwischen [München] und Nürnberg, das ist mir auch klar. Aber [...] die haben eine ganz andere Lebensauffassung, [...] das hat einfach schon mal nicht zusammengepasst. Das ist einfach ein anderer Schlag [...], das war ein Kulturschock fast schon. Das hätte man einfach relativ früh eigentlich lösen müssen, das Problem." (Interview MR: 1, Zeile 34-53).

Das aufnehmende Unternehmen fördert ein Zusammenkommen der unterschiedlichen Unternehmenskulturen nicht, sondern setzt seine Kultur auch auf alle übernommenen Mitarbeitenden an. Eine Auskunftsperson erzählt: „Da muss ich natürlich sagen, die waren am Anfang von so oben herab, das heißt, die haben eigentlich immer abgeblockt, und da war eigentlich ein Zusammenkommen erst mal nicht möglich." (Interview HN: 5, Zeile 183-187). Eine andere Auskunftsperson meint dazu: „Die haben immer gesagt, die aus [Ort des Unternehmenssitzes TECHNIK], die machen ja eh alles anders, die machen das eh nicht wie wir wollen. Die wollen immer so abwerten." (Interview MR: 2, Zeile 63). Stattdessen „wurden einfach [...] die Organisation überstülpt [...], ob das Einkauf war, das war geändert, ob das Entscheidungsfreiheiten waren, etc.. Das war dann sehr negativ war, dass man dann mit den Kollegen von [FAMA] [...]. Ja, so sollte man einfach zusammenwachsen, ja?" (Interview ZOER: 1, Zeile 310-313).

Integrationsaktivitäten und Kommunikation seitens des Outsourcing-Anbieters: Zum einen misslangen Integrationsaktivitäten, da diese nicht konsequent ausgeführt werden. Eine Auskunftsperson beschreibt: „Also, ich kann mich erinnern an, da gab es beispielsweise das Projekt „Move on", wo man versucht hat, die Firmen zusammenzuführen. Das waren alles Ideen, die einmal stattgefunden haben und dann wieder verpufft sind. Also, das sind so Dinge, wenn man so was aufgleist, da sollte man das Ganze auch durchziehen. Und nicht ankeimen und wieder ersticken lassen." (Interview SR: 6, Zeile 239-262).

Zum anderen werden schon bestehende Kommunikationswege nicht gefördert. Viele der Auskunftspersonen bemängeln, dass z. B. informelle, freiwillige Meetings, die monatlich einmal abgehalten wurden, nicht mehr stattfinden. Man konnte sich bei diesen Meetings miteinander zwanglos über alle Hierarchieebenen hinweg unterhalten. Eine Auskunftsperson berichtet: „Zu [BANK]-Zeiten gab es zum Beispiel immer, einmal im Monat, eine Veranstaltung hier, die hieß „Dialog". Da hat man sich hier ganz zwanglos getroffen, irgendwo ab 17 Uhr abends. Da war die Geschäftsleitung mit dabei, da waren eigentlich alle so Geschäftsfeldführer, die ansonsten für die größeren Bereiche zuständig waren, und es konnte im Endeffekt hinkommen wer will, ob das ein Hausmeister war oder ein Objektleiter war, wer auch immer. Jeder war eingeladen, einfach mal, um bestimmte Sachen auszutauschen. Also meistens wurde das mal kurz genutzt, dass er mal an die Geschäftsleitung ein paar Sachen berichtet hat, und dann hat man halt nur eine Diskussion geführt, und das hat mal eine Stunde gedauert, mal zwei Stunden gedauert, je nachdem. War aber ganz gut, weil man halt einfach immer mal wieder zusammengekommen ist, und das ist mit [FAMA] komplett eingeschlafen, das ist weg. So was gibt es nicht mehr. Und ich denke mal, heute leiden wir auch ein bissel darunter, dass so die Kommunikation echt schwierig geworden ist." (Interview BE: 2, Zeile 73-84). Eine andere Auskunftsperson kommt zum Schluss: „Man braucht diese zehn Minuten Socializing, wo du sagst, du schaffst dieses Zusammengehörigkeitsgefühl, und du kannst weiter arbeiten." (Interview HN2: 17, Zeile 784-803).

Fast alle Auskunftspersonen bemängelten den dadurch begründeten „schlechten Informationsfluss“. Die Auskunftspersonen haben das Bedürfnis nach Ansprechpartnerinnen. Man würde zwar Fragen stellen und Antworten bekommen können, aber die Hürde schon allein wäre, das Stellen der Frage und damit die eigene Unsicherheit so an „Fremde“ zuzugestehen. Eine Auskunftsperson meint: „Ich hätte mir erwartet, dass ein größerer, eine verbesserte Zusammenarbeit und Wissensaustausch mit den anderen Kollegen, also sprich Niederlassung München oder Nürnberg möglich ist. Das wir mehr Informationen kriegen, wer kann denn was wo. Also wenn ich jetzt, ich sage mal einen Spezialisten, da gibt es keinen Ansprechpartner. Ich weiß jetzt nicht, wen ich wann ansprechen muss, wenn ich gewisse Spezialsachen brauche. Es gibt diese Verschachtelungen in den Niederlassungen, das ist meines Erachtens zu kompliziert. Es gibt keinen Wissensträger, der die ganze [FAMA] kennt.“ (Interview ZOER: 7-8, Zeile 286-295; s. auch Erlebnisbericht P2: 1, Zeile 47).

5.4.2 Management der vom Betriebsübergang betroffenen Auskunftspersonen

Die folgenden Gründe sind für die Fragestellung bedeutend, wie das aufnehmende Unternehmen die vom Betriebsübergang betroffenen Auskunftspersonen führt.

Entwicklungsperspektiven und Weiterbildung der übernommenen Auskunftspersonen: Entwicklungsperspektiven und Aufstiegsmöglichkeiten sind im unternehmensinternen FM kaum oder gar nicht vorhanden. Oft sehen sich die Mitarbeitenden des unternehmensinternen FM auf einem Abstellgleis. Beim Aufstieg geht es um die Erreichung von Positionen, die mit einem Mehr an Verantwortung, reichhaltigeren Arbeitsinhalten, Entlohnung sowie Statussymbolen verbunden sind. Im spezialisierten FM-Unternehmen sind die Mitarbeitenden nicht mehr länger Kosten-, sondern Profitträgerinnen. Dementsprechend nehmen ihre Aufstiegsmöglichkeiten und Entwicklungsperspektiven zu. Eine Auskunftsperson erzählt: „Die eine Motivation ist immer die Gehaltsentwicklung, und die andere ist wie man im Betrieb weiterkommt.“ (Interview SK: 1, Zeile 42-43). Bei Gesprächen mit den Auskunftspersonen wurde dieser Punkt immer wieder hervorgehoben.

Besonders die Auskunftspersonen des technischen FM und des infrastrukturellen FM sehen im Betriebsübergang eine Chance auf Weiterbildung und Entwicklung. „Dann kam auf einmal der Übergang zu FAMA. War für mich ein richtig positiver Schritt, weil letztendlich man da als Handwerker in der [BANK] nur Handwerker ist. Aufstiegsmöglichkeiten Null. Dementsprechend bei [FAMA] sind nicht nur Handwerker, sondern auch Techniker, Ingenieure, Betriebswirte, das ganze Spektrum und dann war man nicht mehr der Handwerker in der [BANK], sondern man war der Handwerker in einem handwerklichen technischen Betrieb, man hatte quasi viel mehr Chancen und Möglichkeiten.“ (Interview PL2: 2, Zeile 61-68).

Für die Auskunftspersonen des kaufmännischen FM scheinen die Möglichkeiten jedoch begrenzter zu sein. So erzählt eine Auskunftsperson, an zwei Weiterbildungen durch das Unternehmen FAMA teilgenommen zu haben, aber dass dies eher eine Ausnahme gewesen sei: „Wir kriegen halt recht wenig, wir hatten jetzt irgendwie Baurecht gehabt, und die andere war die Bilanzierung, weil man da halt nicht drum herumkommt, dann muss ich adäquat schulen. Was aber nicht heißt, dass es passiert. Ich kenne genug Leute, die nicht geschult worden sind, also bis dato muss ich sagen, wenn es was zu schulen gab, hatten wir schon Glück." (Interview HN2: 8; Zeile 346-351). Eine andere Auskunftsperson des kaufmännischen FM ergänzt: „Jetzt gibt es zwar auch Angebot, aber was soll ich in [Ort des Unternehmenssitzes FAMA]? Englischkurs in [Ort des Unternehmenssitzes FAMA], ich bin in [Ort des Unternehmenssitzes TECHNIK]! Ich meine, in der heutigen Zeit gibt es ja auch viele Möglichkeiten, wie das einer gestalten kann, ja? Das kann man doch auch anders regeln, was weiß ich, über Internet [...] Aber die Zeit, die lässt das ja gar nicht zu. Wenn ich jetzt sage, na gut, dann fährst du halt nach [Ort des Unternehmenssitzes FAMA], ja ich kann doch jetzt nicht drei Tage nach [Ort des Unternehmenssitzes FAMA] fahren! Das ist ja erst mal so, dass, wenn wir eine fachliche Weiterbildung, wo wir gesetzlich gezwungen sind zu machen, sage ich mal, die müssen wir ja durchziehen, dass wir kaum da nachkommen, dass wir uns die Zeit nehmen [...] Und dann sind da die Kosten der fachlichen Qualifikation. Eine Weiterbildung kostet Geld." (Interview GD: 8, Zeile 166-174).

Direkter Vorgesetzter der übernommenen Auskunftspersonen: Die direkten Vorgesetzten spielen eine wichtige Rolle bei der Verbesserung der Mitarbeiterproduktivität. Dies gilt sowohl für strategische Fragen als auch für die Mitarbeiterführung, wie etwa die Schaffung einer produktiven Arbeitsatmosphäre. 81 % aller Auskunftspersonen geben an, nach dem Betriebsübergang einen neuen Vorgesetzten zu haben. Die Auswertung der empirischen Ergebnisse ergab, dass die Auskunftspersonen ihren direkten Vorgesetzten im Unternehmen FAMA signifikant weniger vertrauen als ihren direkten Vorgesetzten im Unternehmen TECHNIK oder BANK. Mehrere Gründe hierfür ergeben sich durch die Analyse der narrativen Interviews.

Erstens *kennen die neuen direkten Vorgesetzten im ehemaligen Unternehmen sich nicht so gut aus wie ihre Vorgängerinnen.* „Die neuen Leute können es nie leben, was hier früher war [...] Ohne meinen Vorgesetzten irgendwas zu wollen, die kommen hierher, für die sind es alles fremde Leute. Gewisse Schlüsselpositionen müssen sie mit alten Leuten belassen, wenn es früher gut gelaufen ist natürlich." (Interview TU: 4, Zeile 117-118).

Zweitens *kennen die Auskunftspersonen aufgrund des schlechten Informationsflusses ihre direkten Vorgesetzten nicht.* Eine Auskunftsperson erzählt dazu: „Da war zum Beispiel hier der [Name eines neuen Mitarbeitenden], der hier Projekte macht. Sagte ich zu ihm, pass mal auf, der Bruno hat da [...] sagt er, wer ist der Bruno? Ich sage, das ist dein Chef. Kenne ich nicht. Da war der schon einen Monat hier." (Interview PL2: 12, Zeile 439-445).

Drittens *werden die direkten Vorgesetzten auch eher als ein Symbol für die als unangenehm empfundene Veränderung gesehen*, denn als kompetente Leistungsträgerinnen. Oft wird in den narrativen Interviews die Inkompetenz der direkten Vorgesetzten bemängelt: „Mein jetziger Vorgesetzter, da kommt zwar Feedback, aber mündlich, das hilft einem bei so Problemen auch nicht weiter [...] Ich habe das Gefühl, der entscheidet nach Gusto, manche Sachen. Weil das Hintergrundwissen fehlt ihm gänzlich, trotzdem hört der nicht auf die Leute, wenigstens mal fragen sollte er, aber der fragt nicht mal." (Interview KR: 10, Zeile 454-460). Eine andere Auskunftsperson meint dazu: „Natürlich habe ich meine Vorgesetzten, aber die kennen sich natürlich relativ wenig hier aus. Die müssen mir einfach glauben. Und das läuft hier, die sehen das ja an den Erfolgen, die da sind." (Interview AL: 2, Zeile 68-77).

Letztlich spielt neben strukturellen Problemen viertens auch der *Führungsstil des direkten Vorgesetzten* eine Rolle für die Motivation der Auskunftspersonen. Besonders wichtig ist dabei „die konstruktive Kritik". Ein Feedback, das ausgesprochen wird, sollte neben einem kontrollierenden immer den informierenden Aspekt betonen. Mit anderen Worten: Wenn man Kritik übt, sollte man gleichzeitig einen Vorschlag zur Verbesserung mitgeben. Diese Form der Anerkennung ist nach Engelhardt (2007b: 12) „das Schmieröl einer jeden Arbeit". Eine Auskunftsperson erzählt: „Von ausdrücklich höherer Anerkennung will ich ja gar nicht reden. Schlichte Anerkennung wäre schon ein Riesenfortschritt [...] Wenn überhaupt Anerkennung kommt, witzigerweise, und das erschreckt mich immer, ist es eigentlich vom Kunden, also auch von dem Vorgesetzten des Kunden, der dann wirklich einen dicken Verteiler macht, mit vielen Dank, hat geklappt, schreibt." (Interview HN2: 16, Zeile 745-762). Und weiter heißt es: „Ich habe selten einen Unternehmer erlebt, der es schafft, dermaßen gut Sachen auszusitzen! (lacht) Das ist phänomenal, die ignorieren das einfach. Also, ich weiß nicht, ob da ein Spamfilter bestimmte Namen ... (lacht). Und ansonsten gibt es halt noch dieses wunderschöne System der Abmahnungen. Also es geht über Aussitzen und über Druck. Aber nicht über Motivation." (Interview HN2: 12, Zeile 525-535).

Fluktuation in den leitenden Positionen – Gründe und Auswirkungen: Das Unternehmen FAMA gibt an, eine außergewöhnlich geringe Personalfluktuation zu haben. Eine geringe Personalfluktuation kann für eine hohe Identifikation der Mitarbeitenden mit „ihrer" Arbeit und „ihrem" Unternehmen stehen.

Die Auswertung der narrativen Interviews ergibt jedoch ein anderes Bild. Manche der Auskunftspersonen geben an, seit dem Betriebsübergang schon mehrere verschiedene direkte Vorgesetzte gehabt zu haben. Eine Auskunftsperson beschreibt: „Ich habe mittlerweile den fünften Regionalleiter hier, und den dritten unmittelbaren Abteilungschef. Ja, was soll man sonst dazu sagen?" (Interview HN2: 2, Zeile 49-40). Dadurch leidet das Betriebsklima. Eine andere Auskunftsperson meint dazu: „Hier im KFM, sage ich einfach mal, scheint es nicht mehr so dolle zu sein, da ist jeder unzufrieden. Weil keiner weiß, wo es langgeht, was passiert. Hier tauchen dauernd neue Regionalmanager auf, bzw. man weiß, dass die wegwollen." (Interview KR: 10, Zeile 432-436).

Die Auskunftspersonen empfinden ihre Vorgesetzten nur als Egoisten und Machtmenschen, die zu ihren eigenen Gunsten, losgelöst von der Basis, handeln. Die Auskunftspersonen haben den Eindruck, dass die Vorgesetzten ihren Job nur noch machen, um ihre Karriere zu fördern und bei einer günstigen Gelegenheit kündigen (z. B. Interview HN2). Wie demotivierend sich dies auswirkt, zeigt folgendes Zitat: „Glauben Sie mir, das zerfrisst einen. Also in der Führungsebene ist es nicht angenehm. Vor allen Dingen, man weiß ja nie, wenn so ein Chef im Urlaub ist, kommt der wohl mal wieder? Das ist ja für die Mitarbeiter nicht gerade motivierend, nicht? Vor allen Dingen, wenn man mit jemandem was abgesprochen hat, und die sind dann plötzlich nicht mehr da." (Interview WR: 4, Zeile 183-186).

Eine nähere Analyse ergibt, dass die Fluktuation die Folge eines strukturellen Problems sein kann. Nach Einführung der Schnittstelle muss eine neue Organisationsstruktur aufgebaut werden. Der Schnittstellenmanager seitens des aufnehmenden Unternehmens ist ein ehemaliger Untergebener des Schnittstellenmanagers seitens des auslagernden Unternehmens. Eine Auskunftsperson erklärt: „Was dazu führt, dass er nicht lange überlebt", da sie nun auf gleicher Hierarchieebene zusammenarbeiten müssen. „Alleine auf Grund dieser Struktur wird nie eine Gleichheit sein. Das macht man [auf der Kundenseite] durch höheren Machtanspruch weg, das ist das, was da nun herrscht. Das heißt, wenn ich dir mit Wissen nicht kommen kann, dann komme ich dir mit Macht, und das ist genau der Grund, warum wir diese ständige Fluktuation in allen Bereichen haben." (Interview HN2: 7, Zeile 297-307).

Im folgenden Abschnitt werden die Ergebnisse im Hinblick auf der dieser Arbeit zugrundeliegenden Hypothese und die aus den Theorien abgeleiteten Annahmen diskutiert.

6. Diskussion der Ergebnisse

Die aus den Theorien abgeleiteten Annahmen konnten mit der Fragebogenumfrage nicht bestätigt werden. Es stellt sich die Frage, warum dies der Fall ist. Es kann sein, dass die vom Betriebsübergang betroffenen Auskunftspersonen unzufrieden sind mit dem aufnehmenden Unternehmen. Dass diese Interpretation realistisch ist, zeigen die dazu im Abschnitt 6.1 vorgestellten Ergebnisse der narrativen Interviews.

Daneben steht die Frage zur Diskussion, warum die ursprüngliche Hypothese – Outsourcing-Anbieter im Facility Management könnten die von Betriebsübergängen betroffenen Mitarbeitenden besser motivieren als zuvor die auslagernden Unternehmen – nicht bestätigt werden kann. Dafür werden im Abschnitt 6.2 die Ergebnisse zum Autonomieempfinden und Kompetenzerleben der vom Betriebsübergang betroffenen Auskunftspersonen aufgezeigt.

Außerdem wird erörtert, warum die vom Betriebsübergang betroffenen Auskunftspersonen sich dem aufnehmenden Unternehmen sozial nicht zugehörig fühlen. Allerdings kann gezeigt werden, dass bei einigen übernommenen Auskunftspersonen das soziale Zugehörigkeitsgefühl zu ihrem Team gestiegen ist. Dies wird mit dem „Fighting for My Buddies"-Effekt im Abschnitt 6.3 begründet.

Abschließend wird im Abschnitt 6.4 die Gültigkeit der aus den Theorien dieser Arbeit abgeleiteten Erklärungsbeiträge zur Mitarbeitermotivation im Betriebsübergang überprüft. Die Theorie der sozialen Identität und der Beziehungsansatz sind am geeignesten, um die Ergebnisse der narrativen Interviews erklären zu können.

6.1 Diskussion der Gründe zur Unzufriedenheit der vom Betriebsübergang betroffenen Auskunftspersonen

Die vom Betriebsübergang betroffenen Auskunftspersonen sind unzufrieden. Die Gründe dafür ergeben sich vor allem aus der Analyse der narrativen Interviews. Dabei wird auf die sechs relevanten Fragen im Betriebsübergang Bezug genommen (s. Kapitel III, Abschnitt 2.1). Diese Fragen und ihre Beantwortung werden im Überblick resümiert (s. Abschnitt 5.2-5.4 dieses Kapitels).

Wie erfahren die Mitarbeitenden vom Betriebsübergang?

- *Wirkung und Dauer des „Flurfunks" und der „Gerüchtephase"*: Die langfristige Dauer der „Gerüchtephase" und des „Flurfunks" beeinträchtigt die Haltung der Auskunftspersonen zum aktuellen Betriebsübergang negativ.
- *Gesammelte Erfahrungen der Mitarbeitenden zu vorhergegangen Betriebsübergängen*: Negative Erfahrungen der Auskunftspersonen zu vergangenen Betriebsübergängen fließen in ihre Bewertung des aktuellen Betriebsüberganges ein.
- *Art der Nachricht zum Betriebsübergang*: Die unpersönliche Art der Nachricht zum Betriebsübergang wird von den Auskunftspersonen eher negativ wahrgenommen. Sie fühlen sich vom auslagernden Unternehmen „abgeschoben".
- *Dauer der Entscheidungsphase zum Betriebsübergang*: Die kurze Frist der Entscheidungsphase der Auskunftspersonen zum Betriebsübergang beeinflusst dessen Wahrnehmung als Zwangsmaßnahme.

Wie kommuniziert das auslagernde Unternehmen seine Ziele und Erwartungen an die vom Betriebsübergang betroffenen Mitarbeitenden?

- *Nachvollziehbarkeit der Notwendigkeit des Betriebsüberganges*: Die Nachvollziehbarkeit der Notwendigkeit des Betriebsüberganges hängt davon ab, ob die Gründe als wahr, fair und von der Unternehmensleitung konsequent gelebt oder als Worthülsen, unfair und mikropolitisch motiviert wahrgenommen werden.
- *Assoziierungen mit Art der betrieblichen Umstrukturierung*: Die Fusion wird von den Auskunftspersonen eher als „Aufbruchstimmung" wahrgenommen, da eine ehrliche Darstellung der Realität im Sinne eines „Übernommenen" und „Übernehmenden" erfolgte (s. Kapitel III, Abschnitt 2.1). Das Outsourcing wird eher als „Abbruchstimmung" wahrgenommen, da nicht zuletzt eine ehrliche Nennung von Chancen und Risiken des Outsourcings für die betroffenen Auskunftspersonen seitens der Unternehmensleitung fehlte.

- *Unternehmensinterner und -externer Arbeitsmarkt – Der Druck auf den einzelnen Mitarbeitenden zu seiner Übernahme*: Eine Reduzierung der Alternativen auf die einzige Möglichkeit des Betriebsüberganges sollte mit Rücksicht auf die Motivation der Mitarbeitenden vermieden werden. Nach den Ergebnissen der narrativen Interviews gilt: Je größer der Druck zum Übergang auf das aufnehmende Unternehmen, umso stärker das Gefühl des „Abgeschobenwerdens“ der Auskunftspersonen.

Zu welchen Konditionen werden die vom Betriebsübergang betroffenen Mitarbeitenden vom aufnehmenden Unternehmen übernommen?

- *Die sich aus den individuellen Bedürfnissen ergebenden Ängste und Unsicherheiten der vom Betriebsübergang betroffenen Mitarbeitenden*: Die sich aus den individuellen Bedürfnissen ergebenden Ängste und Unsicherheiten der vom Betriebsübergang betroffenen Auskunftspersonen hängen je nach Alter und damit möglichen Verbleib im Unternehmen von den Entwicklungsperspektiven im aufnehmenden Unternehmen, der Sicherung des Lebensstandards und der Betriebsrente ab.
- *Geschenke als Willkommensgruß*: Angemessene Willkommensgrüße wie z. B. Blumensträuße für die Mitarbeiterinnen seitens Outsourcing-Anbieters können das Wohlbefinden der Auskunftspersonen steigern. Unangemessene Willkommensgeschenke wie z. B. Tassen mit Gummibärchen für die Mitarbeiter können aber auch den gegenteiligen Effekt haben.
- *Der neue Arbeitsvertrag im aufnehmenden Unternehmen – Gehalt, Boni und Zusatzleistungen*: Die Auskunftspersonen können sich entweder für einen Arbeitsvertrag nach § 613a BGB oder einem vom aufnehmenden Unternehmen eigenständigen, neuen Arbeitsvertrag entscheiden. Der eigenständige Arbeitsvertrag ändert sich vor allem in Bezug auf Gehalt, Boni und Zusatzleistungen. Der Wegfall von Prämien und Zusatzleistungen wie z. B. Kantinenessen oder Arbeitsuniform wird häufig gar nicht oder zumindest nicht in Form einer schriftlichen Vergleichsübersicht begründet.
- *Vielfältigkeit der Arbeitsverträge im aufnehmenden Unternehmen*: Die Zusammensetzung der unterschiedlichen Arbeitsverträge in den Teams erfolgt zum Teil unbegründet und unfair, so dass gleiche Arbeit der Teammitglieder nicht zum gleichen Preis ausgeführt wird.

Wie kommuniziert das aufnehmende Unternehmen seine Ziele und Erwartungen an die vom Betriebsübergang betroffenen Mitarbeitenden?

- *Unternehmensimage des aufnehmenden Unternehmens – Die Außenwirkung*: Der Outsourcing-Anbieter ist, anders als das auslagernde Unternehmen, in der Öffentlichkeit eher unbekannt. Der damit einhergehende, mögliche Statusverlust der übernommenen Auskunftspersonen wird vom aufnehmenden Unternehmen nicht thematisiert. Auch ermöglichte es das aufnehmende Unternehmen den vom Betriebsübergang betroffenen Auskunftspersonen nicht, sich mit diesem zu identifizieren, indem es beispielsweise versäumte, seine Kompetenzen herausstellen.

- *Veränderte Arbeitsphilosophie im aufnehmenden Unternehmen – Der Dienstleistungscharakter*: Die im Vergleich zum auslagernden Unternehmen veränderte Arbeitsphilosophie des aufnehmenden Unternehmens wurde den Auskunftspersonen nicht begründet und seitens der Unternehmensleitung nicht gelebt.
- *Widerspruch zwischen Propagierung und gelebter Realität im aufnehmenden Unternehmen*: Die den Auskunftspersonen in Aussicht gestellten Möglichkeiten im aufnehmenden Unternehmen entsprachen nicht der sich nach dem Betriebsübergang einstellenden Realität.

Welche Integrationsaktivitäten werden vom aufnehmenden Unternehmen für die vom Betriebsübergang betroffenen Mitarbeitenden geboten?

- *Kulturenclash – Die „Übernommenen" versus die „Übernehmenden"*: Die Auskunftspersonen sehen sich eher übervorteilt und in ihrer Arbeit von den Mitarbeitenden des Outsourcing-Anbieters nicht wertgeschätzt.
- *Integrationsaktivitäten und Kommunikation seitens des Outsourcing-Anbieters*: Es gibt kaum Integrationsaktivitäten und falls doch, dann werden diese häufig nicht lange genug angeboten bzw. umgesetzt. Dadurch können sich keine neuen informellen Kommunikationswege bilden.

Wie werden die vom Betriebsübergang betroffenen Mitarbeitenden im aufnehmenden Unternehmen geführt und gefördert?

- *Entwicklungsperspektiven und Weiterbildung der übernommenen Mitarbeitenden*: Die Möglichkeiten der Entwicklung und Weiterbildung werden von den Auskunftspersonen nicht als angemessen oder umsetzbar empfunden.
- *Direkter Vorgesetzter der übernommenen Mitarbeitenden*: Die direkten Vorgesetzten werden als Symbol der betrieblichen Veränderung angesehen. Ihre Kompetenz wird zum Teil aufgrund nicht konstruktiver Feedbacks eher negativ beurteilt. Ihr Führungsstil wird eher als kontrollierend empfunden.
- *Fluktuation in den leitenden Positionen – Gründe und Auswirkungen*: Hohe Fluktuation in den leitenden Positionen zieht Unsicherheit und Demotivation der Belegschaft nach sich. Die Personen in den leitenden Positionen werden aufgrund der hohen Fluktuation eher als Karrieristen denn als verantwortungsbewusste Manager wahrgenommen. Zudem kann nach Meinung der Auskunftspersonen ihr Arbeitgeber kein attraktives Unternehmen sein, wenn die Führungskräfte öfter wechseln.

Im nächsten Abschnitt werden die Gründe für das gesunkene Autonomieempfinden und Kompetenzerleben der übernommenen Mitarbeitenden diskutiert.

6.2 Diskussion der Gründe zum Autonomieempfinden und Kompetenzerleben der vom Betriebsübergang betroffenen Auskunftspersonen

Das *Autonomieempfinden* der vom Betriebsübergang betroffenen Auskunftspersonen ist laut Analyse der Fragebögen *gesunken.* Allerdings ist dieses Ergebnis statistisch *nicht signifikant.*

Nach den narrativen Interviews sind die Teams der übernommenen Auskunftspersonen nicht in der Hierarchie des aufnehmenden Unternehmens aufgestiegen. Streng genommen konnten nur die direkten Vorgesetzten, nicht die vom Outsourcing betroffenen Mitarbeitenden selbstbestimmter arbeiten. Die Arbeit der vom Outsourcing betroffenen Mitarbeitenden änderte sich meistens nicht. Sie erhielten keine erweiterten Zuständigkeiten.

Zudem ergeben die narrativen Interviews, dass die ehemaligen Arbeitgeber der übernommenen Mitarbeitenden eine sogenannte Malus-Liste einführen. Der Ausschluss von Fehlern ist für eine einwandfreie Haftungsgrundlage, aber vor allem für die zu erbringenden Leistungen des Outsourcing-Anbieters wesentlich. Die Auskunftspersonen betonen einerseits, dass so die Kontrolle über ihre Arbeit gestiegen ist. Andererseits stellt sich durch die Bürokratisierung der Wertschöpfung ein Gefühl der Bevormundung ein (Erlebnisbericht B). Dieses Gefühl kann dadurch verstärkt werden, dass ehemalige Kollegen die Arbeit der übernommenen Mitarbeitenden kontrollieren.

Das Autonomieempfinden der übernommenen Auskunftspersonen spielt bei ihrem Betriebsübergang offensichtlich nicht die nach Deci und Ryan (1995) in ihrer Selbstbestimmungstheorie angenommene zentrale Rolle. Zwar ist es durchaus möglich, dass die Erkenntnis für die vom Betriebsübergang betroffenen Mitarbeitenden schmerzvoll ist, tatsächlich in ihrem Bedürfnis nach Autonomie eingeschränkt zu sein. Allerdings akzeptieren die Auskunftspersonen dies als eine Notwendigkeit bedingt durch die Größe und die wirtschaftliche Entwicklung des aufnehmenden Unternehmens (z. B. Interview GL). Sie nahmen auch nicht an, nach ihrem Betriebsübergang mehr Zuständigkeiten im aufnehmenden Unternehmen erlangen zu können.

Dagegen ist das *Kompetenzerleben* der vom Betriebsübergang betroffenen Auskunftspersonen laut Analyse der Fragebögen *statistisch signifikant gesunken.* Die Annahme dieser Arbeit, dass das Kompetenzerleben der Mitarbeitenden nach ihrem Betriebsübergang steigt, konnte eindeutig nicht belegt werden.

Drei wesentliche Gründe, warum das Kompetenzerleben der vom Betriebsübergang betroffenen Auskunftspersonen gesunken ist, ergeben sich durch die Analyse der narrativen Interviews:

Erstens wird nun jeder Arbeitsschritt dokumentiert, um Haftungsgründe auszuschließen. Durch die Dokumentation steigt der *Mehraufwand für die gleiche Arbeit*. Durch diesen Mehraufwand an Arbeit wird die ehemals optimal herausfordernde Arbeit als monoton und stressig angesehen (z. B. Interview AM). Die Unterforderung bzw. Überforderung „hinsichtlich der Fähigkeiten und Fertigkeiten ist weder für das Individuum noch für das Unternehmen befriedigend." (Sprenger 1998: 228). Nach Sprenger (1998: 228) ist das Selbstwertgefühl eines Mitarbeitenden das eines „Rädchens im Getriebe", wenn der einzelne Beitrag zum Gesamtprodukt kaum mehr zurechenbar ist. Der gestiegene Arbeitsaufwand führt wiederum zu Überstunden (z. B. Interview KR).

Zweitens ergeben sich durch die Einführung der Schnittstelle *neu abgegrenzte Tätigkeitsfelder und Aufgaben*. Gewohnheitsrechte und Routinen sind infrage gestellt. Werden zudem diese neu abgegrenzten Verantwortungsbereiche nicht klar an die zuständigen Mitarbeitenden vermittelt, entsteht ein Gefühl der Unsicherheit und Verlassenheit (z. B. Interview KR). Häufig steigt zudem mit der Auslagerung der Kostendruck auf die Bereiche. Daher wird die ehemals unternehmensintern schon unter Sollbesetzung geleistete Arbeit mit noch weniger Personal angegangen. Neben dem durch die Dokumentation gestiegenen Mehraufwand sind unterschiedlichste Aufgaben mit nicht ausreichendem Personal zu bewältigen (z. B. Interview KR). Durch den Mehraufwand an Arbeit und die unklare Aufgabenverteilung nimmt das Ausmaß an Handlungsalternativen so sehr zu, dass die Mitarbeitenden die Übersicht verlieren und sich nicht mehr entscheiden können, welche Aufgaben Priorität haben (z. B. Interview TU). Schließlich sind die finanziellen Möglichkeiten deutlich begrenzter (Interview GD; Interview WR).

Drittens stieg das *kontrollierende Feedback durch relevante Referenzpersonen*. Das Feedback wird als kontrollierend und nicht als informierend empfunden. Ein Beispiel ist die Einführung einer Malus-Liste, auf welche die ehemaligen Kollegen Fehler vermerken (Erlebnisbericht P2). Zudem wird informierendes Feedback häufig nur von den ehemaligen Kolleginnen aus dem auslagernden Unternehmen erbracht, denen gegenüber man sich aber nicht selten als „Mitarbeiter 2. Klasse" vorkommt (Schriftliche Randnotiz Fragebogen WS). Es fehlt „die ordnende Hand". Die Mitarbeitenden können sich nicht für ihre Arbeit verantwortlich fühlen (Interview BK). Dies mündet in ein mangelndes Verantwortungsgefühl der vom Betriebsübergang betroffenen Mitarbeitenden für ihre Arbeit (Interview GD).

Im nächsten Abschnitt folgt die Diskussion der Gründe zum sozialen Zugehörigkeitsgefühl der übernommenen Mitarbeitenden.

6.3 Diskussion der Gründe zum sozialen Zugehörigkeitsgefühl der vom Betriebsübergang betroffenen Auskunftspersonen

Das Gefühl der *sozialen Zugehörigkeit* der Mitarbeitenden zum aufnehmenden Unternehmen ist im Vergleich zum auslagernden Unternehmen *gesunken*. Allerdings ist dieses Ergebnis laut Fragebogenanalyse statistisch *nicht signifikant*. Die Annahme, dass das Gefühl der sozialen Zugehörigkeit steigt, konnte nicht bestätigt werden.

Dagegen zeigt die Analyse der narrativen Interviews, dass einige der vom Betriebsübergang betroffenen Auskunftspersonen motivierter arbeiten als zuvor beim auslagernden Unternehmen. Die in die Arbeit nachträglich eingeführte Theorie der sozialen Identität und der Beziehungsansatz sind am besten geeignet, um diese Motivationsänderungen zu erläutern (s. Abschnitt 6.4 dieses Kapitels).

Die motivierteren Mitarbeitenden arbeiten in den gleichen Teams wie zuvor schon bei den FM nachfragenden Unternehmen. Bei ihren ehemaligen Arbeitgebern, welche international bekannt sind, fühlten sie sich positiv in ihrem Selbstwertgefühl bestätigt. Die Übernahme ihrer Arbeitsplätze durch einen mittelständischen, eher unbekannten Outsourcing-Anbieter empfinden sie als Zwangsmaßnahme. Sie nehmen diesen als einen gemeinsamen „Feind" wahr (s. Kapitel III, Abschnitt 5.3). Durch die empfundene Existenz eines gemeinsamen Feindes halten diese Mitarbeitenden in ihren Teams verstärkt zusammen (Blake/Mouton 1961). Das Bewusstsein, dass jedes Teammitglied mehr als je zuvor verantwortlich ist für Erfolg und Misserfolg des Teams und damit für dessen Arbeitsplätze, verstärkt das Gefühl von sozialer Zusammengehörigkeit. Das Gefühl der sozialen Zugehörigkeit überdeckt die Vielschichtigkeit der Partikularinteressen zwischen den Teammitgliedern und fördert ihr prosoziales Verhalten. Sie arbeiten motivierter, um für ihr vom Outsourcing betroffenes Team da zu sein. Dieser Effekt wird mit „Fighting for My Buddies" bezeichnet. Im Folgenden werden die Ergebnisse der narrativen Interviews ausführlicher vorgestellt.

Bei der Analyse der narrativen Interviews fiel auf, dass die Auskunftspersonen kaum das Personalpronom „Wir" benutzen, wenn sie über den Outsourcing-Anbieter sprechen. Der Outsourcing-Anbieter verpasste die Chance, das soziale Zugehörigkeitsgefühl der Mitarbeitenden zu ihrem neuen Arbeitgeber aufzubauen. Die meisten der Auskunftspersonen sind sich darin einig, dass bei einem Betriebsübergang jeder Mitarbeitende „für sich alleine kämpft. Es gibt keine Gemeinschaft in dem Fall, weil jeder ja nach sich selber guckt." (Interview BK: 2, Zeile 88-90). Folgendes Zitat ist beispielhaft: „Das Zugehörigkeitsgefühl, das ist das Anonyme jetzt. Das ist ja jetzt alles anonym, jetzt musst du dein Ergebnis schaffen, und dann gibt es halt Druck und Gasalarm, aber warum die Leute das nicht schaffen, oder die Probleme, die sie haben, in den einzelnen Abteilungen, das interessiert doch niemanden mehr." (Interview GD: 2, Zeilen 8-88).

Um die mit einem Betriebsübergang verbundenen Veränderungsnotwendigkeiten realisieren zu können, ist die Identifikation der Mitarbeitenden mit den Veränderungszielen notwendige Voraussetzung. Diese ist nur durch eine Beteiligung der Mitarbeitenden am Veränderungsprozess erreichbar (Zielke 1998; Hess 2007). Wichtige Normen und Symbole der Unternehmenskultur wie Arbeitskleidung, Kommunikation und Bürogröße müssen beachtet werden (Harding/Rouse 2008). Diese Chance zur Identifikation z. B. durch einheitliche Arbeitsuniformen nahm der Outsourcing-Anbieter zugunsten von Kosteneinsparungen nicht wahr (Interview PL2: 7, Zeile 337-340).

Zudem gelang dem Unternehmen FAMA keine stringente Kommunikationsstrategie. So wurde die Übernahme der Mitarbeitenden des Unternehmens TECHNIK als Fusion angekündigt. Allerdings nahmen die übernommenen Mitarbeitenden den Zusammenschluss als eine Übernahme wahr. Auch Versprechungen wie z. B. interessantere Aufgabenbereiche wurden nicht eingehalten. Damit ein Outsourcing-Anbieter schnell zu einem effizienten Organismus zusammenwächst, bedarf es von Anfang an einer stringenten Kommunikationsstrategie und der Etablierung von transparenten und fairen Entscheidungsstrukturen. Folgendes Beispiel zu einer gelungenen Kommunikation bei einer Übernahme eines Unternehmens wird in der Literatur berichtet: „Was den Erfolg dieser Übernahme ausmachte, war die schnelle und aufrichtige Kommunikation darüber, was sich mit dem Zusammenschluss ändern wird. Mit dem notwendigen Abbau von 1000 Arbeitsplätzen und der Schließung von 100 Filialen hielten die Verantwortlichen nicht hinterm Berg und setzten beides zügig um. Im Gegenzug bildeten die Banker ein spezielles Integrationsteam, das bis zu 300 Mitarbeiter umfasste, und ernannten daraus einen Verantwortlichen, der direkt an den Vorstand berichtete.“ (Hoyer 2007).

Im konkreten Fall konnte der Anstieg der sozialen Zugehörigkeit bei einem Teil der übernommenen Mitarbeitenden zueinander (nicht zum Unternehmen) festgestellt werden. Diejenigen Mitarbeitenden, die nach dem Betriebsübergang im gleichen Team arbeiteten, hatten ein ausgeprägt starkes soziales Zugehörigkeitsgefühl zu ihrem Team. Folgendes Zitat ist dafür zentral:

> „Wir sind ein Mikrokosmos in diesem Unternehmen, wir sind [...] quasi eine Unit. Da kann man sagen, ist der Zusammenhalt sehr stark, weil wir natürlich auch alle in die Verantwortung gezogen werden, das heißt, da ist jeder für jeden da. Wir sind auch noch abends um zehn da, wenn wir was zu erledigen haben.“ (Interview HN2: 2, Zeile 131-138).

Eine andere Auskunftsperson erzählt: „Ja, ich denke mal, dass wir jetzt doch ein bisschen enger zusammengerückt sind, durch diese Geschichte, und ich denke mal, so was schweißt auch ein bisschen zusammen.“ (Interview BT: 8, Zeile 357-359). Eine weitere Auskunftsperson erzählt: „Auf jeden Fall denke ich, sind wir doch ein bisschen mehr zusammengerückt. Wenn irgendwo was ist [...] da telefonieren wir ganz kurz und sagen, pass mal auf, wenn du das kriegst, guck mal genau nach, oder wenn da einer schon mal was gemacht hat, dann informiert [man].“ (Interview HR: 9, Zeile 434-444; z. B. Interview NZ: 8, Zeile 375).

Gleiche Befunde wurden in der Militärliteratur als „Fighting for My Buddies“-Effekt eingeführt. Die Motivation der Soldaten, in Kriegen zu kämpfen, ist demnach nicht unbedingt, ihr Land zu schützen, sondern vor allem, dass sie sich für ihre Kameraden verantwortlich fühlen (z. B. Wong et al. 2003).

Auch Schreyögg (2008) bezieht sich in einem seiner aktuelleren Beiträge auf die motivierende Komponente von Teamarbeit.[24] Er sieht in der Teamarbeit die Möglichkeit der Integration von Individuum und Organisation. Die Mitarbeitenden bilden eine „Schicksalsgemeinschaft". Allerdings heißt es laut Auskunftspersonen auch:

> „Das [Team] ist der einzige Zusammenhalt, der da ist. Alles, was drüber und drum herum ist, ist ein Fremdkörper." (Interview HN2: 2, Zeile 131-138).

Dieses Zitat verdeutlicht das Problem der übernommenen Mitarbeitenden im aufnehmenden Unternehmen. Sie identifizieren sich nicht mit dem Outsourcing-Anbieter. Sie arbeiten verantwortlich und gewissenhaft, da sie füreinander einstehen, aber nicht, weil sie sich dem Unternehmen FAMA verbunden fühlen.

Da die Mitarbeitenden sich dem Unternehmen FAMA sozial nicht zugehörig fühlen, entsteht eine „Schattenorganisation". Denn die Auskunftspersonen sind zwar bereit, für ihr Team zu arbeiten, aber nicht für den Outsourcing-Anbieter (Interview KR: 11, Zeile 515-525).

Die Analyse der narrativen Interviews hat zum Ergebnis, dass die Mitarbeitenden nicht deshalb motivierter arbeiten, weil sie sich dem Outsourcing-Anbieter sozial zugehöriger fühlen bzw. sich mit diesem besser identifizieren können als mit ihren ehemaligen Arbeitgebern. Einige der Mitarbeitenden arbeiten motivierter, weil sie sich im Sinne eines „Fighting for My Buddies"-Effekts für ihre Teammitglieder verantwortlich fühlen.

Der „Fighting for My Buddies"-Effekt führt zu der Frage, warum das Team für die vom Betriebsübergang betroffenen Mitarbeitenden von dieser großen Bedeutung ist. Folgende Begründung soll hierfür angeführt werden: Ein Selbstbewusstsein kann, „so paradox das klingen mag", letztlich nur in der Gemeinschaft mit anderen Individuen entwickelt werden (Schreyögg 2008: 199). Wer Vertrauen in seine Kompetenz aufbauen will, braucht die Möglichkeit, seine Fähigkeit unter Beweis zu stellen und eine gewisse Kontrolle über sein Handlungsfeld. Dafür muss ein Feedback durch die anderen Teammitglieder erfolgen. Das Team als kleinstmögliche Identitätseinheit im Unternehmen gewährleistet eine gewisse relative Stabilität und Kontinuität im Vergleich zu anderen betriebswirtschaftlich notwendigen Veränderungen. Die Teammitglieder können sich weitgehend sicher sein, dass das Feedback der anderen Teammitglieder keinen Verzerrungen unterliegt, da sie alle „am gleichen Strang" ziehen. Das Team ist die wichtigste Quelle der Bedürfnisbefriedigungsmöglichkeiten, wie z. B. dem Bedürfnis nach sozialer Zugehörigkeit (Schreyögg 2008: 218).

---

[24] Schreyögg (2008: 212) beschreibt als Team teilautonome Arbeitsgruppen. Teilautonome Arbeitsgruppen sind Kleingruppen im Gesamtsystem der Unternehmung. Die Mitglieder dieser Gruppen erfüllen Aufgaben eigenverantwortlich. Sie verfügen über Entscheidungs- und Kontrollkompetenzen (mehr hierzu Schreyögg 2008: 212 ff.).

In Bezug auf die eingangs gestellte Frage, warum Unternehmen auslagern, ergibt sich, dass *motivationsorientierte Gründe tatsächlich eine Rolle beim Outsourcing spielen* (s. Kapitel II, Abschnitt 4.3). Allerdings kann nicht der Outsourcing-Anbieter die übernommenen Mitarbeitenden besser motivieren, sondern *ihr Team hat maßgeblichen Einfluss auf deren Motivation.*

Im folgenden Abschnitt wird die Gültigkeit der aus den Theorien abgeleiteten Erklärungsbeiträge zur Mitarbeitermotivation im Outsourcing diskutiert.

6.4 Diskussion der möglichen theoretischen Erklärungsbeiträge dieser Arbeit zur Mitarbeitermotivation im Outsourcing

Die Gültigkeit der verschiedenen theoretisch möglichen Erklärungsbeiträge kann anhand der im Abschnitt 1.2 dieses Kapitels vorgestellten Fragesequenz überprüft und bewertet werden. Die folgenden Abschnitte 6.4.1-6.4.4 behandeln die Beantwortung dieser Fragen in Bezug auf die Gültigkeit der theoretischen Erklärungsbeiträge dieser Arbeit.

6.4.1 Übereinstimmung der Annahmen der theoretischen Erklärungsbeiträge mit den Ergebnissen der Plausibilitätsprüfung der für das Outsourcing angegebenen Gründe

Die aus dem ressourcenorientierten Ansatz abgeleitete Hypothese „Outsourcing-Anbieter könnten die übernommenen Mitarbeitenden besser motivieren als zuvor die auslagernden Unternehmen" stimmt mit den in Expertengesprächen erhobenen Aussagen überein (Häfele 2001; Häfele 2005b). Auch in der Literatur wird ein Zusammenhang zwischen den Outsourcing-Anbietern und einer gestiegenen Motivation der übernommenen Mitarbeitenden vermutet (Engelhardt 2005; Zundel 1992; Diemer 2001; Bröchner 2001; Hess 2007). Zudem lässt die im zweiten Kapitel dieser Arbeit geführten Diskussion der Gründe zur Vorteilhaftigkeit des Outsourcing das Ergebnis zu, dass Motivationsunterschiede der vom Outsourcing betroffenen Mitarbeitenden im auslagernden und aufnehmenden Unternehmen eine Erklärung für das Phänomen Outsourcing sein könnten (s. Kapitel II, Abschnitt 4.4).

Mögliche theoretische Erklärungen für ein Ansteigen der Mitarbeitermotivation nach dem Outsourcing können sich aus den für diese Arbeit gewählten motivationspsychologischen Ansätzen ergeben:

Nach der Theorie der psychologischen Verträge kann die Mitarbeitermotivation nach dem Outsourcing u. a. deswegen steigen, weil das aufnehmende Unternehmen mit als besonders fair und gerecht wahrgenommenen Maßnahmen die relationalen Verträge der übernommenen Mitarbeitenden übernimmt (s. Kapitel III, Abschnitt 3.3).

Die aus der Selbstbestimmungstheorie abgeleiteten Annahmen können eine gestiegene Mitarbeitermotivation mit einer größeren Autonomie, intensiverem Kompetenzerleben und sozialer Zugehörigkeit der übernommenen Mitarbeitenden nach ihrem Betriebsübergang erklären. Im aufnehmenden Unternehmen arbeiten die vom Outsourcing betroffenen Mitarbeitenden in den Kernprozessen statt in den Sekundärprozessen des auslagernden Unternehmens. Ihr Ansehen steigt im Unternehmen, da sie nicht mehr länger als Kostenträger eines Supportprozesses, sondern als Profitträger in einem wettbewerbsrelevanten Unternehmensprozess wahrgenommen werden. Die übernommen Mitarbeitenden stehen im Unternehmensfokus. Der ausreichend spezialisierte Outsourcing-Anbieter kann aufgrund seiner Kompetenzen ihre wettbewerbsrelevanten Tätigkeiten gegebenenfalls besser nachvollziehen und anerkennen. Vor allem die für das Outsourcing Verantwortlichen erwähnen die gestiegene Autonomie, Kompetenz und soziale Zugehörigkeit der übernommenen Mitarbeitenden als Grund ihrer Motivation. Die Selbstbestimmungstheorie scheint in diesem Zusammenhang besonders geeignet zu sein.

Dagegen lautet die mögliche Erklärung der Theorie der sozialen Identität und des Beziehungsansatzes zur gestiegenen Mitarbeitermotivation beim Outsourcing-Anbieter anders: Nicht der Outsourcing-Anbieter, sondern das gleichgebliebene Team ist der motivierende Faktor für die übernommenen Mitarbeitenden. Allerdings wurde diese Erklärung erst nach der Analyse der narrativen Interviews ersichtlich.

6.4.2 Übereinstimmung der Annahmen der theoretischen Erklärungsbeiträge mit den erhobenen Daten

Die aus den Fragebögen erhobenen Daten stimmen nicht mit den aus der *Theorie der psychologischen Verträge* und der *Selbstbestimmungstheorie* abgeleiteten Annahmen überein. Dadurch kann die für diese Arbeit zentrale Hypothese „Outsourcing-Anbieter könnten die übernommenen Mitarbeitenden besser motivieren als zuvor die auslagernden Unternehmen" nicht bestätigt werden. Im Gegenteil, dem Ergebnis der Fragebögen nach sinkt die Mitarbeitermotivation sogar nach dem Outsourcing. Auch die narrativen Interviews können keine Begründung liefern, warum der Outsourcing-Anbieter FAMA die übernommenen Mitarbeitenden besser motivieren könnte.

Jedoch ergibt die Analyse der narrativen Interviews eine mögliche Erklärung für eine gestiegene Mitarbeitermotivation im Outsourcing. Demnach können nicht die Outsourcing-Anbieter die übernommenen Mitarbeitenden besser motivieren, sondern der Zusammenhalt im Team der vom Outsourcing betroffenen Mitarbeitenden hat maßgeblichen Einfluss auf deren eigene Motivation.

Die Implikation aus der *Theorie der sozialen Identität* und dem *Beziehungsansatz*, dass die in Teams belassenen, vom Outsourcing betroffenen Mitarbeitenden füreinander einstehen und sich füreinander verantwortlich zeigen, kann durch die Analyse der narrativen Interviews gestützt werden. Die Theorie der sozialen Identität und der Beziehungsansatz sind geeignet, die Ergebnisse der narrativen Interviews theoretisch zu erklären. Während die Theorie der psychologischen Verträge und die Selbstbestimmungstheorie vor allem das Individuum in den Mittelpunkt der Betrachtungen stellen, ist es in der Theorie der sozialen Identität und dem Beziehungsansatz die Gruppe. Das diesen Theorien zugrunde liegende Konzept der sozialen Identität besagt, dass Individuen immer der Gruppe angehören wollen, aus der sie ein positives Selbstwertgefühl beziehen können (Kapitel III, Abschnitt 5.1). Gemäß dem Beziehungsansatz erhalten die Gruppenmitglieder ein positives Selbstwertgefühl, wenn der Status ihrer Gruppe hoch ist (s. Kapitel III, Abschnitt 5.2) Allerdings wechselten die übernommenen Mitarbeitenden in den für diese Arbeit untersuchten Betriebsübergängen von großen und bekannten Unternehmen zu einem in der Öffentlichkeit eher unbekannten mittelständischen Outsourcing-Anbieter. Ihr Status erhöhte sich dadurch nicht. In diesem Fall investieren die übernommenen Mitarbeitenden in soziale Aktionen, um das Beste aus der Situation zu machen.

Der „Fighting for My Buddies"-Effekt ist nicht explizit in der Theorie der sozialen Identität oder dem Beziehungsansatz eingeführt. Auch Wong et al. (2003) begründen den in ihren empirischen Untersuchungen bestätigen Effekt theoretisch nicht.

Der Erklärungsbeitrag der Theorie der sozialen Identität und des Beziehungsansatzes liefert eine mögliche Begründung zur Mitarbeitermotivation im Outsourcing. Allerdings ist ihre Anwendung in diesem konkreten Fall speziell und erst nach der Analyse der narrativen Interviews möglich.

Die aus dem *ressourcenorientierten Ansatz* abgeleitete Hypothese sollte dahingehend modifiziert werden, dass nicht der Outsourcing-Anbieter, sondern die im Team übernommenen Mitarbeitenden selber Grund für eine erhöhte Motivation nach ihrem Betriebsübergang ist.

6.4.3 Generalisierbarkeit des empirisch bestätigten Erklärungsbeitrags

Die Erklärung für die gestiegene Motivation der vom Outsourcing betroffenen Mitarbeitenden unter expliziter Berücksichtigung der Situation ihrer Teams kann, schon aufgrund der kleinen Stichgrößenprobe dieser Einzelfallstudie, nicht generalisierbar sein. Ziel war allerdings nicht die Lieferungen von „universal laws of human behaviour" für eine gestiegene Mitarbeitermotivation im Outsourcing (Bates et al. 1998: 11). Vielmehr war das Ziel, die Hypothese „Outsourcing-Anbieter könnten die übernommenen Mitarbeitenden besser motivieren als zuvor die auslagernden Unternehmen" zu überprüfen bzw. die Bedeutung neuer Einflussfaktoren zu entdecken und einen Ausblick auf mögliche weitere Forschungen unter Berücksichtung von Gruppenphänomenen zu geben. Das ist u. a. Gegenstand des abschließenden, fünften Kapitels dieser Arbeit.

Kapitel V: Ergebnisse und Schlussbetrachtungen

„Auch aus Steinen,
die einem in den Weg gelegt werden,
lässt sich was Schönes bauen."
(J. W. von Goethe)

Outsourcing boomt weltweit, vor allem in der FM-Branche. Besonders Großunternehmen lagern FM aus. Die Attraktivität von Outsourcing wird vorrangig durch die in der Literatur genannten Kosteneinsparungen begründet, die teilweise 30 % und mehr betragen können.

Allerdings steht dem Outsourcing-Boom eine hohe Anzahl von Misserfolgen gegenüber (Gerpott 1993; Güttel 2006; Knop 2007; Sommer 2007; Seidensticker 2008). In der Regel werden im Outsourcing Mitarbeitende vom aufnehmenden Unternehmen übernommen. Oft sind die vom Outsourcing betroffenen Mitarbeitenden stark verunsichert und nicht ausreichend motiviert, ihr individuelles und für den Leistungserstellungsprozess notwendiges Wissen dem aufnehmenden Unternehmen zur Verfügung zu stellen. Um seinen kundenspezifischen Leistungsprozess ohne Einbrüche fortsetzen zu können, ist das aufnehmende Unternehmen jedoch auf eben dieses Wissen angewiesen. Die versprochenen Kosteneinsparungen von 30 % und mehr können nur selten erreicht werden.

Wie kann dennoch der Outsourcing-Boom in der FM-Branche erklärt werden? Eine neuere Hypothese, die dieser Arbeit zunächst zugrunde gelegt wurde, besagt, dass Outsourcing-Anbieter im FM besonders von der Fähigkeit geprägt zu sein scheinen, die übernommenen Mitarbeitenden besser motivieren zu können als dies zuvor die auslagernden Unternehmen konnten. Die Kernkompetenz von FM-Unternehmen umfasst das Management sekundärer Arbeitsprozesse und die Arbeitsgestaltung der davon betroffenen Personen. Durch intensive Outsourcing-Erfahrungen ist das FM besonders von der Fähigkeit geprägt, Organisationseinheiten erfolgreich integrieren zu können. Vor allem Experten seitens der Outsourcing-Anbieter sehen FM als ein „people's business" (Bröchner 2001: 2; Engelhardt 2005; Häfele 2005b). Zudem ist anzumerken, dass FM-Unternehmen selbst in hohem Maße Subunternehmen auslagern.

Im Folgenden werden die Ergebnisse dieser Arbeit zur Erörterung dieser Hypothese vorgestellt.

1. Ergebnisse

Ergebnis zur Diskussion der praxisorientierten Gründe für die Vorteilhaftigkeit des Outsourcings: Viele der bislang vorliegenden Ergebnisse verschiedener Studien untermauern die Annahme, dass die Leistungserstellung unter gewissen Voraussetzungen genauso gut unternehmensintern wie extern erbracht werden könnte (s. Matiaske und Mellewigt 2002b; Engelhardt 2007c). Wenn Unternehmen aufgrund ihrer Geschichte und Organisationsgröße Kostenersparnisse z. B. economies of scale & scope und Erfahrungskurveneffekte zu realisieren imstande sind, können die in Eigenerstellung erbrachten Leistungen durch geeignete organisatorische Maßnahmen unternehmensintern genauso effektiv und effizient erzielt werden wie unternehmensextern. Tatsächlich lagern aber gerade Großunternehmen tendenziell öfter aus als mittlere bis kleinere Unternehmen (Hess 2007).

Auch Kosteneinsparungen aufgrund von Lohnarbitragen können aufgrund der gesetzlichen Bestimmungen in der EU frühestens nach Ablauf einer Jahresfrist geltend gemacht werden: Outsourcing-Anbieter müssen die übernommenen Mitarbeitenden bis dahin zu den gleichen Konditionen weiterbeschäftigen wie zuvor beim auslagernden Unternehmen. Zahlreiche individualrechtliche Regelungen verhindern oft Lohneinsparungen auch nach Ablauf dieses Jahres.

Nicht die Kosteneinsparungen spielen, wie bisher angenommen, die herausragende Rolle bei der Outsourcing-Entscheidung, sondern die leistungs- und strategieorientierten Gründe. Für das *auslagernde Unternehmen* sind dies die Konzentration auf das Kerngeschäft, Transparenz der FM-Leistung und das damit einhergehend erhöhte Kosten- und Leistungsbewußtsein sowie das Aufbrechen von starren organisatorischen Routinen. Hinter der Konzentration auf das Kerngeschäft steht die Erkenntnis der Unternehmen, dass die durch das Outsourcing realisierten Kostenersparnisse endlich sind. Um einem ruinösen Preiswettbewerb zu entgehen, setzen die Unternehmen vermehrt auf einen Qualitätswettbewerb (Häfele 2005a). Durch die so erreichte Transparenz der FM-Leistung erhöht sich auch das Kosten- und Leistungsbewußtsein im auslagernden Unternehmen. Zudem können im Wege des Outsourcings notwendige Restrukturierungen der eigenen Unternehmensorganisation vorgenommen werden.

Die bisher in die Diskussion eingegangenen monetär, leistungs- und strategieorientierten Gründe sind Einzelbefunde, die, der jeweiligen Situation im Outsourcing entsprechend, ein mehr oder weniger konsistentes, aber kein kohärentes Bild ergeben. Erst die motivationsorientierten Gründe liefern einen neuen Erklärungsbeitrag, warum Outsourcing-Anbieter existieren: die *aufnehmenden Unternehmen* können möglicherweise die übernommenen Mitarbeitenden besser motivieren als zuvor die auslagernden Unternehmen und dadurch Ertragsvorteile realisieren (Zundel 1992; Diemer 2000: 66; Häfele 2001; Koch 2005: 18; Engelhardt 2005; Hess 2007). Erstens arbeiten die vom Outsourcing betroffenen Mitarbeitenden im aufnehmenden Unternehmen nicht mehr in einem Support-, sondern in einem Kernprozess. Im Vergleich zum auslagernden Unternehmen können ihre Teams beim aufnehmenden Unternehmen in höheren Hierarchieebenen arbeiten. Die übernommenen Mitarbeitenden erhalten eine größere Autonomie. Zweitens erleben sie eine erhöhte Aufmerksamkeit für ihre nun wettbewerbsrelevante Arbeit. Das aufnehmende Unternehmen kann auch aufgrund seiner Kompetenzen ihre Arbeit besser nachvollziehen, beurteilen und gegebenenfalls belohnen. Ihr Kompetenzerleben steigt. Drittens steigt ihr Ansehen im aufnehmenden Unternehmen, da sie nun eine wettbewerbsrelevante Tätigkeit ausführen. Die übernommenen Mitarbeitenden haben einen höheren Status als dies beim auslagernden Unternehmen der Fall war. Sie fühlen sich dem Outsourcing-Anbieter zugehöriger als zuvor dem auslagernden Unternehmen. Mit der Aufnahme der motivationsorientierten Gründe in die Diskussion zur Vorteilhaftigkeit des Outsourcings geht ein Analysewechsel vom auslagernden Unternehmen zum aufnehmenden Unternehmen einher.

Ergebnis zur theoretischen Begründung des Outsourcings: Um das Phänomen Outsourcing theoretisch erklären zu können, wurde zunächst der *ressourcenorientierte Ansatz* als eine neuere Theorie der Unternehmung in die Untersuchung mit einbezogen. Für ein strategisches Outsourcing – wie es im Mittelpunkt dieser Arbeit steht – liefert vor allem dieser Ansatz einen wichtigen Erklärungsbeitrag. Dagegen behandelt der die Outsourcing-Literatur dominierende Transaktionskostenansatz nur die monetär orientierten Gründe. Daher wurde der Transaktionskostenansatz weitgehend von dieser Untersuchung ausgeschlossen.

Laut dem ressourcenorientierten Ansatz existieren Unternehmen, da sie, anders als Märkte, Ressourcen generieren können, die heterogen, immobil sowie schwer substituier- und imitierbar sind. Ihre unternehmensspezifischen Ressourcen begründen somit nachhaltige Wettbewerbsvorteile. Das unternehmensspezifische Wissen gilt als die entscheidende Quelle nachhaltigen Wettbewerbs.

Gemäß dem ressourcenorientierten Ansatz *lagern Unternehmen* strategisch unbedeutsame Leistungen aus, wenn sie sich dadurch einen speziellen Wettbewerbsvorteil verschaffen können. Auch dem *aufnehmenden Unternehmen* kann im Outsourcing ein nachhaltiger Wettbewerbsvorteil entstehen, wenn es ihm gelingt, das Wissen der übernommenen Mitarbeitenden in seinen Wissenspool zu integrieren und deren Motivation im Sinne der Unternehmensziele zu gewährleisten.

Allerdings impliziert der ressourcenorientierte Ansatz, dass die vom Outsourcing betroffenen Mitarbeitenden ihr Wissen dem aufnehmenden Unternehmen im gleichen Ausmaß zur Verfügung stellen, wie sie es zuvor dem auslagernden Unternehmen zur Verfügung gestellt haben.

Im Outsourcing kann jedoch – ganz im Gegensatz zu dieser Annahme – ein Motivationsproblem entstehen. Die vom Outsourcing betroffenen Mitarbeitenden erleiden einen Verlust von Identifikation mit dem auslagernden Unternehmen und von emotionalen Bindungen zu den dort weiterhin tätigen Mitarbeitenden. Im aufnehmenden Unternehmen können meistens nicht sofort neue Möglichkeiten zur Identifikation und emotionale Bindungen aufgebaut werden. Die übernommenen Mitarbeitenden sind nicht mehr ausreichend motiviert, ihr Wissen dem aufnehmenden Unternehmen zur Verfügung zu stellen. Doch das aufnehmende Unternehmen ist auf dieses Wissen angewiesen, um den kundenspezifischen Leistungserstellungsprozess ausführen zu können.

Für die weitere Untersuchung dieser Arbeit wurden die Ertragsvorteile durch Motivation seitens des Outsourcing-Anbieters analysiert. Während die strategischen Gründe der auslagernden Unternehmen in der Literatur ausreichend untersucht wurden, stellen die strategie- und motivationsorientierten Gründe der aufnehmenden Unternehmen zur Erklärung des Phänomens Outsourcing einen neuen Ansatz.

Deswegen wurden zudem individual- und sozialpsychologische Erklärungsansätze in die Untersuchung mit einbezogen. Aus diesen motivationspsychologischen Erklärungsansätzen können Erkenntnisse darüber abgeleitet werden, warum die vom Outsourcing betroffenen Mitarbeitenden dennoch beim aufnehmenden Unternehmen motivierter arbeiten könnten. Damit erweitert sich die Analyse von der Ebene der Unternehmen um die Ebene der Individuen bzw. der Gruppen.

Gemäß der *Theorie der psychologischen Verträge* könnten die übernommenen Mitarbeitenden dann motivierter im aufnehmenden Unternehmen arbeiten als zuvor im auslagernden Unternehmen, wenn dieses sich ihnen gegenüber ehrlicher, offener und vertrauenswürdiger verhält als zuvor das auslagernde Unternehmen.

Auch aus der *Selbstbestimmungstheorie* ergeben sich zahlreiche konkrete Hinweise, unter welchen Bedingungen die Mitarbeitenden bereit sind, intrinsisch prosozial motiviert zu handeln. Demnach könnten die vom Outsourcing betroffenen Mitarbeitenden im aufnehmenden Unternehmen selbstbestimmter arbeiten als zuvor im auslagernden Unternehmen, da sie nun im Kernprozess, anstatt wie zuvor im Supportprozess, arbeiten. Dadurch könnten ihre Teams in der Hierarchie höher stehen als zuvor beim auslagernden Unternehmen. Sie könnten autonomer arbeiten als zuvor beim auslagernden Unternehmen. Auch ihre Bedürfnisse nach Kompetenzerleben und sozialer Zugehörigkeit könnten vom Outsourcing-Anbieter besser befriedigt werden, als zuvor vom auslagernden Unternehmen.

Die Ergebnisse der narrativen Interviews zeigen, dass vor allem die *Theorie der sozialen Identität* und der *Beziehungsansatz* geeignet sind, um die Mitarbeitermotivation im Outsourcing zu erklären. Diese Theorien wurden erst *nach* der Analyse der Fragebögen und der narrativen Interviews in die Arbeit eingeführt. Dies ist möglich aufgrund des rekursiven Verfahrens des „Analytic Narratives"-Ansatzes (s. unten).

Sowohl der Theorie der sozialen Identität als auch dem Beziehungsansatz liegt das Konzept der sozialen Identität zugrunde. Dieses Konzept besagt, dass Individuen nicht nur eine personelle, sondern auch eine soziale Identität haben. Sie fühlen sich einer Gruppe sozial zugehörig, wenn sie sich mit den Eigenschaften dieser identifizieren. Der Ansatz der sozialen Theorie erklärt, dass ein gemeinsamer Feind das Gefühl der sozialen Zugehörigkeit in einer Gruppe steigern kann. Nach dem Beziehungsansatz wollen sich Gruppen positiv von anderen Gruppen unterscheiden, um ihr Handeln rechtfertigen zu können. Ist auch dies nicht möglich, versuchen die Mitglieder einer Gruppe diese zu verlassen. Können sie die Gruppe allerdings nicht ohne weiteres verlassen, akzeptieren sie die Situation und investieren in soziale Aktionen, um „das Beste aus der Situation zu machen". Die vom Outsourcing betroffenen Mitarbeitenden arbeiten motivierter, da sie sich im Sinne eines „Fighting for My Buddies"-Effekts füreinander verantwortlich fühlen und zusammenhalten.

Ergebnis zur empirischen Überprüfung der theoretischen Erkenntnisse: Das deutsche führende mittelständische FM-Unternehmen FAMA, das in seiner Unternehmensgeschichte auffällig oft und anscheinend erfolgreich Betriebsübergänge meistern konnte, steht im Fokus dieser Untersuchung. Als ein „people's business" ist der Outsourcing-Anbieter sich der Bedeutung seiner Mitarbeitenden, ihrer Produktivität und Motivation bewusst. Ziel war es zu untersuchen, ob der erfolgreiche Outsourcing-Anbieter FAMA die betroffenen Mitarbeitenden besser motivieren könnte als die auslagernden Unternehmen BANK und TECHNIK. Insgesamt nahmen 37 beim Unternehmen FAMA angestellte Mitarbeitende an der Untersuchung teil, 3 davon an den Expertengesprächen. Die Rücklaufquote des Projektes BANK betrug 8,5 %, die des Projektes TECHNIK 64 %. Zusätzlich fanden sich drei unternehmensexterne Experten zu Gesprächen bereit.

Die empirische Überprüfung der theoretisch gewonnenen Erkenntnisse fand mithilfe eines Multimethodenansatzes statt. Durch diesen Multimethodenansatz konnten neue Einsichten zur Mitarbeitermotivation im Outsourcing gewonnen werden.

Die für das Outsourcing verantwortlichen Manager wurden in Expertengesprächen befragt. Mit den vom Betriebsübergang betroffenen Mitarbeitenden wurden eine Fragebogenumfrage und narrative Interviews durchgeführt.

Die narrativen Interviews dienten dazu, die einer „Analytic Narrative" zugrunde gelegten Erzählungen zu erheben. Der „Analytic Narratives"-Ansatz stellt eine sinnvolle Methode dar, Theorien zu bestätigen bzw. um neue Annahmen zu ergänzen. Eignet sich eine gewählte Theorie nicht, das Datenmaterial zu erklären, kann mithilfe des rekursiven Verfahrens nach einem geeigneteren theoretischen Erklärungsansatz gesucht werden (s. oben). Zusätzlich können „Analytic Narratives" um die Analyse von Expertengesprächen, Fragebogenumfragen und Sekundärliteratur sowie weiterer Dokumente wie z. B. unternehmensinterner Berichte ergänzt werden.

Die *Experten* sind der Meinung, dass FM-Unternehmen sich besondere Fähigkeiten in Bezug auf die Motivation der vom Outsourcing betroffenen Mitarbeitenden aneignen konnten. Um seinen nachhaltigen Wettbewerbsvorteil zu erhalten, ist das aufnehmende Unternehmen auf das implizite, vor allem für Kreativität und Innovationen wichtige Wissen angewiesen. Nur ausreichend motivierte Mitarbeitende sind bereit, ihr individuelles Wissen freizugeben.

Dagegen ergibt die deskriptive Analyse der *Fragebögen*, dass fast alle gemessenen Werte für die Mitarbeitermotivation gesunken sind. Die aufgestellten Annahmen, dass sich eine Erhöhung der intrinsischen Motivation durch Vergrößerung der Autonomie und des Kompetenzerlebens einstellt, konnte nicht bestätigt werden. Zudem sind die so erhobenen Daten mit Vorsicht zu behandeln, da die Zahl der teilnehmenden Auskunftspersonen an den Fragebögen mit 34 Personen stark begrenzt ist.

Die Auswertung der narrativen Interviews ergibt folgende Gründe für die gesunkene Motivation: durch die fehlende Anerkennung ihrer Arbeit durch den direkten Vorgesetzten sinkt das Kompetenzerleben der übernommenen Mitarbeitenden, informelle Kommunikationswege sind gestört oder sogar unmöglich und die Identifikation mit dem Outsourcing-Anbieter fehlt. Zudem vertrauen die Mitarbeitenden ihren meist neuen direkten Vorgesetzten nicht. Auch ihre Identifikation mit dem aufnehmenden Unternehmen fehlt. In der Folge sinken ihre freiwillig erbrachten Arbeitsleistungen für das aufnehmende Unternehmen. Die übernommenen Mitarbeitenden sind auch fünf bzw. sieben Jahre nach ihrem Betriebsübergang offensichtlich nicht ausreichend motiviert, dem aufnehmenden Unternehmen ihr Wissen zur Verfügung zu stellen. Der Outsourcing-Anbieter hat keine besonderen Fähigkeiten erlangt, um die zu integrierenden Mitarbeitenden zu motivieren.

Die Ergebnisse der *narrativen Interviews* liefern zusätzliche Erkenntnisse zur Mitarbeitermotivation im Outsourcing. Demnach ist die Motivation der übernommenen Mitarbeitenden nicht unbedingt gesunken, sondern diese wollten durch die negativen Antworten im Fragebogen ihre Unzufriedenheit mit der Situation und dem aufnehmenden Unternehmen zum Ausdruck bringen. Das aufnehmende Unternehmen hat die für die Mitarbeiterübernahme relevanten Fragen nicht beachtet, z. B. wie wird den betroffenen Mitarbeitenden ihr Betriebsübergang kommuniziert (s. Kapitel IV, Abschnitt 5.2 und 6.1). Ein erfolgreiches Outsourcing hängt ganz wesentlich von der Bereitschaft der Führungskräfte ab, auf diese relevanten Fragen entsprechend den Bedürfnissen der übernommenen Mitarbeitenden einzugehen. Doch das Handeln und Verhalten der Führungskräfte des aufnehmenden Unternehmens erfolgte ohne Berücksichtigung der Motivation der übernommenen Mitarbeitenden. Zusätzlich scheint nicht das Autonomieempfinden der übernommenen Mitarbeitenden, sondern ihr Kompetenzerleben und ihr Bedürfnis nach sozialer Zugehörigkeit eine zentrale Rolle im Outsourcing zu spielen.

Die Analyse der narrativen Interviews zeigt, dass viele der vom Outsourcing betroffenen Mitarbeitenden mehr füreinander einstehen und besser aufeinander aufpassen als dies zuvor bei den auslagernden Unternehmen der Fall war. Dieser Effekt wurde als „Fighting for My Buddies" gekennzeichnet und wird ähnlich zum Verhalten von Soldaten in Kampfsituationen beschrieben. Diese übernommenen Mitarbeitenden arbeiten in den gleichen Teams wie zuvor beim auslagernden Unternehmen. Es scheint, dass die Bedeutung des Teams für die vom Outsourcing betroffenen Mitarbeitenden überhaupt nicht hoch genug eingeschätzt werden kann. Die Teams der übernommenen Mitarbeitenden haben größeren Einfluss auf ihre Motivation als Outsourcing-Anbieter selbst. Vorausgesetzt das Team bleibt im Outsourcing bestehen, fühlen sich die übernommenen Mitarbeitenden einem übergeordneten Ziel verpflichtet. Sie fühlen sich für den Erfolg ihres Teams bzw. für die Sicherheit der Arbeitsplätze ihrer Teamkollegen verantwortlich. Die im gleichen Team arbeitenden Kolleginnen stehen füreinander ein und halten zusammen gegen eine als feindlich empfundene Umwelt.

2. Implikationen für Theorie und Unternehmenspraxis

Die in dieser Arbeit untersuchten motivationspsychologischen Theorien liefern Hinweise zur Gestaltung der Mitarbeitermotivation im Outsourcing. Doch nur die möglichen Erklärungsbeiträge der Theorie der sozialen Identität und des Beziehungsansatzes finden ihre Bestätigung in den mit den vom Outsourcing betroffenen Mitarbeitenden geführten Interviews. Der Grund dafür liegt in dem für diese Arbeit untersuchten Fall: Anders als ursprünglich angenommen, hat das FM-Unternehmen *keine* besonderen Fähigkeiten in Bezug auf die Mitarbeitermotivation im Outsourcing erlangen können. Im Gegenteil, die Ergebnisse der Fragebögen zeigen, dass die Motivation der übernommenen Mitarbeitenden sogar gesunken ist. Damit schied der Beitrag der Selbstbestimmungstheorie als mögliche Erklärung für eine gestiegene Mitarbeitermotivation im Outsourcing aus. Gemäß der *Selbstbestimmungstheorie* hätte der Outsourcing-Anbieter die Bedürfnisse der Mitarbeitenden nach Autonomie, Kompetenzerleben und sozialer Zugehörigkeit besser befriedigen müssen als zuvor die auslagernden Unternehmen, um Ertragsvorteile durch Motivation begründen zu können.

Dagegen lassen die narrativen Interviews den Schluss zu, dass die Mitarbeitenden beim Outsourcing-Anbieter nicht weniger motiviert arbeiten als vorher, sondern dass sie durch die negative Beantwortung des Fragebogens nur ihre Unzufriedenheit mit diesem zeigen wollten. Zwar fühlen sie sich dem Outsourcing-Anbieter nicht zugehörig; dieser wird von ihnen sogar als „Feind" empfunden. Dennoch fühlen sie sich weiterhin für den Erfolg ihrer Teams verantwortlich. Die übernommenen Mitarbeitenden sind bereit, ihr Wissen dem aufnehmenden Unternehmen zur Verfügung zu stellen, wenn dies ihren Teams zugute kommt. *Dieser „Fighting for My Buddies"-Effekt kann am besten mit der Theorie der sozialen Identität und dem Beziehungsansatz erklärt werden.*

Dieses Ergebnis läßt folgende *theoretischen Implikationen* zu:

Gruppentheorien wie die Theorie der sozialen Identität und der Beziehungsansatz könnten vor allem dann zur Erklärung der Mitarbeitermotivation im Outsourcing geeignet sein, wenn die *übernommenen Mitarbeitenden sich nicht mit dem aufnehmenden Unternehmen identifizieren können.* Dagegen könnte es sein, dass *Individualtheorien wie die Selbstbestimmungstheorie* sich zur Erklärung der Mitarbeitermotivation im Outsourcing eignen, wenn die *übernommenen Mitarbeitenden sich mit dem aufnehmenden Unternehmen identifizieren können.* Allerdings sind diese Implikationen aufgrund des einen untersuchten Falls nicht verallgemeinerungsfähig.

Dass das Ergebnis dieser Arbeit nicht verallgemeinerungsfähig ist, legt keine theoretische Schwäche in der Argumentation der Selbstbestimmungstheorie offen. Vielmehr zeigt es, dass das Zusammenwirken von Mitarbeitermotivation und dem psychologischen Grundbedürfnis nach sozialer Zugehörigkeit weiterer Untersuchungen bedarf.

Auch könnten weitere Untersuchungen absichern, wann welcher Theorie der Vorzug gegeben werden kann, um Ertragsvorteile durch Mitarbeitermotivation im

Outsourcing eindeutig erklären zu können. Ziel ist es, verallgemeinerungsfähige Aussagen zur Anwendbarkeit der Theorien zu erhalten.

Neben den theoretischen Implikationen ergeben sich, bestätigt durch die empirischen Ergebnisse dieser Arbeit, folgende *Implikationen für die Praxis*:

Erstens sollte eine *Mitarbeiterübernahme im Outsourcing unter Berücksichtung der Teams* erfolgen. Diejenigen Mitarbeitenden, deren Arbeitsplätze in ihren Teams belassen wurden, sind bereit, füreinander zu kämpfen. Das Team ist die kleinste und sicherste Identitätseinheit für die vom Outsourcing betroffenen Mitarbeitenden. Der Zusammenhalt eines Teams im Outsourcing ist besonders stark, da jeder für jeden verantwortlich ist. Demnach sollten die vom Outsourcing betroffenen *Mitarbeitenden nicht aus ihren Teams heraus auf einzelne Positionen „verlagert"* werden, *sondern vorzugsweise an ihren Arbeitsplätzen im Team belassen* werden. Nur so kann sichergestellt werden, dass sie ausreichend motiviert sind, ihr Wissen (wenn auch nicht dem Outsourcing-Anbieter, sondern ihrem Team zuliebe) zur Verfügung zu stellen. Dies spricht vor allem gegen die in der Praxis verwendete Methode der schrittweisen Verlagerung nur einzelner Arbeitsplätze eines Teams.

Zukünftiger Forschungsbedarf besteht darin, das Phänomen des Gruppenzusammenhalts im Outsourcing in Bezug auf dessen Potential zur Motivation der übernommenen Mitarbeitenden für das aufnehmende Unternehmen zu untersuchen.

Zweitens hat sich in dieser Untersuchung das Kompetenzerleben der vom Übergang betroffenen Mitarbeitenden als wichtig für deren Motivation heraus gestellt. Dieses hängt wesentlich vom Verhalten der direkten Vorgesetzten ab. Um das Kompetenzerleben der vom Betriebsübergang betroffenen Mitarbeitenden zu erhalten, sollte der direkte Vorgesetzte folgendes beachten (Harding/Rouse 2008):

Ein Vorgesetzter sollte immer *ansprechbar für die Probleme seiner Untergebenen* sein und *ruhig zuhören* können.

Ein direkter Vorgesetzter zeichnet sich in den Augen seiner Untergebenen durch sein *kompetentes und informierendes Feedback* aus. Bei jeder betrieblichen Umstrukturierungsaktivität wird es einen „Übernommenen" und einen „Übernehmenden" geben. Doch sollten die Leistungen und Arbeitsweisen der Übernommenen niemals heruntergespielt werden, selbst wenn diese tatsächlich nicht herausragend waren. Vielmehr sollte der gemeinsame Startpunkt signalisiert werden.

Ein direkter Vorgesetzter sollte den *„Neubeginn" signalisieren* und leben, d. h. sich mit dem übenehmenden Unternehmen identifizieren. Das persönliche Eintreten der direkten Vorgesetzten für die Veränderungsziele fördert dabei die Glaubwürdigkeit von angestrebten Veränderungsmaßnahmen.

Ein direkter Vorgesetzter darf *keinesfalls Probleme „aussitzen"*. Andernfalls wird den Mitarbeitenden ihre Ohnmacht demonstriert und die scheinbare Ausweglosigkeit aus einer Situation signalisiert.

Der direkte Vorgesetzte sollte seine *Mitarbeitenden nicht in ihren Bedürfnissen nach Autonomie, Kompetenzerleben und sozialer Zugehörigkeit begrenzen.*

Zukünftiger Forschungsbedarf besteht darin, die Rolle der den übernommenen Mitarbeitenden direkt vorgesetzten Angestellten auf die Motivation der ihnen neu unterstellten Teams zu untersuchen, um Motivationszuwächse sowie das vorhandene Expertenwissen der übernommenen Mitarbeitenden für das aufnehmende Unternehmen nutzbar zu machen.

Drittens sollte sich der Outsourcing-Anbieter bemühen, *vom „gehassten Feind" zum „Buddy"* der übernommen Mitarbeitenden zu avancieren. Um dies zu erreichen, sollte der Outsourcing-Anbieter die mit den narrativen Interviews erhobenen Fragen entsprechend den Bedürfnissen der übernommenen Mitarbeitenden beachten (s. Kapitel IV, Abschnitt 5.2 und 6.1). Die erfolgreiche *Mitarbeitermotivation im Outsourcing hängt wesentlich von der Bereitschaft der Führungskräfte ab, auf diese Fragen einzugehen und die sich daraus ergebenenden Massnahmen begründet, gerecht und konsequent umzusetzen.* Die Vernachlässigung dieser Fragen kann eine Demotivation der übernommenen Mitarbeitenden begründen.

Zu Recht kann allerdings die Frage gestellt werden, ob *ausreichend Anreize im auslagernden und aufnehmenden Unternehmen* gesetzt werden, *damit die Führungskräfte sich „mitarbeitermotivationskonform" verhalten.* Das heißt, das Handeln und Verhalten von leitenden Angestellten erfolgt unter Berücksichtigung der Motivation der Mitarbeitenden.

Eine Lösung könnte es sein, die für die Mitarbeiterübernahme relevanten Fragen in Form einer *„Outsourcing Governance"* festzuhalten. Eine „Outsourcing Governance" umfasst die Regeln und Grundsätze in Bezug auf Organisation und Verhalten, durch die die Unternehmen im Outsourcing geführt werden (Thommen 2003: 17). *Gemäß einer „Outsourcing Governance" verpflichten sich alle beteiligten Führungskräfte freiwillig anhand von Leitlinien „mitarbeitermotivationskonform" zu agieren.* So diskutieren Scherer und Palazzo (2008) in ihren Beiträgen u. a. die identitätsstiftende Wirkung von „Corporate Governance". Vor allem *vier* Grundsätze sind für eine „Outsourcing Governance" als zentrale Leitlinien denkbar: die Gewährleistung von

1. marktgerechten und fairen Löhnen,
2. einer den individuellen Kompetenzen entsprechenden Arbeit und von Entwicklungsmöglichkeiten,
3. fairen und transparenten Prozessen sowie
4. Unternehmensidentifikation und individuellem Zugehörigkeitsgefühl zum Team.

Dies müsste in weiteren Forschungen überprüft werden.

Anhang

Sehr geehrte Teilnehmerin, sehr geehrter Teilnehmer

Ich möchte Sie bitten, den folgenden Fragebogen so ehrlich und offen wie möglich zu beantworten. Treffen Sie bitte keine Aussagen, von denen Sie glauben, sie hören sich gut an oder entsprechen Idealvorstellungen. Die Befragung und Auswertung der Daten erfolgt ausschließlich durch Frau Isabelle Wrase. Es werden keine persönlichen Daten weitergegeben!

Bitte kreuzen Sie die Antwortmöglichkeit an, die Ihre Einschätzung am besten wiedergibt!

Beziehen Sie sich dabei auf Ihre **Stelle vor** dem Betriebsübergang.

		trifft überhaupt nicht zu	**trifft eher nicht zu**	**teils - teils**	**trifft eher zu**	**trifft voll und ganz zu**
1.	Ich konnte meine Arbeitszeit frei einteilen.	☐	☐	☐	☐	☐
2.	Über Dinge, die mich betrafen, konnte ich frei mitentscheiden	☐	☐	☐	☐	☐
3.	Ich hatte das Gefühl, Entscheidungsspielräume zu haben	☐	☐	☐	☐	☐
4.	Ich hatte die Möglichkeit, neue Bereiche eigenständig zu erkunden.	☐	☐	☐	☐	☐
5.	Ich war am Arbeitsprozess von A bis Z beteiligt	☐	☐	☐	☐	☐
6.	Ich konnte den Arbeitsprozess von A bis Z nachvollziehen	☐	☐	☐	☐	☐
7.	Ich hatte Gelegenheiten, mich weiterzubilden	☐	☐	☐	☐	☐
8.	Ich hatte Gelegenheiten, mein Wissen einzubringen	☐	☐	☐	☐	☐
9.	Ich fühlte mich unter meinen Kolleginnen/Kollegen wohl	☐	☐	☐	☐	☐
10.	Meine Kolleginnen/Kollegen hielten zu mir, auch wenn ich mal einen Fehler gemacht hatte.	☐	☐	☐	☐	☐
11.	Ich half in meinen Team anderen, wenn diese überbelastet waren	☐	☐	☐	☐	☐
12.	Man hielt in meinem Team gut zusammen	☐	☐	☐	☐	☐

Jetzt geht es darum, warum Sie an Ihrer Stelle Folgendes getan haben!

Beziehen Sie sich dabei auf Ihre **Erinnerungen vor** dem Betriebsübergang.

		trifft überhaupt nicht zu	**trifft eher nicht zu**	**teils - teils**	**trifft eher zu**	**trifft voll und ganz zu**
13.	Beim Arbeiten versuchte ich mich zu drücken	☐	☐	☐	☐	☐
14.	Ohne Druck von außen wäre ich nicht aktiv geworden	☐	☐	☐	☐	☐
15.	Ich strengte mich an, wie sich dass für eine/n ordentliche/n Mitarbeiterin/Mitarbeiter gehörte	☐	☐	☐	☐	☐
16.	Ich strengte mich an, um meine eigenen Ziele zu verwirklichen	☐	☐	☐	☐	☐
17.	Arbeit machte Spaß	☐	☐	☐	☐	☐

Bitte kreuzen Sie die Antwortmöglichkeit an, die Ihre Einschätzung am besten wiedergibt!

Beziehen Sie sich dabei auf Ihr **Verhalten vor** dem Betriebsübergang.

	trifft überhaupt nicht zu	trifft eher nicht zu	teils - teils	trifft eher zu	trifft voll und ganz zu
18. Ich erfüllte die gesetzten Leistungsanforderungen an meine Position. .	☐	☐	☐	☐	☐
19. Ich führte die Aufgaben aus, die von mir erwartet wurden.	☐	☐	☐	☐	☐
20. Ich erfüllte übertragene Arbeitspflichten in angemessener Weise.	☐	☐	☐	☐	☐
21. Ich wirkte bei Meinungsverschiedenheiten ausgleichend auf Kollegen/Kolleginnen ein.	☐	☐	☐	☐	☐
22. Ich ergriff freiwillig die Initiative, neuen Kollegen/Kolleginnen bei der Einarbeitung zu helfen.	☐	☐	☐	☐	☐
23. Ich bemühte mich aktiv darum, Schwierigkeiten mit Kollegen/ Kolleginnen vorzubeugen.	☐	☐	☐	☐	☐
24. Ich kam immer pünktlich zur Arbeit.	☐	☐	☐	☐	☐
25. Ich beachtete Vorschriften und Arbeitsanweisungen mit größter Sorgfalt.	☐	☐	☐	☐	☐
26. Ich nahm mir nur in äußerst dringenden Fällen frei.	☐	☐	☐	☐	☐
27. Ich kritisierte häufig an Kollegen/Kolleginnen herum.	☐	☐	☐	☐	☐
28. Ich äußerte Vorbehalte gegenüber jeglichen Veränderungen im Unternehmen.	☐	☐	☐	☐	☐
29. Ich verbrachte viel Zeit damit, mich über Belanglosigkeiten zu beklagen.	☐	☐	☐	☐	☐
30. Ich informierte mich über neue Entwicklungen im Unternehmen.	☐	☐	☐	☐	☐
31. Ich beteiligte mich regelmäßig und aktiv an Besprechungen und Versammlungen im Unternehmen.	☐	☐	☐	☐	☐
32. Ich machte innovative Vorschläge zur Verbesserung der Qualität in der Abteilung.	☐	☐	☐	☐	☐

Die folgenden Fragen beziehen sich drauf, wie Sie ihren **direkten Vorgesetzten** beim ehemaligen Arbeitgeber einschätzen!

	trifft überhaupt nicht zu	trifft eher nicht zu	teils - teils	trifft eher zu	trifft voll und ganz zu
33. Ich war vollkommen überzeugt davon, dass er sein Wort hielt	☐	☐	☐	☐	☐
34. Er zeigte mir seine Wertschätzung	☐	☐	☐	☐	☐
35. Bei wichtigen Dingen, die mich betrafen, informierte er mich offen und ehrlich.	☐	☐	☐	☐	☐
36. Er erklärte mir alle Änderungen, die mich betrafen, so dass ich sie verstand.	☐	☐	☐	☐	☐

Bitte kreuzen Sie die Antwortmöglichkeit an, die Ihre Einschätzung am besten wiedergibt!

Beziehen Sie sich dabei auf ihr **ehemaliges Unternehmen**.

	trifft überhaupt nicht zu	trifft eher nicht zu	teils - teils	trifft eher zu	trifft voll und ganz zu
37. Ich war der Überzeugung, dass das Unternehmen seine Versprechen hielt.	☐	☐	☐	☐	☐
38. Ich hätte jederzeit einem Freund empfohlen, bei diesem Unternehmen zu arbeiten.	☐	☐	☐	☐	☐
39. Das Unternehmen verhielt sich mir gegenüber offen und ehrlich.	☐	☐	☐	☐	☐
40. Ich war stolz, in diesem Unternehmen zu arbeiten.	☐	☐	☐	☐	☐

Bitte kreuzen Sie die Antwortmöglichkeit an, die Ihre Einschätzung am besten wiedergibt!

Beziehen Sie sich dabei auf Ihre **Stelle nach** dem Betriebsübergang.

	trifft überhaupt nicht zu	trifft eher nicht zu	teils - teils	trifft eher zu	trifft voll und ganz zu
41. Ich kann meine Arbeitzeit frei einteilen.	☐	☐	☐	☐	☐
42. Über Dinge, die mich betreffen, kann ich frei mitentscheiden	☐	☐	☐	☐	☐
43. Ich habe das Gefühl, Entscheidungsspielräume zu haben	☐	☐	☐	☐	☐
44. Ich habe die Möglichkeit, neue Bereiche eigenständig zu erkunden	☐	☐	☐	☐	☐
45. Ich bin am Arbeitsprozess von A bis Z beteiligt	☐	☐	☐	☐	☐
46. Ich kann den Arbeitsprozess von A bis Z nachvollziehen	☐	☐	☐	☐	☐
47. Ich habe Gelegenheiten, mich weiterzubilden	☐	☐	☐	☐	☐
48. Ich habe Gelegenheiten, mein Wissen einzubringen	☐	☐	☐	☐	☐
49. Ich fühle mich unter meinen Kolleginnen/Kollegen wohl	☐	☐	☐	☐	☐
50. Meine Kolleginnen/Kollegen halten zu mir, auch wenn ich mal einen Fehler gemacht habe.	☐	☐	☐	☐	☐
51. Ich helfe in meinen Team anderen, wenn diese überbelastet sind	☐	☐	☐	☐	☐
52. Man hält in meinem Team gut zusammen	☐	☐	☐	☐	☐

Jetzt geht es darum, warum Sie an Ihrer Stelle Folgendes tun!

Beziehen Sie sich dabei auf Ihre **Erinnerungen nach** dem Betriebsübergang.

	trifft überhaupt nicht zu	trifft eher nicht zu	teils - teils	trifft eher zu	trifft voll und ganz zu
53. Beim Arbeiten versuche ich mich zu drücken	☐	☐	☐	☐	☐
54. Ohne Druck von außen würde ich nicht aktiv werden.	☐	☐	☐	☐	☐
55. Ich strenge mich an, wie sich dass für eine/n ordentliche/n Mitarbeiterin/Mitarbeiter gehört	☐	☐	☐	☐	☐
56. Ich strenge mich an, um meine eigenen Ziele zu verwirklichen	☐	☐	☐	☐	☐
57. Arbeit macht Spaß	☐	☐	☐	☐	☐

Bitte kreuzen Sie die Antwortmöglichkeit an, die Ihre Einschätzung am besten wiedergibt!

Beziehen Sie sich dabei auf Ihr **Verhalten nach** dem Betriebsübergang.

		trifft überhaupt nicht zu	trifft eher nicht zu	teils - teils	trifft eher zu	trifft voll und ganz zu
58.	Ich erfülle die gesetzten Leistungsanforderungen an meine Position. ..	☐	☐	☐	☐	☐
59.	Ich helfe anderen, wenn diese mit Arbeit überlastet sind.	☐	☐	☐	☐	☐
60.	Ich erfülle übertragene Arbeitspflichten in angemessener Weise.	☐	☐	☐	☐	☐
61.	Ich wirke bei auftretenden Meinungsverschiedenheiten ausgleichend auf Kollegen/Kolleginnen ein.	☐	☐	☐	☐	☐
62.	Ich ergreife freiwillig die Initiative, neuen Kollegen/Kolleginnen bei der Einarbeitung zu helfen.	☐	☐	☐	☐	☐
63.	Ich bemühe mich aktiv darum, Schwierigkeiten mit Kollegen/ Kolleginnen vorzubeugen.	☐	☐	☐	☐	☐
64.	Ich komme immer pünktlich zur Arbeit.	☐	☐	☐	☐	☐
65.	Ich beachte Vorschriften und Arbeitsanweisungen mit größter Sorgfalt.	☐	☐	☐	☐	☐
66.	Ich nehme mir nur in äußerst dringenden Fällen frei.	☐	☐	☐	☐	☐
67.	Ich kritisiere häufig an Kollegen/Kolleginnen herum.	☐	☐	☐	☐	☐
68.	Ich äußere Vorbehalte gegenüber jeglichen Veränderungen im Unternehmen.	☐	☐	☐	☐	☐
69.	Ich verbringe viel Zeit damit, mich über Belanglosigkeiten zu beklagen.	☐	☐	☐	☐	☐
70.	Ich informiere mich über neue Entwicklungen im Unternehmen.	☐	☐	☐	☐	☐
71.	Ich beteilige mich regelmäßig und aktiv an Besprechungen und Versammlungen im Unternehmen.	☐	☐	☐	☐	☐
72.	Ich mache innovative Vorschläge zur Verbesserung der Qualität in der Abteilung.	☐	☐	☐	☐	☐

Bitte kreuzen Sie an, ob ihr direkter Vorgesetzter

- o die gleiche Person ist wie vor dem Betriebsübergang
- o oder eine andere Person.

Die Fragen beziehen sich auf ihren direkten Vorgesetzten beim heutigen Arbeitgeber!

	trifft überhaupt nicht zu	trifft eher nicht zu	teils - teils	trifft eher zu	trifft voll und ganz zu
73. Ich bin vollkommen überzeugt davon, dass er sein Wort hält.	☐	☐	☐	☐	☐
74. Er zeigt mir seine Wertschätzung	☐	☐	☐	☐	☐
75. Bei wichtigen Dingen, die mich betreffen, informiert er mich offen und ehrlich.	☐	☐	☐	☐	☐
76. Er erklärt mir alle Änderungen, die mich betreffen, so dass ich sie verstehe.	☐	☐	☐	☐	☐

Bitte kreuzen Sie die Antwortmöglichkeit an, die Ihre Einschätzung am besten wiedergibt!

Beziehen Sie sich dabei auf ihr **aktuelles Unternehmen**.

	trifft überhaupt nicht zu	trifft eher nicht zu	teils - teils	trifft eher zu	trifft voll und ganz zu
77. Ich bin der Überzeugung, dass das Unternehmen seine Versprechen hält.	☐	☐	☐	☐	☐
78. Ich würde jederzeit einem Freund empfehlen, bei diesem Unternehmen zu arbeiten.	☐	☐	☐	☐	☐
79. Das Unternehmen verhält sich mir gegenüber offen und ehrlich.	☐	☐	☐	☐	☐
80. Ich bin stolz, in diesem Unternehmen zu arbeiten.	☐	☐	☐	☐	☐

Bitte kreuzen Sie die Antwortmöglichkeit an, die Ihre **Einschätzung** zum Fragebogen am besten wiedergibt!

	trifft überhaupt nicht zu	trifft eher nicht zu	teils - teils	trifft eher zu	trifft voll und ganz zu
1. Ich habe die Fragen gut verstanden	☐	☐	☐	☐	☐
2. Ich habe die Fragen gerne beantwortet	☐	☐	☐	☐	☐
3. Es war für mich einfach, mich für eine Antwort zu entscheiden	☐	☐	☐	☐	☐
4. Ich fand es mühsam, dass ich den Fragebogen ausfüllen musste	☐	☐	☐	☐	☐

Hier haben Sie die Möglichkeit **Verbesserungsvorschläge** zu machen:

Bitte geben Sie nun folgendes als **Hintergrundsinformationen** an:

5. Eintrittsjahr aktuelle Stelle:
6. Position:
7. Tätigkeitsbereich (infrastrukturell/kaufmännisch/technisch):
8. Wie viel Jahre kennen Sie Ihren direkten Vorgesetzten?:
9. Wie viel Stunden Kontakt haben Sie durchschnittlich pro Woche mit Ihren direkten Vorgesetzten?:
10. Anstellung (fest, temporär):
11. Anstellungsgrad (Voll-/Teilzeit):
12. Ausbildung (Im Betrieb angelernt/Lehre/Berufsschule/FH/Universität/Sonstiges):
13. Familienstand:
14. Alter:

Vielen Dank für Ihre Teilnahme an dieser Untersuchung und für die Beantwortung der Fragen! Wenn erwünscht, können Sie die zusammengefassten und anonymen Ergebnisse erhalten. Bitte wenden Sie sich dafür mit einer E-Mail an isabelle.wrase@iou.unizh.ch.

Literaturverzeichnis

Abrams, D./Hogg, M. A. (2001): Collective Identity: Group Membership and Self-Conception, in Hogg, M. A./Tindale, R. S. (Eds.) (2001): Blackwell Handbook of Social Psychology: Group Processes, Oxford, England: Blackwell: 425-460.

Accenture (2007): Outsourcing 2007 – Von der IT-Auslagerung zur Innovationspartnerschaft: Eine Marktanalyse zu aktuellen Trends und Entwicklungen im deutschsprachigen Outsourcing-Markt, in Zusammenarbeit mit IMCS Institut for Management and Consulting Science.

Albach, H. (1989): Dienstleistungen in der modernen Industriegesellschaft, Band 8: Perspektiven und Orientierungen, München: C. H. Beck.

Albrow, M. (1998): Abschied vom Nationalstaat, Franfurt am Main: Suhrkamp.

Alderfer, C. P. (1972): Existence, Relatedness, and Growth: Human Needs in Organizational Settings, New York: Free Press.

Alexander, K. (ed.) (1997): Facilities Management, London: E&FN Spon.

Alisch, K./Winter, E./Arentzen, U. (2005): Gabler Wirtschaftslexikon, 16., vollständig überarbeitete und aktualisierte Auflage, Wiesbaden: Gabler, Stichwort: Outsourcing.

Applegate, L. M. (2007): Jumpstarting Innovation: Using Disruption to Your Advantage, in: <http://hbswk.hbs.edu/item/5636.html>, Abrufdatum: 6.09.2007, Erscheinungsdatum: 4.07.2007: Stichwort: Transformational Outsourcing.

Ashforth, B. E./Mael, F. (1989): Social Identity Theory and the Organization, in: Academy of Management Review, 14(1989)1: 20-39.

Bacher, M. (2000): Outsourcing als strategische Marketing-Entscheidung, Wiesbaden: Deutscher Universitätsverlag.

Balzer, F.-H. (1995): Outsourcing aus der Perspektive des Personalmanagements, in: Berg, J./Gräber, H. (Hrsg.) (1995): Outsourcing in der Informationstechnologie: Eine strategische Management-Entscheidung, Frankfurt am Main, New York: 82-94.

Barnard, C. I. (1938): The Functions of the Executive, Cambridge, Massachusetts 1938.

Barney, J. B. (2002): Gaining and Sustaining Competitive Advantage, Second Edition, Upper Saddle River, New Jersey: Prentice Hall.

Barney, J. B. (1992): Integrating Organizational Behaviour and Strategy Formulation Research: A Resource-Based Analysis, in: Shrivastava, P./Huff, A./Dutton, J. (Hrsg.) (1992): Resource-Based View of The Firm: Advances in Strategic Management, London: 39-61.

Barney, J. B. (1991): Firm Resources and Sustained Competitive Advantage, in: Journal of Management, 17(1991)1: 99-120.

Barney, J. B. (1986a): Organizational Culture - Can it be a Source of Sustained Competitive Advantage, in: Academy of Management Review, 11(1986)3: 656-665.

Barney, J. B. (1986b): Strategic Factor Markets: Expectations, Luck and Business Strategy, Management Science 32(1986): 1231-1241.

Barrett, P. (ed.) (1995): Facilities Management: Toward Better Practice, Cambridge: Blackwell Science.

Barth, T. (2003): Outsourcing unternehmensnaher Dienstleistungen – Ein konfigurierbares Modell für die optimierte Gestaltung der Wertschöpfungstiefe, Band 65: Schriften zur Unternehmensplanung, Dissertation, Frankfurt am Main.

Bates, R./Greif, A./Levi, M./Rosenthal, J.-L./Weingast, B. (2000a): Analytic Narratives Revisited, in: Social Science History 24(2000)4: 685-696.

Bates, R./Greif, A./Levi, M./Rosenthal, J.-L./Weingast, B. (2000b): The Analytic Narrative Project, in: American Political Science Review 94: 696-702.

Bates, R. H./Greif, A./Levi, M./Rosenthal, J.-L./Weingast, B. R. (1998): Analytic Narratives, Princeton, New Jersey: Princeton University Press 1998.

Batt, P. (2004): Auslagerung macht FM-Leistungen billiger, in: Bau_Extra, 25.05.2004, Nr. 2: 34-35.

Bauer, H. (2000): Umweltmanagement, in: Schulte, K.-W./Pierschke, B. (Hrsg.) (2000): Facilities Management, Köln: 263-284.

Baumunk, H. (2004): Immobilien und Immobilienbewertung im Zeitalter der Globalisierung, Dissertation, Dresden.

Bea, F. X./ Haas, J. (2001): Strategisches Management, neu bearbeitete 3. Auflage, Stuttgart, Jena.

Beck, U. (2003): Wie wird Demokratie im Zeitalter der Globalisierung möglich? Eine Einleitung, in: Beck, U. (Hrsg.) (2003): Politik der Globalisierung, 2. Auflage, Frankfurt am Main: Suhrkamp: 7-66.

Becker, F. G. (2002). Lexikon des Personalmanagements, Bielefeld: Deutscher Taschenbuch Verlag-Beck.

Beer, M. (1998): Outsourcing unternehmensnaher Dienstleistungen - Optimierung des Outsourcing-Entscheidungsprozesses, Wiesbaden: Deutscher Universitäts-Verlag.

Behme, W. (1993): ZP-Stichwort: Outsourcing, in: Zeitschrift für Planung 1993.

Bennett, A./George, A. (1998): An Alliance of Statistical and Case Study Methods: Research on the Interdemocratic Peace, in: Newsletter of the American Political Science Association Organized Section in Comparative Politics (APSA-CP), 9(1998)1: 6-9.

Benz, D. (2002): Motivation und Befinden bei betrieblichen Veränderungen: Zur Bedeutung unterschiedlicher Facetten von Arbeitsplatzunsicherheit, Band 9: Psychologie Forschung aktuell, Weinheim, Basel.

Bernau, P. (2006): Kleine Anbieter leiden unter Preisdruck, in: Handelsblatt, Nr. 93, 15.05.2006: 2.

Biernat, M./Vescio, T. K./Green, M.L. (1996): Selective Self-Stereotyping, in: Journal of Personality and Social Psychology, 71(1996): 1194-1209.

Billett, M. T./Qian, Y. (2008): Are Overconfident CEOs Born or Made? Evidence of Self-attribution Bias from Frequent Acquirers, in: Management Science, 54(2008)6: 1037-1051.

Blackler, F. (1995): Knowledge and Work and Organizations - An Overview and Interpretation, in: Organization Studies, 16(1995)6: 1021-1046.

Blader, S. L./Tyler, T. R. (2001): Justice and Empathy: What Motivates People to Help Others?, in: Ross, M./Miller, T. D. (eds.) (2001): The Justice Motive in Everyday Life, New York: Cambridge University Press: 226-250.

Blake, R./Mouton, J. (1961): Reactions to Intergroup Competition under Win–Loose Competition, in: Management Science, 7/1961: 420-425.

Bliesner, M.-M. (1994): Outsourcing als mögliche Strategie zur Kostensenkung, in: Betriebswirtschaftliche Forschung und Praxis, Jahrgang 46, Nummer 4/1994: 277-290.

Boehme-Neßler, V. (Hrsg.) (2000): Wirtschaftsrecht: Basisbuch für Studium und Praxis, München, Wien.

Bogaschewsky, R. (1996): Strategische Aspekte der Leistungstiefenoptimierung, in: Koppelmann, U. (Hrsg.): Outsourcing, Stuttgart: Schäffer-Poeschel : 123-148.

Boje, M. D. (1994): Organizational Storytelling: The Struggles of Pre-Modern Analysis of Disney as „Tamara-Land“, in: Academy of Management Journal, 38(1994)4: 997-1035.

Boje, M. D. (1991): The Storytelling Organization: A Study of Story Performance in an Office-Supply Firm, in: Administrative Science Quarterly, 36(1991)1: 106-126.

Bongard, S. (1994): Outsourcing-Entscheidungen in der Informationsverarbeitung: Entwicklung eines computergestützten Portfolio-Instrumentariums, Bamberg, Wiesbaden.

Braschel, R./Hetzer, B. (1995): Facility Management in der Praxis, in: Beratende Ingenieure, 25(1995)11: 16.

Branscombe, N. R. (1998). Thinking About One's Gender Group's Privileges or Disadvantages: Consequences for Well-Being in Women and Men, in: British Journal of Social Psychology, 37(1998): 167-184.

Bräutigam, P. (2004): IT-Outsourcing: Eine Darstellung aus rechtlicher, technischer, wirtschaftlicher und vertraglicher Sicht, Berlin: Erich Schmidt Verlag.

Breuer, T. (2000): Flächenmanagement, in: Schulte, K.-W./Pierschke, B. (Hrsg.) (2000): Facilities Management, Köln: 213-237.

Brewer, M. B. (1979): In-Group Bias in the Minimal Intergroup Situation: A Cognitive-Motivational Analysis, Psychological Bulletin, 86(1979): 307–324.

Brown, J. S./Duguid, P. (2000): The Social Life of Information, Harvard Business Press: Boston Massachusetts.

Bruch, H. (1998): Outsourcing: Konzepte und Strategien, Chancen und Risiken, Wiesbaden: Gabler Verlag.

Bröchner, J. (2001): Facilities Management as a Special Case of Business Service Management, Facility Management and Service Concepts: International Research Seminar on Real Estate Management, Helsinki University of Technology, 29-30 March 2001.

Bruhn, M. (1997): Internationalisierung von Dienstleistungen: Forum Dienstleistungsmanagement, Wiesbaden: Gabler.

Bucklin, B. R./Dickinson, A. M. (2001): Individual Monetary Incentives: A Review of Different Types of Arrangements Between Performance and Pay, in: Journal of Organizational Behavior Management, 21(2001)3: 45-137.

Bürgel, H. D./Zeller, A. (1998): Forschung und Entwicklung als Wissenscenter, in: Bürgel, H. D. (Hrsg.) (1998): Wissensmanagement: Schritte zum intelligenten Unternehmen, Berlin et al.: 53-65.

Büssing, A. (1999). Can Control at Work and Social Support Moderate Psychological Consequences of Job Insecurity? Results from A Quasi-Experimental Study in the Steel Industry, in: European Journal of Work and Organizational Psychology, 8(1999)2: 219-242.

Bullinger, H.-J. (1997): Dienstleistungen für das 21. Jahrhundert: Trends, Visionen und Perspektiven, in: Bullinger, H.-J. (Hrsg.) (1997): Dienstleistungen für das 21. Jahrhundert: Gestaltung des Wandels und Aufbruch in die Zukunft, Stuttgart: 45-95.

Bullinger, H.-J./Rüger, M./Koch, A./Staiger, M. (2001): Knowledge Meets Motivation: Anreizsysteme im Wissensmanagement, Fraunhofer-Institut für Arbeitswirtschaft und Organisation IAO, Stuttgart.

Bund der Dienstleistungswirtschaft (2008): Kennzahlen der Dienstleistungswirtschaft: Die deutsche Dienstleistungswirtschaft – Kennzahlen und Fakten, in: http://xa3332.xa3.serverdomain.org/index.php?id=9, Abrufdatum: 15.01.2008.

Burns, J. (1978): Leadership, New York, New York: Harper and Row.

Cameron, J./Pierce, D. W. (1994): Reinforcement, Reward, and Intrinsic Motivation: A Meta-Analysis, in: Review of Educational Research, 64(1994): 363-423.

Carpenter, D. P. (2000): What is the Marginal Value of Analytic Narratives?, in: Social Science History, 24(2000)4: 653–668.

Carter, R./Hodgson, G. M. (2006): The impact of empirical tests of transaction cost economics on the debate on the nature of the firm, in: Strategic Management Journal, (2006)27: 461-476.

Cascio, W. F. (2002): Responsible Restructuring: Creative and Profitable Alternatives to Layoffs, San Francisco: Berrett-Koehler Publishers.

Cialdini, R. B./Cacioppo, J. T./Bassett, R./Miller, J. A (1976) Basking in Reflected Glory: Three Football Field Studies, in: Journal of Personality and Social Psychology, 36(1978)5: 463-476.

Clark, C. (1940): The Conditions of Economic Progress, London: Macmillan & Company.

Comelli, G./Rosenstiel, L. von (2003): Führung durch Motivation: Mitarbeiter für Organisationsziele gewinnen, 3. Auflage, München: Vahlen.

Conner, K./Prahalad, C.K. (1996): A Resource-Based Theory of the Firm: Knowledge versus Corporation, in: Organization Science, Volume 7, Number 5/1996: 477-501.

Cotts, D.G./Lee, M. (1992): The Facility Management Handbook, New York et al..

Cunningham, P. A./Fröschl, F. (1995): Outsourcing: Strategische Bewertung einer Informationsdienstleistung, Frankfurter Allgemeine Zeitung, Verlags Bereich, Frankfurt am Main.

Czikszentmihalyi, M. (1993): Das Flow-Erlebnis. Jenseits von Angst und Langeweile: Im Tun aufgehen. 5. Auflage, Stuttgart 1993.

Czikszentmihalyi, M. (1972): Flow: Das Geheimnis des Glücks, Stuttgart: Klett-Cotta.

Daniels, K. (2000): Trends und Entwicklungen in der Gebäudetechnik, in: Schulte, K.-W./Pierschke, B. (Hrsg.) (2000): Facilities Management, Köln: 84-125.

Davies, S. (1991): Vertical Integration, in: Clarke, R./McGuinness, T. (Hrsg.) (1991): The Economics of the Firm, Oxford: 87-102.

DeCharms, R. (1968): Personal Causation: The Internal Affective Determinants of Behavior, New York, New York.

Deci, E. L. (1980): The Psychology of Self-Determination, Lexington: Free Press.

Deci, E. L. (1975): Intrinsic Motivation, New York, New York.

Deci, E. L. (1971): Effects of Externally Mediated Rewards on Intrinsic Motivation, in: Journal of Personality and Social Psychology, 18(1971)1: 105-115.

Deci, E.L./ Flaste, R. (1995): Why We Do What We Do: Understanding Self Motivation, Rochester: Penguin Books.

Deci, E. L./Koestner, R./Ryan, R. M. (1999): A Meta-Analytic Review Of Experiments Examining the Effects of Extrinsic Rewards on Intrinsic Motivation, in: Psychological Bulletin, 125(1999): 627-668.

Deci, E. L./Ryan, R. M. (2008): Facilitating optimal Motivation and Psychological Well-Being across Life's Domains, in: Canadian Psychology, (2008)49: 14–23.

Deci, E. L./Ryan, R. M. (2002): Handbook of Self-Determination Research, Rochester, NY:University of Rochester Press.

Deci, E. L./Ryan, R. M. (2000a): Self-Determination Theory and The Facilitating of Intrinsic Motivation, in: American Psychologists, 55(2000)1: 68-78.

Deci, E. L./Ryan, R. M. (2000b): The "What " and "Why" of Goal Pursuits: Human Needs and The Self-Determination of Behavior, in: Psychological Inquiry, 11(2000)4: 227-268.

Deci, E. L. /Ryan, R. M. (1995): Human Autonomy: The Basis for True Self-Esteem, in: Kermis, M. (eds.) (1995): Efficacy, Agency, and Self-Esteem, New York: Plenum: 31-49.

Deci, E. L./Ryan, R. M. (1985): Intrinsic Motivation and Self-Determination in Human Behavior, New York: Springer.

Deloitte (2008): Why Settle for less? 2008 Outsourcing Report, London.

Dibbern, J./Goles, T./Hirschheim, R./Jayatilaka, B. (2004): Information Systems Outsourcing: A Survey and Analysis of The Literature, in: The Data Base for Advances in Information Systems, 35(2004)4: 6-102.

Dibbern, J./Güttler, W./Heinzl, A. (2001): Die Theorie der Unternehmung als Erklärungsansatz für das selektive Outsourcing der Informationsverarbeitung: Entwicklung eines theoretischen Bezugsrahmen, in: Zeitschrift für Betriebswirtschaft, 71(2001)6: 675-700.

Dibbern, J./Heinzl, A. (2001): Outsourcing der Informationsverarbeitung im Mittelstand: Test eines multitheoretischen Kausalmodells, in: Wirtschaftsinformatik, 43(2001): 339-350.

Dibbern, J./Heinzl, A./Leibbrandt, S. (2003): Interpretation des Sourcing der Informationsverarbeitung: Hintergründe und Grenzen ökonomischer Einflussgrößen, in: Wirtschaftsinformatik, 45(2003)5: 533-540.

Diekmann, A. (2007): Empirische Sozialforschung: Grundlagen, Methoden, Anwendungen, Reinbeck bei Hamburg: Rowolts Enzyklopädie.

Diemer, M. (2000): Strategisches Outsourcing: Gemeinsam den Markt angehen, in: Köhler-Frost, W. (Hrsg.) (2000): Outsourcing: Eine strategische Allianz besonderen Typs, 4., völlig neu bearbeitete und wesentlich erweiterte Auflage, Berlin: 72-86.

Diederichs, C. J./Schöne, J. B. (2000): Facility Management: Handlungsstrategie zur Einführung von Consultingleistungen, in: Der Facility Manager, 11(2000): 9.

Disterer, G. (2000): Individuelle und soziale Barrieren beim Aufbau von Wissenssammlungen, in: Wirtschaftsinformatik, 42(2000)6: 539-546.

Dittrich, J./Braun, M. (2004): Business Process Outsourcing: Entscheidungsleitfaden für das Out- und Insourcing von Geschäftsprozessen, Stuttgart: Schäffer-Poeschel.

Doise, W./Weinberger, M. (1973): Représentation masculines dans différentes situations de recontres mixtes, in: Bulletin de Psychologie, (1973)26: 649-657.

Donnersmarck, M. H. von/Schulz, J. (1999): Einleitung, in: Donnersmarck, M. H. von (Hrsg.) (1999): Fusion als Chance - Fusionen: Gestalten und Kommunizieren, Bonn et al.: InnoVation-Verlag.

Dosi, G. (1984): Technological Paradigms and Technological Trajectories: A Suggested Interpretation of the Determinants and Direction of Technological Change, in: Research Policy, 11(1984): 147-162.

Dosi, G./Marengo, L. (2000): On the Tangled Discourse between Transaction Cost Economics and Competence-Based Views of the Firm: Some Comments, in: Foss, N./Mahnke, U. (Eds.) (2000): Competence, Governance and Entrepreneurship, Oxford: 80-92.

Drucker, P. F. (2002): Es sind nicht Arbeitnehmer - Es sind Menschen, in: Harvard Businessmanager, 4(2002): 2-8.

Drucker, P. F. (1999): Management im 21. Jahrhundert, München: Econ.

Duschek, S./Ortmann, G./Sydow, J. (2001): Grenzmanagement in Unternehmungsnetzwerken: Theoretische Zugänge und der Fall eines strategischen Dienstleistungsnetzwerks, in: Ortmann, G./Sydow, J. (Hrsg.) (2001): Strategie und Strukturation: Strategisches Management von Unternehmen, Netzwerken und Konzernen, Wiesbaden: 191-233.

Dutton, J. E./Dukerich, J. M./Harquail, C. V. (1994): Organizational Images and Member Identification, in: Administrative Science Quarterly, 39(1994): 239-263.

Ebers, Mark/Gotsch, Wilfried (1995): Institutionenökonomische Theorien der Organisation, in: Kieser, Alfred (Hrsg.) (1995): Organisationstheorien, Stuttgart: 185-235.

Eigendorf, J. (2007): Wettstreit um Größe, in: <http://debatte.welt.de/kommentare/20585/wettstreit+um+groesse>, Erscheinungsdatum: 5.2.2007; Abrufdatum: 11.12.2007.

Eikelmann, S. (2007): Die Globalisierung beginnt erst, in: Frankfurter Allgemeine Zeitung, 03.07.2007: U3.

Eisenhardt, K. M./Martin, J. A. (2000): Dynamic Capabilities - What Are They?, in: Strategic Management Journal, (2000)21: 1105-1121.

Elster, J. (2000): Rational Choice History: A Case of Excessive Ambition, in: American Political Science Review, 94(2000): 685-695.

Engelhardt, A. (2007a): Interview Georg Kürfgen: Hochtief FM – Das organische Wachstum hat Vorrang, in: Immobilien Zeitung, Nr. 39-40, 4.10.2007: 41.

Engelhardt, A. (2007b): Managementnachwuchs und Einfachtätigkeiten: „Reine Schreibtischtäter sind bei uns fehl am Platz", in: ImmobilienZeitung, Nr. 31, 09.08.2007: 12.

Engelhardt, A. (2007c): BG Unfallklinik Duisburg: Bessere Verpflegung bei geringeren Kosten – ohne Outsourcing, in: Immobilien Zeitung, 22.11.2007, Nr. 46: 6.

Engelhardt, A. (2006): IC-Marktstudie: FM-Outsourcing bewegt 35 Mrd. €, in: Immobilien Zeitung, Nr. 9, 13.4.2006: 11, 14.

Engelhardt, A. (2005): Mergers&Akquisitions: Die Kunden erzeugen den Veränderungsdruck, in: Immobilien Zeitung, Nr. 9, 21.04.2005: 11.

Engels, M./Lehmann, P. (2000): Beziehungsmanagement im Spannungsfeld rechtlicher Restriktionen und betriebswirtschaftlichen Optionen: in: Frese, E. (Hrsg.) (2000): Organisationsmanagement - Neuorientierung der Organisationsarbeit, Stuttgart.

Ernst, H. (2003): Ursachen eines Informant Bias und dessen Auswirkungen auf die Validität empirischer betriebswirtschaftlicher Forschung, in: Zeitschrift für Betriebswirtschaft, 73(2003)12: 1249-1275.

Esser, W.-M. (1994): Outsourcing als Reorganisationsstrategie: Konzeptionelle Überlegungen und empirische Ergebnisse am Beispiel des Outsourcings der Informationsverarbeitung, in: Engelhard, J./Rehkugler, H. (Hrsg.) (1994): Strategien für nationale und internationale Märkte - Konzepte und praktische Gestaltung, Wiesbaden: Gabler.

Fehr, E./Fischbacher, U. (2005): Human Altruism: Proximate Patterns and Evolutionary Origins, in: Analyse & Kritik, 27(2005)1: 6-47.

Fehr, E./Fischbacher, B. (2003): The Nature of Human Altruism, in: Nature, 425(2003): 785-791.

Fehr, E./Gächter, S. (2000): Fairness and Retaliation: The Economics of Reciprocity, in: Journal of Economic Perspectives, 14(2000)3: 159-181.

Fehr, E./Rockenbach, B. (2003): Detrimental Effects of Sanctions on Human Altruism, in: Nature, 422(2003)13: 137-140.

Festinger, L. (1954): A Theory of Social Comparison Process, in: Human Relations, (1954)7: 117-40.

Fenno, R. (1990): Watching Politicians - Essays on Participants Observation, Berkley, California.

Fisher, A. G. B. (1933): Capital and Growth of Knowledge, in: The Economic Journal, (1933)September: 379-389.

Fisher, A. G. B. (1939): Production: Primary, Secondary and Tertiary, in: The Economic Record, 15(1929)June: 24-38.

Flecker, G. (2000): Kostenmanagement, in: Schulte, K.-W./Pierschke, B. (Hrsg.) (2000): Facilities Management, Köln: 196-212.

Fogel, R./Elton, G. R. (1983): Which Road to the Past: Two Views of History, New Haven, Connecticut: Yale Press.

Forsyth, D.F. (2006): Group Dynamics, 4. edition, Belmont, California, Wadsworth.

Fourastié, J. (1954): Die große Hoffnung des 20. Jahrhunderts, Köln: Bund-Verlag.

Franze, F. (1998): Outsourcing: Begriffliche und kostentheoretische Aspekte, Bern, Stuttgart, Wien: Haupt.

Frey, B. S. (1997): Markt und Motivation: Wie Preise die (Arbeits-)Moral verdrängen, München: Vahlen.

Frey, B.S./Bohnet, I. (1995): Institutions Affect Fairness: Experimental Investigations, Journal of Institutional and Theoretical Economics, 151(1995)2: 286-303.

Frey, B.S./Götte, L. (1999): Does Pay Motivate Volunteers?, Institute for Empirical Research in Economics, University of Zürich, Working Paper Number 9.

Frey, B. S./Jegen, R. (2001): Motivation Crowding Theory, in: Journal of Economic Survey, 15(2001)5: 589-611.

Frey, B.S./Meier, S. (2004): Pro-Social Behavior in a Natural Setting, in: Journal of Economic Behavior and Organization, 54(2004): 65–88.

Frey, B. S./Oberholzer-Gee, F. (1997): The Cost of Price Incentives: An Empirical Analysis of Motivation Crowding-Out, in: The American Economic Review, 87(1997)4: 746-755.

Frey, B. S./Osterloh, M. (2006): Evaluations: Hidden Costs, Questionable Benefits, and Superior Alternatives, Institute for Empirical Research in Economics, Working Paper Nr. 302, University of Zürich.

Frey, B. S./Osterloh, M. (2002): Motivation als Aufgabe des Managements, in: Frey, B. S./Osterloh, M. (Hrsg.) (2002): Managing Motivation, 2. aktualisierte und erweiterte Auflage, Wiesbaden: Gabler: 17-42.

Friedemann, J. (2005): Die Bedeutung der Immobilie wird unterschätzt, in: Frankfurter Allgemeine Zeitung, Nr. 29, 4.02.2005: 41.

Friedrichsen, H. (2005): Titelthema: Wer verdient was in der Immobilienwirtschaft?, <http://static.personalmarkt.de/www/son.0511.immo.Titelthema.pdf>, Abrufdatum: 11.07.2007, Stichworte: Ausbildungsniveau FM.

Frost, J. (2005): Märkte in Unternehmen: Organisatorische Steuerung und Theorien der Firma, Wiesbaden: Gabler.

Frost, J. (1998): Die Koordinations- und Orientierungsfunktion der Organisation, Bern, Stuttgart: Paul Haupt.

Fuller, J. B./Hester, K./Barnett, T./Frey, T./Relyea, C. (2006): Perceived Organizational Support and Perceived External Prestige - Predicting Organizational Attachment for University Faculty, Staff, and Administrators, in: The Journal of Social Psychology, 146(2006)3: 327-347.

Gagné, M./Senécal, C. B./Koestner, R. (1997): Proximal Job Characteristics, Feelings of Empowerment, and Intrinsic Motivation: A Multidimensional Model, in: Journal of Applied Social Psychology, 27(1997)14: 1222-1240.

Garrouste, P./Saussier, S. (2005): Looking for a Theory of the Firm - Future Challenges, in: Journal of Economic Behavior and Organization, 58(2005): 178-199.

Geertz, C. (1973): Interpretation of Cultures, New York: Basic Books.

George, A. L./McKeown, T. J. (1985): Case Studies and Theories of Organizational Decision Making, in: Sproull, L. S./Larkey, P. D. (Eds.) (1985): Advances in Information Processing in Organizations, Greenwich, Connecticut: 21-58.

German Facility Management (GEFMA) (2005): Richtlinien, <http://www.gefma.de/richtlinien.html>, Abrufdatum: 20.12.2005, Stichwort: Richtlinien Facility Management.

Gerpott, T. J. (1993): Integrationsgestaltung und Erfolg von Unternehmensakquisitionen, Stuttgart: Schäffer-Poeschel Verlag.

Gerpott, T. J. (1991): Bleiben oder Gehen, in: Zeitschrift für Betriebswirtschaft 1(1991): 5-32.

Gertsen, M. C./Soderberg, A.-M./Torp, J. E. (1998): Different Approaches to the Understanding Culture in Mergers and Acquisitions, in: Gertsen, M. C./Soderberg, A.-M./Torp, J. E. (Hrsg.) (1998): Cultural Dimensions of International Mergers and Acquisitions, Berlin: Gruyter: 17-38.

Ghoshal, S./Moran, P. (1996): Bad for Practice - A Critique of the Transaction Cost
Theory, in: Academy of Management Review, 21(1996)1: 13-47.

Giera, J./ Parker, A. (2006): Forrester Research: Adaptive Sourcing: Outsourcing New Paradigm, <http://www.forrester.com/Research/Document/Excerpt/0,7211,37389,00.html>, Erscheinungsdatum: 12.01.2006, Abrufdatum: 01.02.2008, Stichwort: Forrester Research.

Giger, H. (1994): Die Internationalisierung von Dienstleistungsunternehmungen, Band 8: Giessener Schriftenreihe zur Internationalen Unternehmung, Giessen.

Gillies, C. (2004): Kommunikationsprobleme lassen Geschäfte oftmals scheitern, in: Financial Times Deutschland, vom 11.02.2004, Nr. 7: 6.

Gillespie, N./Mann, L./Winefield, A.H./Stough, C. (2001): Downsizing and cost-cutting in universities – The role of trust in management, Melbourne Business School Working Paper Series No. 2001-13.

Gittell, J. H. (2001): Supervisory span, Relational Coordination and Flight Departure Performance - A Reassessment of Postbureaucracy Theory, in: Organization Science, 12(2001)4: 468-483.

Glaser, B. G./Strauss, A. (1967): The Discovery of Grounded Theory: Strategies for Qualitative Research, New York: Aldine Transaction.

Gneezy, U./Rustichini, A. (2000a): A Fine Is a Price, in: Journal of Legal Studies, 29(2000): 1-18.

Gneezy, U./Rustichini, A. (2000b): Pay Enough or Don't Pay at All, in: The Quarterly Journal of Economics, 115(2000)2: 791-810.

Göbel, E. (2002): Neue Institutionenökonomik: Konzeption und betriebswirtschaftliche Anwendungen, Stuttgart: Lucius und Lucius.

Goldstein, J. D./Köllgen, R. (1998): Die Entwicklung des Facility Management-Marktes, in: Lochmann, H.-D./Köllgen, R. (Hrsg.) (1998): Facility Management: Strategisches Immobilienmanagement in der Praxis, Wiesbaden.

Goldstone, J. (1999): Analytic Narratives, in: American Journal of Sociology, 105(1999)2: 531-533.

Gouillart, F. J./Kelly, J. N. (1995): Business Transformation: Gemini Consulting, Wien, Überreuter.

Gräber, M. (2006b): Vom Handlanger zum Manager: Der lange Weg der Gebäudedienstleister, in: Der Facility Manager, 13(2006)3: 40-47.

Gräber, M. (2006a): Globalisierung in den Kinderschuhen - Der deutsche FM-Markt ist national geprägt, in: Der Facility Manager, 13(2006)3: 48-49.

Graf, S. (2005): Internationalisierung von Dienstleistungen: Ansätze zur rklärung von Auslandsaktivitäten im Dienstleistungsbereich, Nr. 3013, Dissertation, Bamberg: Difo-Druck.

Grant, R. M. (1991): The Resource-Based Theory of Competitive Advantage - Implications for Strategic Formulation, in: California Management Review, 33(1991)3: 114-135.

Greenwood, R./Cooper, D. J./Hingins, C. R./Brown, J. L. (1993): Biggest Is Best? Strategic Assumptions and Actions in the Canadian Audit Industry, in: Canadian Journal of Administrative Sciences, 10(1993)4: 308-321.

Gross, O. (2003): Facility Management: Eine Perspektive zur Entwicklung von Dienstleistungspotentialen in kleinen und mittleren Unternehmen (KMU) im Bausektor?, Forschungsprojekt „Service; Building; Service: Entwicklung der Dienstleistungspotenziale von kleinen und mittleren Unternehmen in der Bauwirtschaft – Teilnahme am offenen Verbund „Facility Management – Arbeitsorganisation", Universität Bremen.

Grube, R./Töpfer, A. (2002): Post Merger Integration: Erfolgsfaktoren für das Zusammenwachsen von Unternehmen, Stuttgart.

Grüner, H./Osterloh, J. (1998): Motivation der Mitarbeiter als Erfolgsfaktor des Outsourcing, in: Personal, 10(1998): 488.

Güttel, W. H. (2006): Identifikation organisationaler Kompetenzen bei Mergers-and-Acquisitions, in: Matzler, K./Hinterhuber, H. H./Renzl, B./Rothenberger, S. (Hrsg.) (2006): Immaterielle Vermögenswerte: Handbuch der intangiblen Assets, Berlin 2006: 399-419.

Güttel, W. H. (2002): Die Identifikation strategischer immaterieller Vermögenswerte im Post-Merger-Integrationsprozess: Ressourcen- und Wissensmanagement bei
Mergers-and-Acquisitions. Wien, München, Mering.

Häfele, W. (2005a): Pan-europäisches Facility Management: Beitrag von Dr. Häfele, in: Frankfurter Allgemeine Zeitung-Jahrbuch, 10.05.2005.

Häfele, W. (2005b): Leitfaden-Interview, Zürich.

Häfele, W. (2001): Outsourcing als Teil einer CREM-Strategy, Vortrag im Rahmen der Veranstaltung „Facility Management - Messe & Kongress“, 20-22.03.2001, Düsseldorf.

Hackmann, R.J./Oldham, G. R. (1980): Work Redesign, Reading: Prentice Hall.

Hall, R. (1992): The Strategic Analysis of Intangible Resources, in: Strategic Management Journal, 13(1992)2: 135-144.

Hanisch, M. (2003): Property Reform and Social Conflict – A Mulit-Level Analysis of the Change of Agricultural Property Rights in Post-Socialist Bulgaria, Aachen: Shaker.

Hänninen, V. A (2004): A Model of Narrative Circulation: Narrative Inquiry, 14(2004)1: 69-85.

Harding, D./Rouse, T. (2008): Nach Firmenkäufen Topleute halten, in: Harvard Businessmanager, 30(2008)3: 54-74.

Harden, H. (1993): Planen, Bauen, Nutzen und Instandhalten, in: Harden, H./Kahlen, H. (Hrsg.) (1993): Planen, Bauen, Nutzen und Instandhalten von Bauten; Band 3: Facility Management, Stuttgart, Berlin: 3.

Harter, J. K./Schmidt, F.L./Hayes, T. L. (2002): Business-Unit-Level Relationship Between Employee Satisfaction, Employee Engagement, and Business Outcomes: A Meta-Analysis: in, Journal of Applied Psychology, 87(2002)2: 268-279.

Haspeslagh, P. C./Jemison, D. B. (1992): Akquisitionsmanagement: Wertschöpfung durch strategische Neuausrichtung des Unternehmens, Frankfurt am Main, New York.

Heckhausen, H. (1989): Motivation und Handeln, 2. Auflage, Berlin, Heidelberg.

Heinzl, A. (1991): Die Ausgliederung der betrieblichen Datenverarbeitung: Eine empirische Analyse der Motive, Formen und Wirkungen, Stuttgart.

Helbing Management Consulting GmbH (2000): Facility Management in Deutschland, Status und Perspektiven, München.

Hellerforth, M. (2004): Outsourcing in der Immobilienwirtschaft, Berlin, Heidelberg, New York et al..

Hendrix, U./Abendroth, C./Wachtler, G. (2003): Outsourcing und Beschäftigung - Die Folgen betriebsübergreifender Kooperation für die Gestaltung von Arbeit, München, Mering.

Henzelmann, T. (2000): Energiemanagement, in: Schulte, K.-W./Pierschke, B. (Hrsg.) (2000): Facilities Management, Köln: 167-190.

Henzelmann, T./Schweiger, M. (2003): Facility Management: Mitarbeiter als wichtigste Ressource oder die vernachlässigte Ressource?, Strategiepapier der Roland Berger Consulting Group.

Herriot, P./Manning, W. E. G./Kidd, J. M. (1997): The Content of the Psychological Contract, British Management Journal, 8(1997): 151-162.

Herzberg, F./Mausner, B./Snyderman, B./Bloch, B. (1959): The Motivation to Work, New York, New York: Transaction Publisher.

Hess, F. (2007): Erfolgsfaktor Outsourcing: Mitarbeitermotivation im Integrationsprozess, Saarbrücken: VDM Verlag Dr. Müller.

Hilse, H. (1999): Kognitive Wende in Management und Beratung: Wissensmanagement aus sozialwissenschaftlicher Perspektive, Dissertation, Universität Bielefeld 1999.

Hiltrop, J.-M. (1995): The Changing Psychological Contract: The Human Resource Challenge of the 1990s, in: European Management Journal, 13(1995): 286-294.

Hodel, M./Berger, A./Risi, P. (2004): Outsourcing realisieren: Vorgehen für IT und Geschäftsprozesse zur nachhaltigen Steigerung des Unternehmenserfolges, Wiesbaden: Vieweg Verlag.

Hogg, M. A./Abrams, D. (1988): Social Identifications: A Social Psychology of Intergroup Relations and Group Processes, London: Routledge.

Hollekamp, M. (2005): Strategisches Outsourcing von Geschäftsprozessen - Eine empirische Analyse der Wirkungszusammenhänge und der Erfolgswirkungen von Outsourcingprojekten am Beispiel von Großunternehmen in Deutschland, Hamburger Schriften zur Marketingforschung, Dissertation, München: Hamp, Mering.

Holmström, B./Milgrom, P. R. (1991), Multitask Principal-Agent Analyses: Incentive Contracts, Asset Ownership, and Job Design, Journal of Law, Economics, and Organization, (1991)7, 24-52.

Holmström, B. R./Tirole, J. (1989): "The Theory of the Firm", in: Schmalensee, R./Willig, R. D. (1989): Handbook of Industrial Organization, Amsterdam: 61-133.

Homp, C. (2000): Entwicklung und Aufbau von Kernkompetenzen, Dissertation, Wiesbaden.

Horchler, H. (1996): Outsourcing - Eine Analyse der Nutzung und ein Handbuch der Umsetzung: Markt – Recht – Management – Abwicklung – Vertragsgestaltung, Dissertation, Köln.

Hoyer, N. (2007): Deutsche Mitarbeiter sind engagiert und loyal/Studie: Ältere Beschäftigte sind genauso motiviert wie jüngere – Deutsche schätzen vor allem Freiräume und Fürsorge ihres Arbeitgebers, in: Financial Times Deutschland, Nr. 205, 24.10.2007: 23.

Hui, C./Lam, S. S. K./Law, K. K. S. (2000): Instrumental Values of Organizational Citizenship Behaviour for Promotion: A Field Quasi-Experiment, in: Journal of Applied Psychology, 85(2000)5: 822-828.

Interconnection Consulting GmbH (2007): Pressemitteilung – Der Markt für externe Dienstleistungen rund um die Immobilie explodiert in Deutschland bis 2009 auf 45,56 Milliarden Euro, Honorarfrei zur Veröffentlichung im Rahmen der Berichterstattung über die Studie " IC Market Tracking® Facility Services in Deutschland 2007" und IC Consulting, Wien 2007.

Irlenbusch, B./Sliwka, D. (2003): Incentives, Decision Frames and Motivation Crowding Out: An Experimental Investigation, Working Paper, University of Bonn 2003.

Isenhöfer, B./Väth, A. (2000): Lebenszyklus von Immobilien, in: Schulte, K.-W. (2000): Immobilienökonomie, Band 1: Betriebswirtschaftliche Grundlagen, 2. Auflage, München, Wien 2000.

Jahn, J. (2005): Gericht erschwert Tarifflucht, in: Frankfurter Allgemeine Zeitung, 19.12.2005, Nr. 295: 13.

Jansen, S. A. (2007): Mergers & Acquisitions: Unternehmensakquisition und -kooperation – Eine strategische, organisatorische und kapitalmarktorientierte Einführung, 5. überarbeitete und ergänzte Auflage, Wiesbaden: Gabler.

Jansen, S. A. (2002): Die 7 K's des Merger-Managements – Erste empirische Ergebnisse kapital- und wissensbasierter Zusammenschlüsse, in: Zeitschrift für Führung und Organisation ZFO, 16/2002: 6-13.

Jouanne-Diedrich, H. von (2004): 15 Jahre Outsourcing-Forschung, in: Zarnekow, R./Brenner, W./Grohmann, H. H. (Hrsg.) (2004): Informationsmanagement: Konzepte und Strategien für die Praxis, Heidelberg: DPunkt-Verlag: 125-133.

Jürgens, P. (2006): „Vorteile durch Kooperationen": Lünedonk-Experte erwartet neue Zusammenschlüsse auf dem deutschen FM-Markt, in: Handelsblatt, Nr. 93, 15.05.2006: 4.

Kahlen, H. (2001): Facility Management: Entstehung, Konzeptionen, Perspektiven, Berlin, Heidelberg.

Kang, A. (2003): Beitrag zur Unterstützung von rationalen Entscheidungen zum Outsourcing von Geschäftsprozessen, Band 55: Schriftenreihe Rationalisierung und Humanisierung, Dissertation, Aachen.

Kay, N. (2000): Searching for the Firm: The Role of Decision in the Economics of Organizations, in: Industrial and Corporate Change, 9(2000): 683-707.

Kehr, H. M./Bles, P./Rosenstiel, L. von (1999): Motivation von Führungskräften: Wirkungen, Defizite, Methoden, in: Zeitschrift Führung + Organisation, 68(1999)1: 4-9.

Kesseler, H. (2004): Didaktische Strategien beim Wissenstransfer im Spannungsfeld von bildungsdidaktischen und kommunikationswissenschaftlichen Ansprüchen, Dissertation, Ludwig-Maximilians-Universität, München.

Kickul, J./Lester, S. W. (2001): Broken Promises: Equity Sensitivity as a Moderator between Psychological Contract Breach and Employee Attitudes and Behavior, in: Journal of Business and Psychology, 16(2001)2: 191-217.

Kieser, A./ Hurrle, B. (2005): Sind Key Informants verlässliche Datenlieferanten?, in: Die Betriebswirtschaft, 65(2005)6: 584-602.

Kim, W. C./Mauborgne, R. (1998): Procedural Justice, Strategic Decision Making, and the Knowledge Economy, in: Strategic Management Journal, 19(1998)4: 323-338.

King, G./Keohane, R./Verba, S. (1994): Qualitative Research, Princeton, New Jersey.

Klein, B./Crawford, R. G./Alchian, A. A. (1978): Vertical Integration, Appropriable Rents, and the Competitive Contracting process, in: The Journal of Law and Economics, 26(1978): 297-326.

Kleinbeck, U. (1996): Arbeitsmotivation: Entstehung, Wirkung und Förderung, Weinheim, München: Juventa Verlag.

Knippenberg, D. van (2000). Work Motivation and Performance: A Social Identity Perspective, in: Applied Psychology: An international Review, 49(2000): 357-371.

Knolmayer, G./Heinzl, A./Hirschheim, R. (2003): Outsourcing in der Informationsverarbeitung: Aktuelle Entwicklungen, neue Ergebnisse: Editorial zum Schwerpunktthema, in: Wirtschaftinformatik, 45(2003)2: 105-106.

Knop, C. (2007): Rasch und Reue, in: Frankfurter Allgemeine Zeitung, Nr. 135, 14.06.2007: 15.

Knüppel, L/Heuer, F. (1994): Eine empirische Untersuchung zum Outsourcing aus Sicht potentieller und tatsächlicher Nutzer, in: Betriebswirtschaftliche Forschung und Praxis, 45(1994)4: 333-357.

Knyphausen-Aufseß, D. zu (1993): Why are Firms Different? Der „Ressourcen-orientierte Ansatz" im Mittelpunkt einer aktuellen Kontroverse im Strategischen Management, in: Die Betriebswirtschaft, 6(1993): 771-792.

Koch, B. (2005): Das Unternehmensgespräch: „Unsere Kunden wollen sich auf das Kerngeschäft konzentrieren", in: Frankfurter Allgemeine Zeitung, 22.08.2005, Nr. 194: 18.

Köhler-Frost, W. (Hrsg.) (2000): Outsourcing: Eine strategische Allianz besonderen Typs, 4., völlig neu bearbeitete und wesentlich erweiterte Auflage, Berlin: 1-43.

Kogut, B./Zander, U. (1996): What Firms Do? Coordination, Identity, and Learning, in: Organization Science, 7(1996)5: 502-518.

Kohn, A. (1994): Warum Incentive-Systeme oft versagen, in: Harvard Business-manager, (1994)2: 15-23.

Kohn, A. (1993): Punished by Reward: The Trouble with Gold Stars, Incentive Plans, A's, Praise, and Other Bribes, Boston: Houghton Mifflin.

Kollock, P. (1998): Social Dilemmas: The Anatomy of Cooperation, in: Annual Review of Sociology, 24(1998): 183–214.

Kramer, R. M./Goldman, L. (1995): Helping the Group or Helping Yourself? Social Motives and Group Identity in Resource Dilemmas, in: Schroeder, D. A. (1995) (eds.): Social Dilemmas: Perspectives on Individuals and Groups, Westport, Connecticut.

Kreikebaum, H. (1996): Zentralbereiche, in: Frese, E. (1998): Grundlagen der Organisation, 7. Auflage, Wiesbaden: 2602-2603.

Küsters, I. (2006): Narrative Interviews: Grundlagen und Anwendungen, Reihe: Hagener Studientexte zur Soziologie, Wiesbaden: VS-Verlag.

Kurzmann, A. (2002): Facility Management: Unternehmerische Vision oder Wagnis?, in: Betriebswirtschaftliche Blätter, 51(2002)9: 415.

Lacity, M. C./Hirschheim, R. (1993): Information Systems Outsourcing: Myth, Metaphors and Realities, Chichester: John Wiley and Son Limited

Lacity, M. C./Willcocks, L. P. (1998): An Empirical Investigation of Information Technology Sourcing Practices: Lessons from Experience, in: Management Information-System Quarterly, 22(1998): 363-405.

Lacity, M. C./Willcocks, L. P. (1996): Interpreting Information Technology Sourcing Decisions from a Transaction Cost Perspective: Findings and Critique, in: Accounting, Management and Information Technologies, 5(1996)3: 203-244.

Lalonde, R.N. (1992). The Dynamics of Group Differentiation in the Face of Defeat, in: Personality and Social Psychology Bulletin, 18(1992): 336-342.

Lamers, S. M. (1998): Reorganisation der betrieblichen Personalarbeit durch Outsourcing, Dissertation, Münster.

Lamnek, S. (2005): Qualitative Sozialforschung: Band 1 und 2, 4. korrigierte Auflage, Weinheim.

Langlois, R. N./Robertson, P. L. (1989): Explaining Vertical Integration: Lessons from the American Automobile Industry, in: The Journal of Economic History, 49(1989)2 361-375.

Larsson, R./Finkelstein, S. (1999): Integrating Strategic, Organizational, and Human Resource Perspectives on Mergers and Acquisitions: A Case Survey of Synergy Realization, in: Organization Science, 10(1999)1: 1-27.

Lattmann, C. (1982): Die verhaltenswissenschaftlichen Grundlagen der Führung des Mitarbeiters, Bern, Stuttgart: Haupt.

Lazear, E. (1999): Personnel Economics: Past Lessons and Future Directions, in: Journal of Labor Economics, 17(1999)2: 199-236.

Ledyard, J. (1995): Public goods: A Survey of Experimental Research, in: Roth, A./Kagel, J. (Eds.) (1995): Handbook of Experimental Economics, Princeton: Princeton University Press: 111-194.

Leiblein, M. J./Miller, D. J. (2003): An empirical examination of transaction and firm level influences on the vertical boundaries of the firm, in: Strategic Management Journal, (2003)24: 839-859

Lenssen, C./Eisbach, J./Rothkegel, A. (1998): Outsourcing bewerten, Broschüre Technologieberatungsstelle Deutscher Gewerksbund Nordrhein-Westfalen.

Leonard-Barton, D. A. (1992): Core Capabilities and Core Rigities: A Paradox in Managing New Product Development, in: Strategic Management Journal, 2(1992): 111-125.

Levi, M. (2003): An Analytic Narrative Approach to Puzzles and Problems, in: Shapiro, I./Smith, R./Masoud, T. (2003) (eds.): Problems and Methods in the Study of Politics, Oxford: 201-221.

Levi, M. (2002): Modelling Complex Historical Processes with Analytic Narratives; in: Mayntz, R. (Hrsg.) (2002): Zur Theoriefähigkeit makro-sozialer Analysen, Frankfurt: Campus Verlag: 108-127.

Levi, M. (1998): Conscription: The Price of Citizenship, in: Bates, R. H./Greif, A./Levi, M./Rosenthal, J.-L./Weingast, B. R. (1998): Analytic Narratives, Princeton, New Jersey: Princeton University Press: 109-147.

Levi, M. (1988): Of Rule and Revenue, Berkeley, California: University of California Press.

Leykam, M. (2005): Volkswirtschaftliche Bedeutung der Immobilienbranche - die Immobilienwirtschaft – der unsichtbare Riese, in: Immobilien Zeitung, Nr. 20, 22.09.2005: 3.

Lindenberg, S. (2001): Intrinsic Motivation in a New Light, in: Kyklos, 54(2001)2-3: 317-343.

Linder, J. C./Cole, M. I./Jacobson, A. L. (2002): Business Transformation Through Outsourcing, in: Strategy & Leadership, 40(2002)4: 23-28.

Lingnau, M./Stauber, J. (2005): Erfolgreiches IT-Outtasking durch Kostensenkung, in: Köhler-Frost, W. (Hrsg.) (2005): Outsourcing: Schlüsselfaktoren der Kundenzufriedenheit, Berlin: 100-113.

Lochmann, H.-D. (1998): Facility Management im Umfeld des modernen Managements, in: Lochmann, H.-D./Köllgen, R. (Hrsg.) (1998): Facility Management: Strategisches Immobilienmanagement in der Praxis, Wiesbaden 1998: 15-44.

Lowendahl, B. (1992): Global Strategies for Professional Service Firms, Dissertation, University of Pennsylvania.

Lünendonk (2008): Branchenkompetenz: Facility Management, in: <http://www.luenendonk.de/facility_management.php>, Abrufdatum 22.08.2008.

Lustick, I. (1996): History, Historiography, and Political Science, in: American Political Science Review, 90(1996)1: 21-36.

Mael, F. A./Ashforth, B. E. (1995): Loyal from Day One: Biodata, Organizational Identification, and Turnover among Newcomers, in: Personnel Psychology, 48(1995): 309-333.

Männel, W. (1981): Die Wahl zwischen Eigenfertigung und Fremdbezug, theoretische Grundlagen, praktische Fälle, 2. Auflage, Stuttgart.

Madhok, A. (1996): The Organization of Economic Activity: Transaction Costs, Firm Capabilities and the Nature of Governance, in: Organization Science, 7(1996)5: 578-590.

Madhok, A./Tallmann, S. B. (1998): Resources, Transations, and Rents: Managing Value Through Inter-Firm Collaborative Relationships, in: Organisation Scienece, 6(1998)3: 326-329.

Mahoney, J. (2003): Strategies of Causal Assessment in Comparative Historical Analysis, in: Mahoney, J./Rueschemeyer, D. (eds.) (2003): Comparative Historical Analysis in the Social Sciences, New York.

Mahoney, J. T. (2000): Rational Choice Theory and the Comparative Method: An Emerging Synthesis? in: Studies in Comparative International Development, 35(2000): 83-94.

Mahoney, J. T. (1999): Nominal, Ordinal, and Narrative Appraisal in Macrocausal Analysis, in: American Journal of Sociology, 104(1999): 1154–1196.

Marshall, S. L. A. (1947): Men Against Fire, New York: William Morrow and Company: 42-43.

Maslow, A. H. (1943): A Theory of Human Motivation, in: Psychological Review, 50(1943): 370-396.

Matiaske, W./Mellewigt, T. (2002a): Viel Lärm um Nichts: Rückblick auf ein Jahrzehnt empirischer Outsourcing-Forschung, in: Kahle, E. (Hrsg.) (2002): Organisatorische Veränderung und Corporate Governance: Aktuelle Themen der Organisationstheorie, Wiesbaden: Deutscher Universitätsverlag: 273-310.

Matiaske W./Mellewigt T. (2002b): Motive, Erfolge und Risiken des Outsourcings: Befunde und Defizite der empirischen Outsourcing-Forschung, in: Zeitschrift für Betriebswirtschaft, 72(2002): 641-659.

Mayring, P. (1996): Einführung in die qualitative Sozialforschung, 4. Auflage, Weinheim.

Mazzawi, E. (2002): Transformational Outsourcing, in: Business Strategy Review, 13(2002)3: 39-43.

McClelland, D. C. (1971): Motivational Trends in Society, Morristown, New Jersey: General Learning Press.

McClelland, D. C. (1967): The Achieving Society, Princeton, New York: Free Press.

McFarlane Shore, L./Tetrick, L. E. (1994): The Psychological Contract as an Explanatory Framework in The Employment Relationship, in: Cooper, C. L./Rousseau, D. M. (1994) (eds.): Trends in Organizational Behaviour, Chichester: Wiley & Sons Inc.: 91-109.

McIvor, R. (2005): The Outsourcing Process - Strategies for Evaluation and Management, New York: Cambridge University Press.

Meckl, R. (1999): Personalarbeit und Outsourcing: HR-Services und Dienstleistungen, Frechen: Datakontext.

Mellewigt, T. (2003): Management von strategischen Kooperationen, Band 109: Beiträge zur wissenschaftlichen Forschung, Wiesbaden.

Meier, S. (2006): The Economics of Non-Selfish Behaviour - Decisions to Contribute Money to Public Goods, Cheltenham, Northampton: Edward Elgar Pub.

Mercer (2007): Engaging Employees to Drive Global Business Success: Insights from Mercer's "What's working" Research, <http://www.mercer.com/whatsworking>, Abrufdatum: 20.02.2008.

Mergel, I./Reimann, M. (2000): Anreizsysteme für Wissensmanagement in Unternehmensberatungen, in: Wissensmanagement, 2(2000)4: 15-19.

Miller, G. J. (1992): Managerial Dilemmas: The Political Economy of Hierarchy, Cambridge, Massachusetts.

Mishler, E. G. (1995): Models of Narrative Analysis: A Typology, in: Journal of Narrative and Life History, 5(1995)2: 87-123.

Mohr, N. (1997): Kommunikation und organisatorischer Wandel: Ein Ansatz für ein effizienteres Kommunikationsmanagement im Veränderungsprozess, Wiesbaden.

Moldaschl, M./Sauer, D. (2000): Internalisierung des Marktes: Zur neuen Dialektik von Kooperation und Herrschaft, in: Minssen, H. (Hrsg.) (2000): Begrenzte Entgrenzung: Wandlungen von Organisationen und Arbeit, Berlin: 205-224.

Moorman, R. H./Blakely, G. L. (1995): Individualism-Collectivism as an Individual Difference Predictor of Organizational Citizenship Behavior, in: Journal of Organizational Behavior, 16(1995): 127-142.

Müller, H.-E./Prangenberg, A. (1997): Outsourcing-Management: Handlungsspielräume bei Ausgliederung und Fremdvergabe, Handbücher für die Unternehmenspraxis, Band 4, Köln: Bund-Verlag.

Mullen, B./Brown, R./Smith, C. (1992): Ingroup Bias as a Function of Salience, Relevance, and Status: An Integration, in: European Journal of Social Psychology, 22(1992): 103–122.

Mummendey, A./Otten, S. (2002): Theorien intergruppalen Verhaltens, in: Frey, D./Irle, M. (2002) (Hrsg.): Theorien der Sozialpsychologie, Band II:

Gruppen-, Interaktions- und Lerntheorien, 2., vollständig überarbeitete und erweitere Auflage, Bern et al.: 95-119.

Munck, G. (2001): Game Theory and Comparative Politics: New Perspectives and Old Concerns, in: World Politics, 53(2001): 173-205.

Nagengast, J. (1997): Outsourcing von Dienstleistungen industrieller Unternehmen - Eine theoretische und empirische Analyse, Hamburg.

Nelson, R. R. (1991): Why do Firms Differ and How Does It Matter?, in: Strategic Management Journal, 12(1991): 61-74.

Nelson, R.R./Winter, S.G. (1982): An Evolutionary Theory of Economic Change, Cambridge Massachusetts: Harvard University Press.

NelsonHall ltd. (2005): BPO Market Forecast: 2005-2009, in: <http://www.nelson-hall.com>, Abrufdatum: 22.02.2007.

Nerdinger, F. W. (1995): Motivation und Handeln in Organisationen, Stuttgart: Kohlhammer.

Neumann, G. (2002): Facility Management: Ideale – Praxis – Aussichten, in: Zechel, P. (2002): Facility Management in der Praxis: Herausforderungen in Gegenwart und Zukunft, 4. Auflage, Renningen-Malmsheim: 22-33.

Neumann, E./Henning, H. (1999): Outsourcing im Dienstleistungsbereich, Stuttgart: Matthaes.

Nonaka, I./Takeuchi, H. (1995): The Knowledge Creation Company – How Japanese Companies Create the Dynamic of Innovation, New York, Oxford: Oxford University Press.

Nonaka, I./Krogh, G. von/Ichjio, K. (2000): Enabling Knowledge Creation - How to Unlock the Mystery of Tacit Knowledge and Release the Power of Innovation, Oxford: Oxford University Press.

Ngwenyama, O. K./Bryson, N. B. (1999): Theory and Methodology: Making the Information Systems Outsourcing Decision - A Transaction Cost Approach to Analyzing Outsourcing Decision Problems, in: European Journal of Operational Research, 115(1999)2: 351-367.

O.V. (2007):Quelle anonymisiert, Abrufdatum: 01.01.2008.

Oecking, C. (2000): Outsourcing im Wandel: Von der Auslagerung der Datenverarbeitung zum Management der Komplexität von Informationstechnologie, in: Köhler-Frost, W. (Hrsg.) (2000): Outsourcing: Eine strategische Allianz besonderen Typs, 4. Auflage, Berlin: 94-117.

Oliver, G. R./Snowden, D. J. (2005): Patterns of Narrative in Organizational Know-ledge Sharing: Refolding the Envelope of Art-Luddism and Techno-Fabulism, in: Schreyögg, G./Koch, J. (2005) (eds.): Knowledge Management and Narratives: Organizational Effectiveness through Storytelling, Berlin: 15-72.

Olson, M. (1965): The Logic of Collective Action: Public Goods and the Theory of Groups, Boston, Massachusetts: Harvard University Press.

Orr, J. E. (1990): Sharing Knowledge, Celebrating Identity: Community Memory in a Service Culture, in: Middelton, D./Edwards, D. (1990) (eds.): Collective remembering, London: 169-189.

Ortner, S. B. (1996): Resistance and the P of Ethnographic Refusal, in: McDonald, T. J. (ed.) (1996): The Historic Turn in the Human Sciences, Ann Arbor.

Osterloh, M. (2007): Psychologische Ökonomik: Integration statt Konfrontation - Die Bedeutung der psychologischen Ökonomik für die Betriebswirtschaftslehre, in: Zeitschrift für betriebswirtschaftliche Forschung, 56(2007): 61-81.

Osterloh, M. (2006): Human Resources Management and Knowledge Creation, in: Ichijo, K./Nonaka, I. (Hrsg.) (2006): Handbook of Knowledge Creation, Oxford: Oxford University Press.

Osterloh, J. (2004): Outsourcing von Sekundären Servicebereichen – Institutionenökonomische und kognitive Erklärungsansätze, Betriebswirtschaftliche Schriften BWS, Heft 160, Dissertation, Berlin: Duncker & Humblot.

Osterloh, M. (1999): Wertorientierte Unternehmensführung und Management-anreizsysteme, in Kumar, B. N./Osterloh, M./Schreyögg, G. (1999): Unternehmensethik und die Transformation des Wettbewerbs, Stuttgart: Schäffer-Poeschel: 183-204.

Osterloh, J. (1996): Outsourcing von Gebäudemanagement-Dienstleistungen: Eine Fallstudie unter Berücksichtigung von Ansätzen der Institutionenökonomie, Diplomarbeit, Berlin.

Osterloh, M./Frey, B. S. (2006): Shareholders Should Welcome Knowledge Workers as Directors, in: Journal of Management and Governance, 10(2006)3: 325-345.

Osterloh, M./Frey, B. S. (2000): Motivation, Knowledge Transfer, and Organizational Form, in: Organization Science, 11(2000)5: 538-550.

Osterloh, M./Frey, B. S./Frost, J. (1999): Was kann das Unternehmen besser als der Markt?, in: Zeitschrift für Betriebswirtschaftslehre, (1999)11: 1245-1262.

Osterloh, M./Frost, J. (2006): Prozessmanagement als Kernkompetenz: Wie Sie Business Reengineering strategisch nutzen können, 5., überarbeitete Auflage, Wiesbaden: Gabler Verlag.

Osterloh, M./Frost, J. (2002): Motivation und Wissen als strategische Ressource, in: Frey, B./Osterloh, M. (2002): Managing Motivation: Wie Sie die neue Motivationsforschung für ihr Unternehmen nutzen können, 2. aktualisierte und erweiterte Auflage, Wiesbaden: Gabler : 43-70.

Osterloh, M./Frost, J./Frey, B. S. (2002): The Dynamics of Motivation in New Organizational Forms, in: International Journal of the Economics of Business, 9(2002)1: 61-77.

Osterloh, M./Frost, J./Weibel, A. (2002): Solving Social Dilemmas: The Dynamics of Motivation in the Theory of the Firm, Arbeitspapier Institut für betriebswirtschaftliche Forschung, Universität Zürich.

Osterloh, M./Grand, S. (1994): Modelling or Mapping? Von Rede- und Schweigeinstrumenten in der betriebswirtschaftlichen Forschung, in: Die Unternehmung, 48(1994): 277-294.

Osterloh, M./Habisch, A. (2008): Gutes tun und Geld verdienen: Soziale Verantwortung und Gewinnstreben passen besser zusammen, als meist vermutet wird, in: Handelsblatt vom 3.06.2008, Nr. 105: 9.

Osterloh, M./Weibel, A. (2007): Investition Vertrauen: Prozesse der Vertrauensentwicklung in Organisationen, Wiesbaden: Gabler.

Osterloh, M./Wübker, S. (1999): Wettbewerbsfähiger durch Prozess- und Wissensmanagement: Mit Chancengleichheit auf Erfolgskurs, Wiesbaden: Gabler Verlag.

Osterloh, M./Zeiton, H. (2006): Mitbestimmung schützt überlebenswichtiges Wissen in der Firma: Mitwirkungsregeln zur Balance der Interessen von Aktionären und „Wissensarbeitern", in: Neue Züricher Zeitung, Nr. 227, 30.09.2006: 33.

Ostrom, E. (2000): Crowding Out Citizenship, in: Scandinavian political studies, 23(2000): 3-16.

Parikh, S. (2000): The Strategic Value of Analytic Narratives, in: Social Science History, 24(2000)4: 677-684.

Parks, J. M./Kidder, D. L./Gallagher, D. G. (1998): Fitting Square Pegs into Round Holes: Mapping the Domain of Contingent Work Arrangements into the Psychological Contract, in: Journal of Organization Behaviour, 19(Special issue): 697-730.

Pelz, W. (2003): Trends im Outsourcing: Die Dienstleistungsfabrik, in: <http://www.e-commerce-magazin.de>, Abrufdatum: 25.10.2007, Stichwort: Trends im Outsourcing.

Penrose, E. (1959): The Theory of the Growth of the Firm, Oxford: Oxford University Press.

Penrose, E. (1955): Limits to the Growth and Size of Firms, in: American Economic Review, Paper and Proceedings of the Sixty-seventh Annual Meeting of the American Economic Association, 55(1955): 531-543.

Peteraf, M. A. (1993): The Cornerstones of Competitive Advantage - A Resource Based View, in: Strategic Management Journal, 3(1993)14: 179-191.

Pfaffmann, E./Scheuble, S. (2000): Eine wissensbasierte Erklärung der vertikalen Grenzen einheitlicher Entscheidungshoheit, in: Hammann, P./Freiling, J. (2000) (Hrsg.): Die Ressourcen- und Kompetenzperspektive des Strategischen Managements, Wiesbaden: Gabler: 193-220.

Pickel, S./Pickel (2003): Einige Notizen zu qualitativen Interviews als Verfahren der vergleichenden Methode, in: Pickel, S./Pickel, G./Lauth, H.-J./Jahn, D. (Hrsg.) (2003): Vergleichende politikwissenschaftliche Methoden, Wiesbaden: 290-315.

Picot, A. (1982): Transaktionskostenansatz in der Organisationstheorie: Stand der Diskussion und Aussagewert, in: Die Betriebwirtschaft, 42(1982)2: 267-284.

Picot, A./Baumann, O. (2007): Modularität in der verteilten Entwicklung komplexer Systeme: Chancen, Grenzen, Implikationen, in: Journal für Betriebswirtschaft, 57(2007)3-4: 221-246.

Picot, A./Franck, E. (1993): Vertikale Integration, in: Hausschildt, J./Grün, O. (Hrsg.) (1993): Ergebnisse empirischer betriebs-wirtschaftlicher Forschung: Zu einer Realtheorie der Unternehmung, Festschrift für Eberhard Witte, Stuttgart: Poeschel: 180-219.

Picot, A./Franck, E. (1993): Vertikale Integration, in: Hausschildt, J./Grün, O. (Hrsg.) (1993): Ergebnisse empirischer betriebswirtschaftlicher Forschung: Zu einer Realtheorie der Unternehmung (Festschrift für Eberhard Witte), Stuttgart: Poeschel: 180-219.

Picot, A./Maier, M. (1992): Analyse- und Gestaltungskonzepte für das Outsourcing, in: Information Management, 4(1992): 14-27.

Picot, A./Reichwald, R. /Wigand, R. (2003): Die grenzenlose Unternehmung: Information, Organisation und Management: Lehrbuch zur Unternehmensführung im Informationszeitalter, 5., aktualisierte Auflage, Wiesbaden: Gabler.

Pierschke, B. (2000a): Facilities Management, in: Schulte, K.-W. (Hrsg.) (2000): Immobilienökonomie, Band 1: Betriebswirtschaftliche Grundlagen, 2. überarbeitete Auflage, München, Wien: 275-316.

Pierschke, B. (2000b): Hierarchische Eingliederung und Organisation des Facility Managements, in: Schulte, K.-W./Pierschke, B. (Hrsg.) (2000): Facilities Management, Köln: 404-425.

Polanyi, M. (1985): Implizites Wissen, Frankfurt am Main: Suhrkamp.

Polkinghorne, D. (1988): Narrative Knowing and the Human Science, Albany: State University of New York Press.

Popper, K. R. (1995): Objektive Erkenntnis – Ein evolutionärer Entwurf, Hamburg: Hoffmann und Campe Verlag.

Poppo, L./Zenger, T. (1998): Testing alternative Theories of the F irm: Transaction Cost, Knowledge Based and Measurement Explanations for Make or Buy Decisions in Information Services, in: Strategic Management Journal, (1998)19: 853-877

Porter, M. E. (2000): Wettbewerbsvorteile: Spitzenleistungen erreichen und behaupten, 6. Auflage, Frankfurt am Main, New York.

Porter, M. E. (1999): Wettbewerbsstrategie, 10. erweiterte und aktualisierte Auflage, New York, Frankfurt am Main: Campus Fachbuch.

Porter, L. W. (1961): A Study of Perceived Need Satisfaction in Bottom and Middle Management Jobs, in: Journal of Applied Psychology, 45(1961): 1-10.

Prahalad, C. K./Hamel, G. (2001): The Core Competence of the Corporation, Harvard: HBR OnPoint, Enhanced Edition.

Prahalad, C. K./Hamel, G. (1990): The Core Competence of the Corporation, in: Harvard Business Review, 68(1990)3: 79-91.

Preuß, N./Schöne, L. B. (2003): Real Estate und Facility Management: Aus Sicht der Consultingpraxis, Berlin.

PriceWaterHouseCoopers and Economist Intelligence Unit (2005): Offshoring in the Financial Service Industry: Risks and Rewards, <http://www.pwc.com/extweb/pwcpublications.nsf/docid/2711A28073EC822385 25706C001EAEC4/$FILE/offshoring.pdf>, Abrufdatum: 01.02.2008, Stichwort: Price Water House Coopers Outsourcing studies.

Probst, G. J. B./Raub, S./Romhardt, K. (2006): Wissen managen – Wie Unternehmen ihre wertvollste Ressource optimal nutzen, 5. überarbeitete Auflage, Frankfurt am Main: Gabler.

Raeder, S./Grote, G. (2003): Arbeitsmarktfähigkeit ersetzt Arbeitsplatzsicherheit, in: Die Volkswirtschaft: Das Magazin für Wirtschaftspolitik, 76(2003): 9-12.

Raeder, S./Grote, G. (2001). Flexibilität ersetzt Kontinuität: Veränderte psychologische Kontrakte und neue Formen persönlicher Identität, in: Zeitschrift für Arbeitsforschung, Arbeitsgestaltung und Arbeitspolitik, 10(2001)4: 352-364.

Raeder, S./Grote, G. (2000): Flexibilisierung von Arbeitsverhältnissen und psychologischer Kontrakt - Neue Formen persönlicher Identität und betrieblicher Identifikation, Arbeitspapier des Institut für Arbeitspsychologie der Eidgenössischen Technischen Hochschule (ETH) Zürich.

Ramme, I. (2003): Darstellung und Bedeutung von Dienstleistungen, in: Pepels, W. (Hrsg.) (2003): Betriebswirtschaft der Dienstleistungen: Handbuch für Studium und Praxis, Herne, Berlin: Neue Wirtschaftsbriefe-Verlag: 3-22.

Rasche, C. (1994): Wettbewerbsvorteile durch Kernkompetenzen – Ein ressourcenorientierter Ansatz, Dissertation, Wiesbaden.

Rasche, C./Wolfrum, B. (1994): Ressourcenorientierte Unternehmensführung, in: Die Betriebswirtschaft, 4(1994): 501-517.

Rasmussen, T. (1977): Entwicklungslinien des Dienstleistungssektors: Internationaler Strukturvergleich und Perspektiven für die Bundesrepublik Deutschland, Göttingen.

Reed, R./DeFilippo, R.J. (1990): Causal Ambiguity, Barriers to Imitation, and Sustainable Competitive Advantage, in: Academy of Management Review, 15(1990)1: 88-102.

Reiblich, D. (2005): Einführung: Grundlagen: Leitbegriffe, in: Zehrer, H./Sasse, E. (Hrsg.) (2005): Handbuch Facility Management – Grundlagen – Arbeitsfelder, Hamburg, München 2005: 1-5.

Reichwald, R./Möslein, K. (1995): Wertschöpfung und Produktivität von Dienstleistungen? Innovationsstrategien für die Standortsicherung, in: Bullinger, H.-J. (Hrsg.) (1995): Dienstleistung der Zukunft: Märkte, Unternehmen und Infrastrukturen im Wandel, Wiesbaden: Gabler.

Risi, P. (1999): Chancen und Risiken rund um IT-Outsourcing, in: Schweizer Vereinigung für Datenverarbeitung-Tagung: Outsourcing Erfahrungen: Zwei Jahre danach, Zürich.

Robertson, K. (2000): Work Transformation: Integrating People, Space and Technology, in: Facilities, 18(2000)10-12: 376-382.

Robinson, S. L./Kraatz, M. S./Rosseau, M. D. (1994): Changing Obligations and the Psychological Contract - A Longitudinal Study, in: Academy of Management Journal, 37(1994): 137-152.

Robinson, S. L./Morrison, E. W. (1995): Psychological Contracts and OCB: The Effect of Unfulfilled Obligations on Civic Virtue Behaviour, in: Journal of Organizational Behaviour, 16(1995): 289-198.

Roehl, H. (2000): Instrumente der Wissensorganisation: Perspektiven für eine differenzierende Interventionspraxis, Dissertation, Wiesbaden.

Rondeau, E.P./Brown, K.B./Lapides, P.D. (1995): Facility Management, New York et al..

Rosenstiel, L. von (1992): Grundlagen der Organisationspsychologie: Basiswissen und Anwendungshinweise, 3. Auflage, Stuttgart.

Rosseau, D. M. (1995): Psychological Contracts in Organizations: Understanding Written and Unwritten Agreements, Thousands Oaks, Newbury Park.

Rousseau, D. M./Parks, J. M. (1992): The Contracts of Individuals and Organizations, in: Research in Organizational Behavior, 15(1992): 1-43.

Rotter, J. B. (1966): Generalized Expectancies for Internal versus External Control of Reinforcement, in: Psychological Monographs, 80(1966)1: 1-28.

Rottke, N./Wernecke, M. (2002): Management im Immobilienzyklus: Erscheinen als Serie in der Immobilien Zeitung von Juni 2001 bis Januar 2002, Folge 2: Begriffe und Marktmodell, <http://www.immobilienzyklen.de/research/white/IZ2V107.pdf>, Abrufdatum 04.04.2006.

Rumelt, R. P. (1984): Towards a Strategic Theory of the Firm, in: Lam, R. B. (Hrsg.) (1984): Competitive Strategic Management, Upper Sadler River, New Jersey: Prentice Hall.

Ryan, R. M. (1993): Agency and Organization: Intrinsic Motivation, Autonomy and the Self in Psychological Development, in: Jacobs, J. (ed.) (1993): Nebraska Symposium on Motivation: Developmental Perspectives on Motivation, 40, Lincoln, Nebraska: University of Nebraska Press: 1-56.

Sally, D. (1995): Conversation and Cooperation in Social Dilemmas: A Meta-Analysis of Experiments from 1958 to 1992, in: Rationality & Society, 7(1995): 58-92.

Sanchez, R./Heene, A./Thomas, H. (1996): Dynamics of Competence-Based Competition: Theory and Practice in the New Strategic Management, Oxford, New York.

Schäfer, W. (1999): Globalisierung: Entmonopolisierung des Nationalen?, in: Berg, H. (Hrsg.): Globalisierung der Wirtschaft: Ursachen – Formen – Konsequenzen, Berlin: Duncker & Humblot: 9-21.

Schäfers, W. (1997): Strategisches Management von Unternehmensimmobilien: Bausteine einer theoretischen Konzeption und Ergebnisse einer empirischen Untersuchung, Band 3: Schriften zur Immobilienökonomie, Dissertation, Köln.

Schanz, G. (1994): Organisationsgestaltung, 2. Auflage, München.

Schanz, G. (1991): Motivationale Grundlagen der Gestaltung von Anreizsystemen, in: Schanz (Hrsg.) (1991): Handbuch Anreizsysteme in Wirtschaft und Verwaltung, Stuttgart: Schaeffer-Poeschel: 3-30.

Schein, E. H. (1980): Organizational Psychology, Englewood Cliffs, New Jersey: Prentice-Hall.

Schendera, C. F. G. (2004): Datenmanagement und Dateanalyse mit dem SAS-System: Vom Einsteiger zum Profi, München, Oldenburg.

Scherer, A. G./Palazzo, G. (eds.) (2008): Handbook of Research on Global Corporate Citizenship, Edward Elgar, Cheltenham, United Kingdom.

Schmidt, M. (1996): Widerstände bei organisatorischem Wandel: Mechanismen bei Veränderungsprozessen in Unternehmensorganisationen, Europäische Hochschulschriften: Reihe 6, Band 567, Frankfurt et al..

Schneider, H. (1996): Outsourcing von Gebäude- und Verwaltungsdiensten: Unternehmenspolitik – Projektmanagement – Vertragsarbeit, Stuttgart.

Schneider, H. (1994): Facility Management und Kostensteuerung; in: Beschaffung Aktuell, (1994)5: 33.

Schott, E. (2000): Integrationsmanagement am Beispiel der Allianz zwischen DuPont und CSC , in: Köhler-Frost, W. (Hrsg.) (2000): Outsourcing: Eine strategische Allianz besonderen Typs, 4., völlig neu bearbeitete und wesentlich erweiterte Auflage, Berlin: 120-131.

Schreiber, M. (2006): Identifikation und Vertrauen in Organisationen: Eine empirische Untersuchung in der Bankenbranche, Dissertation zur Erlangung der Doktorwürde an der Philosophischen Fakultät der Universität Freiburg in der Schweiz.

Schreyögg, G. (2008): Organisation: Grundlagen moderner Organisationsgestaltung. Mit Fallstudien, 5., vollständig überarbeitete und erweiterte Auflage, Wiesbaden.

Schreyögg, G./Koch, J. (2005): Linking Organizational Narratives and Knowledge Management: An Introduction, in: Schreyögg, G./Koch, J. (2005) (eds.): Knowledge Management and Narratives: Organizational Effectiveness through Storytelling, Berlin: 1-12.

Schütze, F. (1991): Biographie eines Müllerlebens, in: Scholz, T. H.-D. (Hrsg.) (1991): Wasser- und Windmühlen in Kurhessen und Waldeck-Pyrmont, Band 1, Kaufungen: Eiligen: 206-227.

Schütze, F. (1987): Das narrative Interview in Interaktionsfeldstudien: Erzähltheoretische Grundlagen: Teil I: Merkmale von Alltagserzählungen und was wir mit ihrer Hilfe erkennen können, Studienbrief der Fernuniversität Hagen, Hagen.

Schütze, F. (1983): Biographieforschung und narratives Interview, in: Neue Praxis, 13(1983)3:283-293.

Schulte, K.-W. (2000): Immobilienökonomie, Band 1: Betriebswirtschaftliche Grundlagen,. 2. Auflage, München, Wien.

Schulte, K.-W./Pierschke, B. (2000): Einführung in das Facilities Management: Begriff und Inhalt des Facilities Managements, in: Schulte, K.-W./Pierschke, B. (Hrsg.) (2000): Facilities Management, Köln: 34-43.

Schulz, V. (2000): Nichtmaterielle Anreize als Instrument der Unternehmensführung: Gestaltungsansätze und Wirkungen, Wiesbaden.

Schwarze, J. (1991): Informationsmanagement als Voraussetzung für ein erfolgreiches Facility Management, in: Zeitschrift für Planung, (1991)3: 209-229.

Seidensticker, F.-J. (2008): Warum die Mehrheit der Übernahmen scheitert, in: Frankfurter Allgemeine Zeitung vom 18.02.2008, Nr. 41: 20.

Seifert, F. (1998): Was ist Facility Management? in: Lochmann, H.-D./Köllgen, R. (Hrsg.) (1998): Facility Management: Strategisches Immobilienmanagement in der Praxis, Wiesbaden: 23.

Selchert, F. W. (1971): Die Ausgliederung von Leistungsfunktionen in betriebswirtschaftlicher Sicht, Betriebswirtschaftliche Schriften Nr. 49, Berlin.

Selznick, P. (1957): Leadership in Administration, New York: Harper & Row.

Shapira, M. E. (1976): Expectancy Determinants of Intrinsically Motivated Behaviour, in: The Journal of Personality and Social Psychology, 34(1976): 1235-1244.

Sherif, M./Harvey, O. J./White, B. J./Hood, W. R./Sherif, C. W. (1961): Intergroup Conflict and Cooperation: The Robbers Cave Experiment, Norman: University of Oklahoma Book Exchange.

Shils, E. A./ Janowitz, M. (1948): Cohesion and Desintegration in the Wehrmacht in World War II, in: Public Opinion Quarterly 12 (1948): 280-315.

Simon, H. A. (1991): Organization and Markets, in: Journal of Economic Perspectives, 5(1991)2: 25-44.

Skocpol, T. (2000): Theory Tackles History, in: Social Science History, 24(2000)4: 669-676.

Sommer, U. (2007): Kaufen um jeden Preis – Übernahmen schaffen Wert, glauben Anleger und Unternehmen. Tatsächlich vernichten sie meist Kapital und lenken oft nur vom schmerzlichen inneren Wandel ab, in: Handelsblatt, 13.11.2007, Nr. 219: 9.

Sommerlad, K. W. (2000): Vertragliche und rechtliche Rahmenbedingungen beim Outsourcing in der Informationsverarbeitung, in: Köhler-Frost, W. (Hrsg.) (2000): Outsourcing: Eine strategische Allianz besonderen Typs, 4., völlig neu bearbeitete und wesentlich erweiterte Auflage, Berlin: 281-300.

Späth, W. (1993): Mitarbeiter-Buy-Out, Dienstleistungskonzentration und Aus-gründung von Fachfunktionen als Formen des Outsourcing in wirtschaftlich schwierigen Zeiten, Vortragsunterlagen zum Kongress: Strategisches Outsourcing, Institute für International Research, 24.-25.02.1993, Frankfurt am Main.

Spelsiek, J. (2005): Motivationsorientierte Steuerung des Wissenstransferverhaltens, Wiesbaden.

Sprenger, R. (1998): Mythos Motivation: Wege aus der Sackgasse, 15. Auflage, Frankfurt am Main.

Staehle, W. H. (1994): Management, München : Verlag Vahlen.

Stahl, M. (1996): Drum prüfe, wer sich (ewig?) bindet, in: Clima Commerce International, Sonderausgabe zur Constructec, 1996: 4-6.

Stahl, G. K./Mendenhall, M./Evans, P. (2002): Management of Cultural Differences and Human Resources in Cross-Border Mergers and Acquisitions, in: Harzing, A.-W./Ruysseveldt, J. van (ed.) (2002): International Human Resource Management: An Integrated Approach, 2. edition, London: Sage Publications.

Stajkovic, A. D./Luthans, F. (2001): Differential Effects of Incentive Motivators on Work Performance, in: Academy of Management Journal, 44(2001): 580-590.

Stanke, A./Schneider, B. (1996): Immaterielle Anreizsysteme: Eine Untersuchung in ausgewählten Unternehmen, Studie des Fraunhofer Instituts für Arbeitswirtschaft und Organisation, Stuttgart.

Statistisches Bundesamt (2007): Erwerbstätige nach Wirtschaftsbereichen, in: <http://www.eds-destatis.de/de/database/nms_empsec.php?th=4>, Erscheinungsdatum: 04.04.2007; Abrufdatum: 22.05.2007, Suchbegriffe: Tertiärer Sektor BIP Deutschland.

Staudacher, R. (2000): Steuerliche, gesellschaftsrechtliche und arbeitsrechtliche Aspekte von Outsourcing-Maßnahmen, in: Köhler-Frost, W (Hrsg.) (2000): Outsourcing: Eine strategische Allianz besonderen Typs, 4., völlig neu bearbeitete und wesentlich erweiterte Auflage, Berlin.

Staudt, E./Kriegesmann, B./Thomzik, M. (1999): Facility Management: Der Kampf um Marktanteile beginnt, Zürich: Frankfurter Allgemeine Zeitung.

Staufenbiel, T./Hartz, C. (2000): Organizational Citizenship Behavior: Entwicklung und erste Validierung eines Messinstruments, in: Diagnostica, 46(2000): 73-83.

Stouffer, S. A. et al. (1949): The American Soldier: Combat and Its Aftermath, Volume II, Princeton, New Jersey: Princeton University Press: 107.

Strebel, P. (1999): Why Do Employees Resist Change, in: Harvard Business Review, May/June(1999): 86-92.

Strohmer, M. F. (2001): Integration nach Mergers and Acquisitions – Erfolgskonzeption für das Post Deal Management, Dissertation, Wiesbaden.

Stryker, S. /Serpe, R. T. (1982): Commitment, Identity Salience and Role Behavior: Theory and Research Example, in: Ickers, W./Knowles, E. (Eds.) (1982): Personality, Roles and Social Behavior, New York: Springer-Verlag: 199-219.

Stukas, A.A./Snyder, M./Clary, E.G. (1999): The Effects of "Mandatory Volunteerism" in Intentions To Volunteer, in: Psychological Science, 10(1999)1: 59-64.

Szulanski, G. (1996): Exploring Internal Stickiness - Impediments to the Transfer of Best Practices Within the Firm, in: Strategic Management Journal, 17(1996): 27-44.

Szyperski, N./Schmitz, P./Kronen, J. (1993): Outsourcing: Profil und Markt einer Dienstleistung für Unternehmen auf dem Wege zur strategischen Zensierung, in: Wirtschaftsinformatik, (1993)3: 228-240.

Tajfel, H. (1982): Gruppenkonflikt und Vorurteil, Bern, Göttingen, Seattle, Toronto: Verlag Hans Huber.

Tajfel, H. (1978): Social categorization, Social Identity and Social Comparison, in: Tajfel, H. (ed.) (1978): Differentiation Between Social Groups: Studies in the Social Psychology of Intergroup Relations, London: Academic Press: 61-76.

Tajfel, H. (1974): Social Identity and Intergroup Behaviour, in: Social Science Information, 13(1974): 65-93.

Tajfel, H./Turner, J.C. (1986): The Social Identity Theory of Intergroup Behaviour, in: Worchel, S./Austin, W. G. (Eds.) (1986): Psychology of Intergroup Relations, Chicago, Illinois: Nelson-Hall: 7-24.

Tajfel, H./Tuner, J. C. (1979): An Integrative Theory of Intergroup Conflict, in: Worchel, S./Austin, W. G. (Hrsg.) (1979): The Social Psychology of Intergroup Relations, Monterey: Brooks/Cole Publications: 33-47.

Teece, D. J. (1998): Capturing Value from Knowledge Assets: The New Economy, Markets for Know-How, and Intangible Assets, in: California Management Review, 40(1998)3: 55-79.

Teece, D. J./Pisano, G./Shuen, A. (1997): Dynamic Capabilities and Strategic Management, in: Strategic Management Journal, 7(1997)18: 509-533.

Teece, D. J./Pisano, G. (1994): The Dynamic Capabilities of Firms: An Introduction. Industrial and Corporate Change, 3(1994)3: 537-556.

Teichmann, S. A. (2007): International Real Estate Business School-Studie: Schneisen in den Begriffsdschungel schlagen, in: Immobilien Zeitung, Nr. 2, 18.01.2007: 10.

Terpitz, K. (2008): Die Firma ist eine Baustelle, in: Handelsblatt, Nr. 38, 22.-24.2.2008: 19.

Terry, D. J./Hogg, M. A. (1996): Group Norms and the Attitude-Behavior Relationship: A Role for Group Identification, in: Personality and Social Psychology Bulletin, 22(1996): 776-793.

Thelen, K. (1999): Historical Institutionalism in Comparative Politics, in: Annual Review of Political Science, 2(1999): 369-404.

Thiele, M. (1997): Kernkompetenzenorientierte Unternehmensstrukturen, Wiesbaden.

London: Harvard University Press/William Heinemann Limited.

Thommen, J.-P. (2003): Glaubwürdigkeit und Corporate Governance, 2. vollständig überarbeitete Auflage, Zürich: Versus.

Titmuss, R. M. (1970): The Gift Relationship: From Human Blood to Social Policy, London: New Press.

Trittin, W. (1997): Arbeitsrechtliche Rahmenbedingungen, in: Müller, H. E./Prangenberg, A. (1997): Outsourcing-Management: Handlungsspielräume bei Ausgliederung und Fremdvergabe, Handbücher für die Unternehmenspraxis, Band 4, Köln: 63-74.

Tröndle, D. (1987): Kooperationsmanagement: Steuerung interaktioneller Prozesse bei Unternehmenskooperationen, Dissertation, Bergisch-Gladbach: Eul-Verlag.

Tucher von Simmelsdorf, F. W. (2000): Benchmarking von Wissensmanagement: Eine Methode des ressourcenorientierten strategischen Managements, Dissertation, Wiesbaden.

Turner, J. C. (1982): Towards a Cognitive Redefinition of the Social Group, in: Tajfel, H. (ed.) (1982): Social Identity and Intergroup Relations, Cambridge: Cambridge University Press.

Turner, J. C. (1975): Social Comparison and Social Identity: Some Prospects for Intergroup Behaviour, in: European Journal of Social Psychology, 5(1975): 5-34.

Turner, J. C./Haslam, S.A. (2001): Social Identity, Organizations, and Leadership, in: Turner, M. E. (Ed.) (2001): Groups at Work: Theory and Research, Mahwah: Earlbaum: 25-65.

Tyler, T. R. (1999): Why People Cooperate with Organizations: An Identity-Based Perspective, in: Sutton, R. I./Staw, B. M. (eds.) (1999): Research in Organizational Behavior, Stamford, Connecticut: Jai Press Incorporation; 201-246.

Tyler, T. R./Blader, S. L. (2003): The Group Engagement Model: Procedural Justice, Social Identity, and Cooperative Behavior, in: Personality & Social Psychology Review, 7(2003)4: 349-361.

Tyler, T. R./Blader, S. L. (2000): Cooperation in Groups: Procedural Justice, Social Identity, and Behavioral engagement, Philadelphia: Psychological Press.

Tyler, T. R./Schuller, R. (1990): A Relational Model of Authority in Work Organizations: The Psychology of Procedural Justice, unveröffentliches Manuskript, zitiert nach Tyler, T. R./Lind, E. A. (1992): A Relational Model of Authority in Groups, in: Advances in Experimental Social Psychology, 25(1992): 115-191.

Verband Deutscher Maschinen- und Anlagenbau e.V. (VDMA) (2006): Einheitsblatt Nr. 24196, Berlin 2006.

Viering, M. (2000a): Probleme und Gestaltungsmöglichkeiten des Outsourcing, in: Schulte, K.-W./ Pierschke, B. (Hrsg.) (2000): Facilities Management, Köln: 432-450.

Viering, M. (2000b): Outsourcing-Modell für baunahe Dienstleistungen, dargestellt am Beispiel des Projektmanagements, Heft 14, Dissertation, Berlin.

Vroom, V. H. (1964): Work and Motivation, New York, New York: John Wiley & Son Incorporation.

Ylijoki, O.-H. (2005): Academic Nostalgia: A Narrative Approach to Academic Work, in: <http://hum.sagepub.com/cgi/content/abstract/58/5/555>, Abrufdatum: 17.07.2007, Stichwort: Analytic Narratives.

Weibel, A. (2007a): Governing Voluntary Work Behaviours, Habilitationsschrift, Universität Zürich.

Weibel, A. (2007b): Formal Control and Trustworthiness - Never the Twain Shall Meet?, in: Group & Organization Management, 32(2007): 500-517.

Weibel, A. (2004): Kooperation in strategischen Wissensnetzwerken: Vertrauen und Kontrolle zur Lösung des sozialen Dilemmas, Dissertation, Wiesbaden: Gabler.

Weibel, A./Rost, K./Osterloh, M. (2007): Crowding-Out of Intrinsic Motivation: Opening the Black Box, Arbeitspapier Universität Zürich.

Weibler, J. (2001): Personalführung, München.

Weiner, B. (1998): Motivationspsychologie, 5. Auflage, Weinheim: BeltzPVU.

Wenger, E. C. (1999): Communities of Practice: Learning, Meaning and Identity, Cambridge University Press: Cambridge.

Wernerfelt, B. (1984): A Resource-Based View of the Firm, in: Strategic Management Journal, 5(1984): 171-180.

Williams, L. J./Anderson, S. E. (1991): Job Satisfaction and Organizational Commitment as Predictors of Organizational Citizenship and In-Role Behaviors, in: Journal of Management, 17(1991): 601-617.

Williamson, O. E. (1999): Strategy Research: Governance and Competence Perspectives, in: Strategic Management Journal, 20(1999): 1087-1108.

Williamson, O. E. (1991): Vergleichende ökonomische Organisationstheorie: Die Analyse diskreter Strukturalternativen, in: Ordelheide, D./Rudolph,

B./Büsselmann, E. (Hrsg.) (1991): Betriebswirtschaftslehre und ökonomische Theorie, Stuttgart: Schäffer-Poeschel-Verlag: 13-49.

Williamson, O. E. (1985): Die ökonomische Institutionen des Kapitalismus, New York.

Williamson, O. E. (1985): Die ökonomische Institutionen des Kapitalismus, New York.

Williamson, O. E. (1981): The Modern Corporation: Origins, Evolution, Attributes, in: Journal of Economic Literature, 19(1981): 1537-1568.

Williamson, O. E. (1975): Markets and Hierarchies - Analysis and Antitrust Implications, New York.

Windsperger, J. (1999): Die Entwicklung der Unternehmenstheorie seit Gutenberg, in: Albach, H./Eymann, E./Luhmer, A./Steven, M. (Hrsg.) (1999): Die Theorie der Unternehmung in Forschung und Praxis, Berlin et al.: 145-166.

Wright, S. S./Forsyth, D. R. (1997): Group Membership and Collective Identity: Consequences for Self-Esteem, in: Journal of Social and Clinical Psychology, 16(1997): 43-56.

Wörle, M. (2000): Arbeitsrechtliche Problemstellung des Outsourcing, in: Schulte, K.-W./Pierschke, B. (Hrsg.) (2000): Facilities Management, Köln: 585-606.

Wolfe, M. (1955): The Concept of Economic Sectors, in: The Quarterly Journal of Economies, 69(1955)3: 402-420.

Womack, J. P./ Jones, D. T./ Roos, D. (1994): Die zweite Revolution in der Autoindustrie, 8., durchgesehene Auflage, Frankfurt am Main, New York: Campus Verlag.

Wong, L./Kolditz, T. A./Millen, R. A./Potter, T. M. (2003): Why They Fight: Combat Motivation in the Iraq War, U. S. Army War College, Strategic Studies Institute.

Wong, L./McNally, J. (1994): Downsizing the Army: Some Policy Implications Affecting the Survivors, in: Armed Forces and Society, 20(1994): 199-216.

Woratschek (1998): Preisbestimmungen von Dienstleistungen: Markt- und nutzenorientierte Ansätze im Vergleich, Frankfurt am Main.

Zahn, E./Barth, T./Foschiano, S. /Hertweck, A. (1998): Outsourcing unternehmensnaher Dienstleistungen, in: Bullinger, H.-J./ Zahn, E. (Hrsg.) (1998): Dienstleistungsoffensive: Wachstums-chancen intelligent nutzen, Stuttgart: Schäffer-Poeschel: 331-357.

Zahn, E./Soehnle, K. (1996): Auswirkungen des Outsourcing von Dienstleistungen in der Region Stuttgart.

Zajac, E. J./C. P. Olsen (1993): Form Transaction Cost to Transactional Value Analysis: Implications for the Study of Interorganizational Strategies, in: Journal of Management Studies, (1993)30: 131-145.

Zentes, J./Swoboda, B./Morschett, D. (2005): Perspektiven der Führung kooperativer Systeme, in: Zentes J./Swoboda, B./Morschett, D. (Hrsg.) (2005): Kooperationen, Allianzen und Netzwerke: Grundlagen – Ansätze – Perspektiven, 2. Auflage, Wiesbaden: Gabler: 822-848.

Zielke, C. (1998): Mitarbeitermotivation in Veränderungsprozessen, in: Personal, 10(1997): 508.

Zundel, F. (1992): Outsourcing in der Wirtschaft und Verwaltung, Speyer

Kolibri 360 GmbH
Ferdinand-Jühlke-Straße 7
99095 Erfurt, Deutschland
produktsicherheit@kolibri360.de